本书为——

宁波市社会学学会2020年度学术项目资助成果

浙江省高校一流专业网络与新媒体专业建设成果

2019年本科高校省级一流课程《网修新闻实务》建设成果

浙大宁波理工学院思政工作质量提升工程成果

浙大宁波理工学院校园文化建设成果

本书指导委员会

主　任　　胡征宇　　杨德仁

副主任　　李凤旺　　冯建波　　鲁东明　　吴　飞

委　员　（按照姓氏拼音排序）

　　　　　陈　斌　　陈　恩　　陈雪军　　胡鹿鸣　　胡晓梅

　　　　　李　炜　　李义杰　　刘建民　　陆亚女　　潘再平

　　　　　彭增军　　史望颖　　王军伟　　王　蔚　　周树红

　　　　　朱小红　　曾晓燕

我的小康之家

00后眼中的中国小康之家样本观察

行走的新闻

刘建民 王军伟 李 炜 等◎著

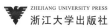

ZHEJIANG UNIVERSITY PRESS
浙江大学出版社

序言:奋进小康的中国精神 民族复兴的青春力量

胡征宇 浙大宁波理工学院党委书记

杨德仁 浙大宁波理工学院院长、中国科学院院士

2020 年,是承上启下的一年,农历庚子鼠年,代表着新一轮生肖纪年开始,寓意着新的开端;是我国全面建成小康社会,实现第一个百年奋斗目标,描绘第十四个五年规划前景目标与 2035 年远景目标,乘势而上开启全面建设社会主义现代化国家新征程,向第二个百年奋斗目标迈进的重要一年。

2020 年,也是极不寻常的一年。一场突如其来的新冠肺炎疫情,让全面建成小康社会的第一个百年奋斗目标的实现愈加艰难,但是正如习近平总书记在 2020 新年贺词中指出的那样:"万众一心加油干,越是艰险越向前!"通过一场众志成城、不获全胜不收兵的全民战"疫",汇聚起了"生命至上、举国同心、舍生忘死、尊重科学、命运与共"的伟大抗疫精神,愈加坚定了党领导全国人民奔向小康的决心、愈加体现了全面建成小康社会的十足成色。

"民亦劳止,汔可小康"是中华民族千百年来的美好憧憬。当时间走到 21 世纪的 20 年代,一幅康美中国的多彩图景就要成为现实,引来万千瞩目。站在中华民族实现"两个一百年"奋斗目标历史交汇点上,浙大宁波理工学院的青年学生伴随"行走的新闻"大型田野调查实践活动又一次出发了。这是一群出生在世纪之交、成长在奋进小康之路上的新时代青年;这是一群最富朝气、最富梦想的新时代青年;这是一群用行动践行中国精神、展

示蓬勃力量的新时代青年。2018年，同学们用《行走的新闻：我家四十年——纪念改革开放40年特别田野调查》记录历史；2019年，同学们用《行走的新闻：国是千万家——庆祝新中国成立70周年特别田野调查》献礼华诞。时任浙江省委副书记、宁波市委书记郑栅洁两次批示："祝贺你们用朴实的语言、有趣的照片写成了一本有意义的百家四十年。""看了你们的书，感同身受。你们响应习总书记的号召，讲好中国故事、浙江故事、宁波故事，用身边故事、生动实例，弘扬正能量，歌颂党、祖国、人民，值得肯定，值得传扬。感谢你们！"浙江大学党委书记任少波感谢同学们赠书，并表示"同学们通过在祖国大地上的'行走'实践，了解国情，锻炼能力，弘扬学风，厚植爱国情怀，树立报国之志，十分有意义。希望大家把这一良好的教学和实践传统继承发扬好，为课程思政建设提供有特色的样板"。

　　再一次出发，为小康之家画像，为全面小康构图！这次"行走的新闻"再出发，一方面一如既往地坚持马克思主义新闻观教育与讲好中国故事价值引领相统一，按照习近平总书记关于新闻及新闻工作者"四向四做"新要求，引导学生"课堂上学习、课堂外思考，走出校园提问、走进社会实践"，组织青年学生通过行、访、叙、写，用心观察、用心思考、用心采访、用心做文章，记录小康之家奋斗历程，感受家庭、社会和国家日新月异的变化，抒发爱国情怀，体悟中国精神，落实立德树人根本任务。另一方面，又在"行走的新闻"十四年的实践基础上，独具创新地设计了观察者、叙述者双重视角，通过"观察者"教师对"叙述者"学生所述再观察，并以透视析理、学术随笔等方式作为交流，观照和回应叙述者，不仅增进了对全面小康史的学术表达，而且达到了观察者与叙述者时空碰面、情感碰触、思想碰撞的多层效果，是师生合作、教学相长、心灵相契的新方式。实践表明，"行走的新闻"模式既是新闻学专业教学改革的创新实践，也是立足专业开展课程思政的深化探索。堂基千载书香在，谁为机云记旧游。我们坚信，在若干年甚至再久远的以后，这本用青春之我记录下多彩中国的书作依然会历久弥香，诠释着中国共产党为人民谋幸福、为民族谋复兴的初心与誓言，描绘与散发出中国人民、中国家庭追求美好生活、奔向幸福小康的历史图景与宏伟力量。

与"行走的新闻"一同再次出发的还有浙大宁波理工学院。2020年，办学十九年的浙大宁波理工学院实现转制，迈入公办本科高校行列，迈向建设"省内一流、全国百强"高校新征程。2002年，到任浙江不足一个月的习近平同志就来校调研，了解师生思想动态，亲自指导解决学校发展重大问题，为学校发展把舵定向。他强调，加强党对高校的领导，加强和改进高校党的建设，是办好中国特色社会主义大学的根本保证；他指出，浙江大学是我国知名学府，由浙江大学负责办学，学校的发展前景一定非常广阔。一直以来，浙大宁波理工学院坚持以习近平总书记的重要指示为根本遵循，坚持中国特色社会主义办学方向，牢记"建设浙江人家门口的好大学"初心使命，扎根浙东大地，聚焦立德树人，秉持"教育为学生提升价值"理念，把思想政治教育贯穿于教育教学全过程、全方位，形成、巩固并不断丰富"行学"育人形态与载体品牌，厚植青年学生爱党、爱国、爱社会主义的情怀与信念，引导同学们自觉弘扬践行社会主义核心价值观，取得了丰硕的育人成效。其中，"行走的新闻"就是典型之一。

望天际云卷云舒，育桃李风华正茂。胸怀中华民族伟大复兴战略全局、面对世界百年未有之变局，我们始终锚定为党育人、为国育才的教育目标，用奋进之笔写好习近平总书记考察浙江时赋予浙江"努力成为新时代全面展示中国特色社会主义制度优越性的重要窗口"时代答卷的教育篇章，以新的业绩为全面建设社会主义现代化国家添新增彩。

感谢并祝贺一直携梦行走、为梦而歌的老师和同学们！

是为序。

目　　录

总观察：新时代属于每一个小康之家

观察者：刘建民，浙大宁波理工学院传媒与法学院高级编辑

浙大宁波理工学院传媒与法学院十几年来一以贯之的"行走的新闻"实践教育品牌，在 2020 年度完成了一次非常有意义的"行、访、叙、写、察"新闻实践教育活动。2020 年我国要完成全面建成小康社会的目标。"行走的新闻"规划"我的小康之家"选题，组织新闻传播类相关专业的百余名青年学子，在疫情之下通过在家上网课的课余时间，或者通过新媒体的各种方式，完成了对家庭成员的深度访谈，并在此基础上完成了各具风格的个人叙事作品。

调查和纪实是"行走的新闻"十几年坚持带领学生走出校园、走近社会，带动青年学生认识和把握国情、了解并投身新时代所表现出的强大优势。难能可贵的是，这一次在调查和纪实的基础之上，又组织部分青年学者、教师及新闻传媒业界人士及部分在读学生，对叙事作品展开学术观察与时政透视。"行走的新闻"向学术性方向又迈出了坚实的一步。

打开观察中国的一个窗口

"行走的新闻"2020 年度著作《我的小康之家——行走的新闻：00 后眼中的中国小康之家样本观察》是一部活的中国小康社会奋斗史，是青年学子眼中的一部真切的中国当代史，是青年学者研究观察小康中国的一个窗口。

这些叙事作品汇聚起来，透着暖心的家庭气息，逼人的青春气息，动人

的奋斗气息，火热的时代气息。这些个性化的口头叙述作品，真诚、真实、真挚、真切。这些作品具备亲历性。叙事的内容都是长辈亲身经历的，无形中就具有真实性的基础。要使读者相信作品的真实性，首先是年轻的采访者对访谈对象的口述材料进行整理挖掘，把其中打动了自己的部分转换成记录性的文字。这些作品具备情感性。叙事是经家庭主角口述而记录下来的，当事人在口述的过程中不自觉地加入了自己对事件的理解，因而具有一定的情感性。带有情感的采写更加人性化，也就更容易打动参与的学生。这些作品具备家庭性。不同的人对事件的理解是不同的，因而同样的事件经不同的人介绍，角度是不同的。角度丰富可以使青年人更好地了解多维的历史，丰富对历史的整体感知。只有真实的素材、有情感寄托的访谈场域和多维感知的家庭视角，才能更具有震撼力，使学生更快地融入和自己最切近的课堂。这是一个实践的课堂，这也是一个教育的课堂，更是一个思政的课堂。

　　这些观察作品汇聚起来，洋溢着怡然的学术气息，这些接地气的观察作品透着真相、真知、真情、真理。只有"知道吾国社会"，才能"讲究改良的方法"。青年学者做学问，始终要建立在系统的社会调查、严格的分析论证基础之上，不是为做学问而做学问，而是要做有用、能用、管用的学问。这本书里的口头叙述文本生动鲜活，成系统，见规模。每一个故事、每一个人物、每一个家庭都是一个承载真相的中国社会发展进程的活跃细胞。每一个散在的个体观察，不是传统意义上的数字情况摸底，每一个点上的深度透视，都散发着真知的光芒。带着情感的研究，这些叙述者的文本有助于发现中国普通家庭的喜怒哀乐，发现中国百姓的勤劳勇敢，看见闪耀着奋斗光斑的小康史。带着热度的观察，有助于观察者了解那些真正来自基层的群体和现象，有助于明白这个国家和民族变成现在这个样子的原因，在这里可以收获真理。大学的学术初心是立德树人，做好知识创造与传播、知识溢出与服务、文化传承与创新，为人民服务，为中国共产党治国理政服务，为巩固和发展中国特色社会主义制度服务，为改革开放和社会主义现代化建设服务。这一次，青年学者从自身的学术初心出发，在学生的行、访、叙、写的新闻调查作品中找到了一片独特的学术观察土壤。

"小康"这一古老而美好的概念,被创造性地用来诠释中国现代化坐标上一个至关重要的阶段。"小康",这一亿万人民日益耳熟能详的时代语词,以它特有的吸引力,激励与召唤着一个时代的进取精神,推动着中国大步迈向未来。以微观的"小家"为切入口,通过家庭小康之路的变迁,展现宏观的国家发展图景,感知历史和时代的脉动,正是《我的小康之家》作品的一大特点。00后眼中的中国小康之家的样本,充溢着中国性、故事性和人文性;挖掘故事内外的人生际遇,体味不同人群在不同历史时期所遭遇的各种鲜为人知的人生际遇;解读、披露各时期鲜为青年所知的历史进程,这些样本见证了历史,更记录了中国的沧桑巨变。

你,我,他,新时代属于每一个中国人

全面小康,对千千万万中国人来说,蕴含着千钧的力量、无穷的意义,它是一个个家庭梦想成真、每一个家庭成员笑颜绽放的鲜活故事。这一点,绿水青山、碧草蓝天可以作证,琳琅满目的商品可以作证,快捷的高铁、便利的网络支付可以作证,欢快的广场舞、遍及世界的中国游客可以作证,无处不在的"我和我的祖国,一刻也不能分割"的动人旋律可以作证。这些显见的公共符号之外,《生在小河旁》中,"跟着黄浦江的潮水走,一叶扁舟荡到大江口"的浙江嘉兴最靠北的小镇——油车港镇的合心村里今日欣欣向荣的景象可以作证;《一把剪刀闯荡南北》中,那个在湖南乡下捧着小人书而忘了放牛的少年,如今变身为浙江义乌被顾客挤破了门而无暇休息的理发店老板的幸福生活可以作证;《时光里的稻香》里,杭州市富阳区周公坞这个静谧的小乡村旧貌换新颜的巨变可以作证;《先打工后开店的温州人》里,越过越红火的日子可以作证;《妈妈挣来一个家》中,那双灵秀而又坚韧的双手可以作证;《我家眼镜店》里,在东北售卖眼镜的外公外婆和在河北经营眼镜店的爸爸妈妈可以作证……

毛泽东"中国人民从此站起来了"的宣告言犹在耳;邓小平带来改革开放"春天的故事"记忆犹新;习近平带领我们又取得全方位、开创性成就,中

国发生了深层次、根本性变革。中华民族实现了从站起来、富起来到强起来的历史性飞跃。这些"大历史"变成了"小家常"之后，粮票、布票、肉票、鱼票、油票、豆制品票、副食本、工业券等百姓生活曾经离不开的票证已经进入了历史博物馆，忍饥挨饿、缺吃少穿、生活困顿这些几千年来困扰我国人民的问题总体上一去不复返了的"大命题"就变成了最耐人寻味、最亲切、最流畅的中国故事。青年学生眼中的家，车是一个核心符号。《小康路上 60 迈》通过对"无车时期""自行车时期""老汽车时期""新汽车时期"四个阶段的描写，将追求小康之路上的父母的奋斗、家庭的变化描写得生动形象——"就像公路上 60 迈行驶的汽车一样，我们家在小康的路上也是平平稳稳，不急不躁"。同样《开向小康的五辆车》通过对家里 20 世纪 90 年代初的第一辆车"重庆长安工具车"到新世纪 2011 年第五辆"沃尔沃"20 多年家庭用车迭代的描写，清晰呈现出家庭在奔向小康之路上的奋斗历程。每一辆汽车更新换代的背后，都是父母坚持不懈、辛勤奋斗的故事。

　　时代一新，万象更新。全面建成小康社会，我们的思想有了新指导，战略展开新布局，焦点对准新矛盾，着力应对新挑战，勇于新担当，迈出新步伐，事业推出新进展，中国老百姓的生活就充满新期待。《守得云开见月明》《鸡毛飞上天》《几十年风雨一肩扛》《风雨中的平凡之路》《为房奔波这些年》……每一个故事都告诉我们，向中华民族伟大复兴目标进发的巨轮，没有坐享其成的乘客、事不关己的看客，你，我，他，亿万中国人都是划桨者、搏击者。探明路子不易，深怀"四个自信"不移，喊着同一个号子，朝着同一个方向，"只要精诚团结、共同奋斗，就没有任何力量能够阻挡中国人民实现梦想的步伐"。

人民有信心，国家才有未来，国家才有力量

　　先秦韩非子曾云："恃人不如自恃也。"说的就是自信的力量。一个人拥有自信，我们便可以在他的身上感受到人格魅力的光芒，纵使在人山人海之中，也可以一眼领略他的光彩；一个民族拥有自信，就会让每一个身处其中的人感到自豪，那由内而外的自尊能为这个民族争取到更多生存和发展的

空间；一个国家拥有自信，就能激起国民昂扬向上舍我其谁的斗志，这就是古人所说的"恢弘志士之气"。

"我很敬佩我的父亲，是他依靠着自己的勤劳和智慧白手起家，又一步步带领我们的小家走上小康之路。现在的他已年近半百，岁月在他的身上留下了白头发、深皱纹、啤酒肚和黑眼圈，但是却消磨不了他的斗志。"《四海为家》中那个父亲的故事还在续写着"信心"二字。像千千万万个普通家庭一样，都是国家发展投射下的影子，记录下国家历史最细微、最具体、最末梢，也是最生动的图景，每个人、每个家庭，在参与、推动、体会自身变迁的同时，也在写下国家和民族的历史。写好每一个人的故事，共同叙述一个美丽中国。

"那时候我们不懂技术，没有相关的知识储备，没有业务，遇到难题只能自己硬着头皮攻克，有的只是一腔热情与热血，希望我们的后辈生活可以越过越好的初心，一切都是那么不容易。"这就是《爷爷的小秘诀》里的信心秘密。生活的窘迫逼迫他选择背水一战。2001年冬天，父母商议之后决定自己开厂创业。厂里有时候机器或零件坏了，舍不得花钱请别人修，一次零件老化了，父亲仰身躺在机器下面给机器加润滑油。但是油漏了出来，流入躺在机器底下的父亲的眼睛，那就是父亲的"九死一生"。那片狭小的空间是锁不住父亲的野心与斗志的。《沪漂之路》中的父亲就是信心之拼的最亮眼的注释。古人说："事者，生于虑，成于务，失于傲。"伟大梦想不是等得来、喊得来的，而是拼出来、干出来的。我们现在所处的是一个船到中流浪更急、人到半山路更陡的时候，是一个愈进愈难、愈进愈险而又不进则退、非进不可的时候。改革开放已走过千山万水，但仍需跋山涉水。

"父亲找到了合资伙伴，扩大了店面的经营范围。我也在一步一跟跄中被爸妈拉着小手从破旧的出租屋里搬了出来——粗糙硬实的水泥地变成了光滑好看的大理石，摆放不齐的红绿热水瓶过渡到了轻巧便捷的电热水壶，再从之前拧开的水龙头、公共洗衣池的搓衣板到洗衣机、热水器……爸爸也去考了驾照，从摩托车开到了面包车，驶向了他眼中发着光的未来。"《下一站，叫幸福》中这个家庭的信心就是这一句反问：这是你想要的生活吗？信仰、信念、信心，任何时候都至关重要。小到一个人、一个集体，大到一个政党、一个民族、一个国家，只要有信仰、信念、信心，就会愈挫愈奋、愈战愈勇，否则就会不战自败、不打自垮。中国人民对自己有了信心，对中华民族有了信心，对祖国有了信心，就没有任何力量可以阻挡中华民族伟大复兴的光辉进程。当这浩瀚恢弘的人民信心化作国家意志，中国强盛的未来也就指日可待了。这本书中每一篇的主人公的灿烂笑容都为全面小康涂上了一层温暖的底色。

世界上没有坐享其成的好事，要幸福就要奋斗

"世界上没有坐享其成的好事，要幸福就要奋斗。"习近平总书记的这句话，反映了他对当前中华民族伟大复兴的艰巨性和困难度的战略认识。当前是我们距离中华民族伟大复兴最近的时刻，这句话是一次对全民继续奋斗的动员，也提醒着我们每一个人，要不忘初心，砥砺奋进，方得始终。

《磕磕绊绊奔小康》自始至终，可以看出这个家是普普通通的一个小家，是千万家中微不足道的一小点，"但它却曾承载过无数磕磕绊绊、无数爸爸妈妈为之奋斗的印记，并最终给了我一个充满快乐无忧无虑的童年以及自在快活的青年时光"。《她们的生意经》中的"外婆一直是一个极有智慧的人，在邻里的口中总是能听到对她的赞叹，直到今天我才知道，教会她做人的那些道理，教会她正直善良和坚守原则的，是生活。用一个字来形容外婆的一生，我想是'敢'"。《江南水乡的"铿锵玫瑰"》中，"一个带着儿子的单亲妈妈，要么堕落，要么拼搏。为了儿子的未来，为了这个家庭的未来，她开始了自己的众多尝试"。《也曾打拼到非洲》的父亲就不是安于一隅的人，闯荡到尼日利亚，"日子过得久了，父亲发现了当地新的商机——炼油。不论是最开始的实地考察，又或者是市场的探索，寻找买家，办理通行证，父亲都是亲力亲为。即使他也不知道前方会面临什么难题，也没有畏惧，他说'我相信我可以'"。《家东北，家江南，家小康》中的"外公外婆的一生走过了很多地方，年少时各自在家乡为了前程奋斗，青年时在校园努力学习，毕业分配共同来到了吉林通化，在东北成家立业，一同走过了风风雨雨，条件也一点

点好起来。人到中年又举家来了浙江。一步一步走在东北,走在江南,一步一步走在奔小康的路上"。

改革开放以来取得的成就不是天上掉下来的,更不是别人恩赐施舍的,而是全党全国各族人民用勤劳、智慧、勇气干出来的! 我们用几十年时间走完了发达国家几百年走过的工业化历程。在中国人民手中,不可能成为了可能。我们为创造了人间奇迹的中国人民感到无比自豪、无比骄傲! 在近代以来漫长的历史进程中,中国人民经历了太多太多的磨难,付出了太多太多的牺牲,进行了太多太多的拼搏。现在,中国人民和中华民族在历史进程中积累的强大能量已经充分爆发出来了,为实现中华民族伟大复兴提供了势不可当的磅礴力量。

新时代属于每一个小康之家

新时代,读懂自己的家是读懂中国的起点。读懂是理解与认同的基础,只有读懂才能融入奋进的洪流。无论是历史上厚重深邃的中国,还是当下奋进自信的中国,无论是民族复兴路上逐梦而行的中国,还是世界舞台上致力于构建人类命运共同体的中国,都需要世界以多元的视角,走近她,深入她,读懂她,读出一个全面、立体、真实的中国。00后眼中的中国小康之家样本观察,就是这样一次寻找,为青年学生了解自己的家庭、自己的国家打开了一个精巧别致的窗口。从中国的发展历程中读懂中国,从中国的发展进程中认识中国。每一个小康之家结合在一起,就是今天的中国,她比历史上任何时期都更接近于实现中华民族伟大复兴的目标。

党的十九届五中全会已经对"十四五"时期发展做出全面规划,逐梦路上,中国人民始终保持昂扬斗志,盈科而进,笃定前行。今天的中国,改革不停顿,开放不止步,面对世界百年未有之大变局,勇于在危机中育先机、于变局中开新局。"蓄之既久,其发必速。"全面建成小康社会,这是中国人民千百年来被压抑的创造激情如江河奔涌的释放,这是新中国无惧风雨、高歌猛进、大踏步跟上时代的传奇,这是中华民族伟大复兴进程一往无前、不可阻挡的历史必然! 全面建成小康社会,意味着我们党领导人民开辟的中国特色社会主义道路无比正确,意味着中国特色社会主义制度和国家治理体系无比优越。每一个小康之家,都流淌出一道涓涓细流,汇入中国更美好的未来。

个人叙事中的家国图景与新闻历史感知

观察者 01：李义杰，浙大宁波理工学院传媒与法学院副教授、博士

对历史和时代的敏锐感知是作为新闻记者或者新闻专业教育者的核心素养，记者不仅是历史的记录者、见证者，还是历史的建构者，扮演着"公共历史学家"的角色。在中国即将全面建成小康社会的节点上，如何去书写、呈现中国小康社会建设奋斗的历史图景？如何让新闻学子去感知这一伟大的战略征程，参与到对其的历史书写之中，从而提升学生对历史的感知和当下时代的理解，加强新闻专业"四向四做"人才培养？《我的小康之家》作为"行走的新闻"系列作品，继《我家四十年》《国是千万家》之后，又为大时代下对上述问题的思考提供了一个示范性的样本。

"小家"变迁与"大国"小康图景

以微观的"小家"为切入口，通过家庭小康之路的变迁，展现宏观的国家发展图景，感知历史和时代的脉动，正是《我的小康之家》作品的一大特点。在这些作品中有多篇以"车"为主题来叙述自己家庭的小康奋斗之路。如《小康路上 60 迈》(许昕)以"车"为核心符号，通过对"无车时期""自行车时期""老汽车时期""新汽车时期"四个阶段描写，将追求小康之路上的父母的奋斗、家庭的变化描写得生动形象——"就像公路上 60 迈行驶的汽车一样，我们家在小康的路上也是平平稳稳，不急不躁。"同样《开向小康的五辆车》(何流)通过对家里 20 世纪 90 年代初的第一辆车"重庆长安工具车"到新世纪2011年第五辆"沃尔沃"20多年家庭用车迭代的描写，清晰呈现出家庭在奔向小康之路上的奋斗历程，每一辆汽车更新换代的背后，都有着父母坚持不懈、辛勤奋斗的故事，字里行间流露出浓浓的亲情和对美好生活的向往。此外还有《父亲的"破车"》(洪思懿)等作品，都通过"车"这一载体，描写个人、家庭在小康之路上的拼搏奋斗。无疑，车子在这里已经转化为家庭追求小康之路的符号，通过车子的变化让我们更好地看到建设小康社会过程中不同时期的国家经济社会发展面貌。从20世纪八九十年代，到今天新时代的国家发展变化，都可以从车子的更迭、家庭的变迁中得见。当然在这些作品中，对家庭小康之路的叙述视角是多样的，显著性的符号很多，"一个小店一个家""为房奔波这些年""一把剪刀闯荡南北""沪漂之路""从临海到西安""也曾打拼到非洲""江南水乡中的'铿锵玫瑰'""纺出来的幸福"等等，从不同的主题词中，我们能够看到个体经济、跨国贸易、房子、教育、人口流动等不同发展状态；能够看到一个个平凡的家庭、个体为小康生活奔波、打拼的影像；以及由这些数不清的家庭和个人所构成的国家奔向小康社会的恢弘巨流。

个人叙事与历史叙事

个人叙事又可称为私人叙事，主要指从个人的角度，以事件"见证者"或"亲历者"的身份，记述、描述、评述一定历史事件的历史写作方式。而当我们要回溯过往，探寻个体、家庭或国家等发展变迁的历史轨迹时，历史叙事就变成了一种重要的方式，尤其是以历史事实为基础的经验的叙事。个人叙事和历史叙事并非毫无关联，相反两者却是常常形成交叉。事实上，20世纪90年代以来，"私人叙事"就是在大众史学领域中逐渐兴起，所以又被称为"非专业化历史写作"。通过个人叙事和历史叙事的结合，可以给读者提供更为多样的视角和丰富的内涵。因此，《我的小康之家》基于学生个人对自己家庭追求小康的变迁历程的叙述，不仅仅是一种个人叙事，同时也是一种历史叙事。在这些作品中，这种私人叙事的"非专业化历史写作"方式并没有让我们看到被历史裹挟的无奈和挣扎，相反，则是让我们看到了每一个活生生的个体和家庭在改革开放的大潮中,为美好的小康生活目标而坚持不懈地打拼和奋斗,用辛勤的劳动为中国这样一个"大家"书写建设小康社会的历史。这种以个体经验为基础的私人化历史叙事形成了与以群体抽象为基础的正统的"宏大历史叙事"的对照,提供对过往历史理解的补充。同时,个人叙事和历史叙事的实践有助于提升新闻记者/新闻专业学生对历史和时代的感知,从而可以更好地进行新闻叙事。

情感、记忆与家国认同

阅读《我的小康之家》作品会发现,在个人叙事与历史叙事的交融下,文字间充满了个人情感的表达,以及对家庭从父辈甚至是祖父辈变迁所形成的记忆。

如《生在小河旁》(张晓宇)从祖父和父亲买船收铁生意开始,抒写了自己家庭三代人的传承奋斗,有为幸福生活的拼搏,有失去亲人的无奈、遗憾等,字里行间,情感充沛,在对家庭变迁的叙述中,不断建构着"我的家庭"的记忆。对家庭变迁的回溯会不断激发个人和家庭的情感联系,增强对家庭的认知,去思考和理解"我的家从哪里出发,又如何达到现在",进而对家庭、甚至国家形成更深的情感认同。在《鸡毛飞上天》(傅鑫源)中写到"(父亲感慨道)我怎么也想不到,现在的生活会变得这么美好,现在衣食住行无忧是我以前想都不敢想的事啊。""我的父辈没有出众的才华与学识,全靠自己一双手打拼,几十年来风里来雨里去,为这个家付出了太多的心血。这离不开改革开放带来的红利,也离不开党的优越领导,我们一家在义乌这片土地上奋斗着,书写着自己生活的华美乐章。"可见,对家庭小康之路的叙述,是充满情感和思考的,书写小康之路建设中个人和家庭的真实图景和情感,形成重要的媒介记忆,从而激发对家庭、国家的认同。

总之,在《我的小康之家》作品中,我们看到了"小家、大家、历史、变迁、奋斗、记忆、幸福……"学生通过"个人叙事"的方式呈现了自己家庭的小康奋斗之路,虽是"我写我的历史",但在一个个满怀情感的微观"小家"的叙述之中,展现出的却是小康之路上国家变迁的"公共历史图景"。这些新闻学子通过个体非专业化历史叙事，参与到了建设小康社会战略图景历史的建构之中。同时，也塑造了作为一种"文化权威"的角色，即作为"故事讲述者"和文化生产者，收集、处理、建构并向社会成员传递真实新闻的权威性。

非虚构的新闻与文学的交融

观察者 02：成思嘉，浙大宁波理工学院新闻学专业 2018 级学生

新新闻主义与非虚构写作

《小康路上 60 迈》灵活运用非虚构的叙事结构，挖掘作者家庭奔小康的奋斗史。许昕学习运用对话、场景、细节描写等文学技巧，结合自身成长经历和父母的故事阐述，收集父亲母亲年轻时打拼生活的经验、挖掘深层故事，字里行间流露真情，使读者更有认同感。

新闻领域的非虚构写作是对过往非虚构文学与"新新闻主义"的借鉴与发展，它不拘泥于体裁形式，借用深度调查与民族志田野调查等多种方式去观察、记录、体验，并以此为基础进行内容创作，题材往往涉及重大历史、现实情景下的个体和群像式命运变迁。[①] 运用非虚构的写作方式报道新闻，使新闻不仅满足于真实性、时效性、思想性，在此基础上强调文学性，而不是陈陈相因。同时非虚构新闻将给传统新闻带来冲击和挑战，它集新闻学、社会学、人类学等于一体，通过作者相较于传统新闻中更为主观的表达，创新了"新闻"这一名词。

在新闻应用写作中，将文学写作的手法融于新闻报道是"新新闻主义"的最显著特点。李良荣教授在论及西方新新闻主义理论及其实践时指出："新新闻主义其实为新闻特写与通讯体裁的写作提供了全新的借鉴范式，甚

---

① 周逵、顾小雨：《非虚构写作的新闻实践与叙事特点》，《新闻与写作》2016 年第 12 期。

至可以说提供了变异的可能性。"其后，"新新闻主义"被改写为"创造性非虚构写作""文学性新闻"这类名词。非虚构新闻写作在"新新闻主义"的基础上融合各种文学性写作技巧，包括使用场景表达、引用丰富对话、描写人物细节、选取独特视角等。[①] 只有当作者记录亲身经历的故事或对采访对象进行真相的深度挖掘，才能使一篇报道兼具故事性和纪实性。

做讲故事的人

"作为讲故事的人，应该让读者意识到他们是身处于流动的河流中，而不是平静的湖面上。读者在故事的河流中泛舟，他们的船就是我们为故事选择的叙述主线。"[②] 故事的叙述主线主要有三种，包括主题主线、递进主线、时间主线。有时候它们会同时出现在一篇故事中，但大多数情况都是某一种占主导地位。

许昕的《小康路上60迈》用明显的时间主线叙述故事，脉络一目了然、情节发生跌宕起伏。1991年，15岁的母亲外出打工；1998年，父母经人介绍相识相爱；2002年，父亲下海做远程教育公司；2009年，父母转而经营淘宝店铺；2018年，父母踏上"顺风车""滴滴"之路。父亲母亲在创业过程中遭遇挫折，工作发展虽不算顺风顺水，但是随着父母的辛苦打拼，一家人过着幸福小康、安居乐业的生活。人物采访中，清晰的时间主线将主人公在不同时期、不同地点的经历串联成较完整的故事，这样的叙事形式和叙事逻辑使读者能轻松地获取新闻报道中的关键信息，从而迅速沉浸于故事中，产生身临其境之感。

但是运用时间主线叙述故事也存在弊端，一味地依照时间发展顺序将无法重点强调某一场景或事件，情节发展略显枯燥。《小康路上60迈》采用插叙和倒叙的叙事手法，可以解决这一难题。采访中父亲准备离开教育公

---

① 马克·克雷默、温迪·考尔：《哈佛非虚构写作课：怎样讲好一个故事》，王宇光等译。中国文史出版社2015年版，第193页。

② 威廉·E.布隆代尔：《〈华尔街日报〉是如何讲故事的》，徐扬译。华夏出版社2006年版，第114页。

司独自经营远程教育,此时有一段插叙的描写,作者回忆父母下班回家后一家人其乐融融准备吃晚餐的场景——"我从妈妈的车后座跳下来,坐到沙发上没一会儿,爸爸也提着公文包打开了门,解开大衣扣子,坐到了餐桌旁边。"插叙的写作手法不仅丰富故事细节,也推动情节发展。作者几次运用场景转换,如"我坐在客厅的沙发上,摸着楼下跑上来的橘猫,看着妈妈和妹妹,想到远在北京开车的爸爸,忽然间有些感触,思绪飘回了从前","我至今还能想起来,曾经无数个上学放学路上,我坐在后座或者横梁上,抓着爸爸或者姥爷的衣服。十几年前的风带着回忆仿佛还吹在我的脸上",等等。这样的描述为新闻报道增添了文学性和故事性,通过营造情境的画面感,使叙事节奏有张有弛、有轻重缓急,使情节衔接不那么平板单调。

将文学融入新闻,将情感融入新闻。比如许昕描述家里的第一辆小汽车——一辆银灰色的大众捷达,2008 年它正式成为作者家庭中的一员,2018 年母亲开始做"顺风车"生意,老捷达重焕生机。一辆车的 10 年陪伴,这辆老捷达在作者笔下是共同见证家庭进步的"好战友"。同时运用比喻、拟人等文学写作手法,注入生动的情感。文章最后以作者的情感抒发结尾——不求生活富贵荣华,只盼家人健康平安。家庭生活水平的发展就如一辆行驶在公路上的汽车,一直保持 60 迈的速度,开得平平稳稳。在写作手法上,结尾也呼应题目,深化情感表达的效果,使主题更加突出。

在信息爆炸的时代,平淡无味的新闻只能阅后即焚,只有那些真实反映人物喜怒哀乐、折射探讨社会万象的故事才能使人们产生共鸣,印象深刻。而这些报道是需要记者沉淀笔墨、深入挖掘创作而成的,在还原事件真相的同时学会讲故事。

"介入"理论与文学

萨特是法国存在主义的代表人物,曾经提出"介入"理论,认为介入并不是随意地对事实进行改变,而是让作者进入到时间场景中,真实地进行记录,带来介入的现场感①,这正是新闻真实性、客观性的必要条件。非虚构新闻写作中作者结合亲身体验,或直接融入主人公故事叙述,从而使故事翔实生动。

许昕以情感介入叙事动人,在叙述客观事实的基础上,带入自己的主观情感,在新闻的真实性上迭代故事的抒情性。作者一方面是记者,另一方面是主人公的孩子。或许孩子是比较了解父母的人,可是孩子很少会以一种积极、主动的态度去了解父母年轻时对人生的选择。文章中作者父母分享的故事同时体现时代的印记和社会的变迁,是一个家庭的小康发展,因为作者是亲身经历的人,虽然她只是一个配角并不是主人公,但是她将自己的观察、感受、万千情感注入笔尖,以小窥大,从这一个故事映射出中国不同家庭的小康奋斗史。《冰点周刊》的主编从玉华这样说非虚构新闻写作,"本质上是在讲故事,呈现一个状态,用语言做一个纪录片"②。

另一个有意思的"介入"是意象。许昕从"无车时期""自行车时期""老汽车时期""新汽车时期"四个阶段依照时间顺序展开情节。"车"就是贯穿采访的一个意象。作为一件具体的事物,家庭中最通常的代步工具,车的更新换代体现作者家庭生活水平日益提高、社会快速发展。这样的视角使人们在关注中国小康发展时思考每个"小家"的拼搏故事。

---

① 王笑南:《非虚构写作在新闻领域的应用与反思》,《新闻论坛》2018 年第 10 期,第 81-84 页。

② 周逵:《时代记录者与叙事精神》,清华大学出版社 2017 年版,第 41 页。

生在小河旁

叙述者 01：张晓宇，浙大宁波理工学院新闻学专业 2019 级学生

"可时光呐，不听话，总催着人长大。"

记事以来，听过的最遗憾的一句话，从奶奶嘴里说出来——"要是你爷爷在就好了。"

每年家里都会过一些大大小小的节。我们都分不清到底哪一天过的是什么节，只有奶奶知道。

奶奶是一个普通极了的农村"留守"老人，是这小河旁最幸又最不幸的奶奶。

"这杯酒是给你爷爷的，这些菜是给祖宗的。"摆满一桌子菜和两排整齐的酒杯，有仪式感地跪下磕头似乎是我和我的祖辈距离最近的一次亲切问候。这些早就去往天际的人里，我最熟悉的，只是奶奶嘴里的我的爷爷。

"哎呀，苦日子都熬过来了，儿子女儿都出息了，你怎么就不在了呢？"每年 4 月，走过油菜花开的小路，伴着香烛的烟，奶奶都会向爷爷介绍一下家里每个人的变化：女儿都有孙女了、儿子买了新房子、大孙女现在工作可好了、小孙女上大学了，等等。奶奶好像知道爷爷看得到，又怕他漏掉。就这样奶奶向爷爷细数着孩子们的变化，向他的不幸细数着她的幸运，向他的过去细数着她的现在。

时间好像忘记催爷爷跟上我们，跟着奶奶一起变老了，却急着催我长

大，催我回头望。

时间来到了 1989 年，来到浙江嘉兴一个最靠北的小镇——油车港镇的合心村里。这个村刚掀起买船跑废铁运输的生意热潮。这是一个刚结束了公社，开始个体承包土地的小村庄，多的是没有上过学的中年人和小学、初中学历的年轻人。我的爷爷和父亲便是这村里最普通的一对父子。他们也想跟上小镇的潮流，那年，他们脸上满是要出去做生意的意气风发。这便是我家做生意的开始，也是这个家庭为幸福生活奋斗的开始。

"既然开始了，那就没有什么最困难的了。"

跟爸爸聊起那段开船经历时，他仍能清楚地记得第一次出门做生意是爷爷开的船。踩上踏板，爷爷和爸爸走向船的不同方向。

爷爷坐在马达旁边的小凳子上，一脚踏在小台阶上，一脚踏在地上，右手紧紧地握住舵的把手，眼神坚毅又略带慌张，另一只手撑在腿上，准备出发了。爸爸坐在船艄的小板凳上，看着熟悉的小河慢慢开阔，变成陌生又激荡的黄浦江，心中满是激动和好奇。

家门口的小河旁紧紧凑凑地挨着许多人家，最有钱的两户人家最先买起了水泥船，开启了小河小村民迈向大江生意人的第一步。

刚开始的时候，家家户户的散铁很多，而集中收置散铁的运输方式很少，所以这两户人家一开始便在村周围风风火火地做了起来。眼看着他们生意越做越好，小河旁越来越多的人家也买起了船。

我家属于第二波浪潮里的人，因为很穷没钱，所以只是去嘉善的船厂里买了一艘 1500 元的 11 吨的小船。

爸爸说最多的时候，就这么一条不到 10 米左右宽、几百米长的小河，同时停着 15 艘船。

这样一个小小的镇，几乎每户人家都出动了。他们开着小船去到了市区里，邻镇上的每户人家，每个角落里。为了少点人抢生意，爷爷和爸爸决定去到相对较远的上海拉生意。

刚开始的时候，近 10 天的生活粮食都得自己备着。船舱里装的是奶奶在镇上菜市场买的一点点肉和自家地上种的蔬菜,还有一缸只够这十来天吃的米放在舱里的小桌子上,那个桌子两个人吃饭就挤得慌,一般是爷爷端着一碗饭,碗边放着一点菜,一边吃一边在船沿上走,有时看看船里的货,有时去船头往江上望,更多的时候是去岸上和上海"老乡"聊家常。"船上吃的最多的就是自家种的青菜。"爸爸说道。后来,因为老是去那几个废铁多的人家和工厂,在上海那边也有了朋友,有时候船停在岸边,就被邀请到朋友家吃顿饭,爸爸说朋友家最常吃的就是鱼。也不管我们家在外跑生意到几点,回来总会留点饭菜在桌上。这可能就是那时候对异乡人最好的帮助了吧!

跟着黄浦江的潮水走,一叶扁舟荡到大江口

在门前的小河里一帆风顺的小船,不代表去到黄浦江也是顺风顺水。

"一浪高过一浪,身边开过的船一艘比一艘大。"这是爸爸开着小船漂在黄浦江上最害怕碰到的。但经常出门在外,小船很容易就碰上狂风暴雨,一个浪过来,小船的甲板全浸在江水里,装货的船舱里又兜满了雨水,如果不冒着风雨给船舱盖上油纸布,很容易就被雨水和江水"击"沉。为了不沉底,爷爷和父亲还来不及给自己裹上雨衣,便冲进大雨里,给船先穿上"雨衣",只有船安全了,爷爷和父亲才来得及穿好雨衣,这时候一般是父亲冒着雨在船尾掌舵,爷爷站在船头看河面情况。

夏天的时候,遇到实在太强的风暴,皮带非常容易打滑,船也会抛锚,所以父亲就把小船停在岸边,等待风暴来,又等待乌云过去。

就像很多年后,我们家遇到风暴了一样,父亲就静静地等待风雨来,等待风雨走。风暴总是会来,也总是会走。

十几个小时的路途,河上来来往往的小船难免擦碰。特别是夜里开船,就算有人站在船头看,也会和别人家撞上。磕碰修一下就要100元,还要跑到很远的修船厂里,有时磕碰在江上时,会赶忙把船停到岸边,拿泥先糊着,至少不至于沉船,再胆战心惊地开去修。

我问起父亲,当时怎么就决定要去上海呢?父亲说上海远,去的人少,

竞争少很多。那时我们家收废铁主要集中在现在的浦东机场那里，去一趟开船从早开到晚12～13个小时，又得在那儿呆一个星期，有时候感觉家像是安在了江上。

最开始爷爷和爸爸去一趟上海只赚200～300元，后来花1万元换了艘15吨船，把那艘小的900元卖掉了。再后来，妈妈也上船了，但因为姐姐没人照顾，爷爷就上岸和奶奶一起种田，照顾姐姐。那些年的照片少，姐姐和爸爸妈妈的合影更少。

大船载得多，赚得也多，有时一两个工厂废铁集中的话，来回花的时间少也能赚个800～900元。爸爸和和妈妈就这样一周一个循环地在江上漂。时不时地就会碰到大风大浪，还有狂风暴雨。没多久，就遇到了一片又一片很大的"乌云"。

一个生命终将是另一个生命的延续

1998年的时候，水运废铁的浪头已经散得差不多了，只有几户人家还在开，我家就是其中一家。但是政府禁止的消息传来，很多人不敢把废铁卖给我们。当时的港船部门对水泥船查得越来越严，没有一张"pass"卡就不让水泥船通行了。爸爸和妈妈冒着危险向当时南汇县水上派出所举报了一个偷工厂废铁走私的人，虽然获得了通行证，开一趟船也可以赚个一两千，但那一片区域的小生意做不了了，大工厂里的散的废铁也越来越少。铁船逐渐代替了水泥船。

虽然生意越来越差，但这十来年攒下的钱，还是让父亲决定造个新房子。一幢当时村里最时髦的西式三层小洋楼就这样起来了。村里最高最气派的房子是当年只能住小平房里后半间的爸爸、同辈里最穷的爷爷，还有嫁过来的时候看别人家都有小洋房住的妈妈一起冒着江上的风雨挣出来的。

1999年，还没享受住新房子的幸福感，爷爷的胸口开始疼，最先吃饭反胃，后来越来越严重，吃不下东西。去到城里的武警医院一查，胃癌晚期。

造房子时怎么也没想到后来的这些，爸爸说造完房子还剩了一些钱，但

是还有一个我在不久的将来等着出生啊！不多的钱要几处花。爷爷在医院住了 40 天,治病花了 11000 多元。

就在爷爷住院期间,我出生了。妈妈说我生出来没几天,护士就直接抱到爷爷的病房里去了,爷爷就那样静静地、无力地看着我,看着这个他看不了她长大的孙女出生的样子。可能有某一个瞬间是两个命运完全不同的亲人之间的凝视吧。

一个家庭几乎同时伴随着老一代病去和新生命的降临。

后来医院没什么办法了,爷爷回到家里住,像是等待死神降临一样地躺在床上休养,奶奶一直在一旁照料,姐姐住在离学校很近的姑姑家。我出生没几个月就被带上船,跟着爸爸妈妈去上海继续做生意,什么也不知道的在小河上悠悠地长大。后来爷爷走了,在一个明媚的早春,在一条熟悉的小河旁。

当时去的地方很远,在现在的浦东机场附近。爸妈不在的时候,我就被放在一辆儿童车里,一根绳拴在那边人家的门口,有一个比我大点的孩子和我玩。

我也就这样学会了走路。

爱的反义词是遗忘

新世纪伊始,水泥船运输的轰轰烈烈早已过去,它面临着被这个时代淘汰的危险。因为在不久前，政府建议铁船运输，又不久，下达了明文，禁止水泥船运输废铁。这个小河边最早买水泥船的几家人家开始换铁皮船，但更多的人放弃了，选择去镇上的工厂里找份活干。

在我13个月，爷爷去世4个月之后，我们上了岸，他应该是知道我们离开了最亲的小河吧。

小河突然之间安静了，突然之间宽敞了。那些曾经在船上赶路的人，上了岸；那些曾经在小河上"突突"着前进的小船，或是以很低的价格卖了，或是拖上岸原地砸了，或是没人再管它，悄悄沉入河底。那些靠小河载起的船，又回到了它们最熟悉的小河里。

"算了算了，又累又苦"，"孩子这么点大就别跟你们在船上吃苦了"。应该是思考了很久吧，爸爸把那艘水泥小船停在原来的地方，关上了船的小窗和舱门，带上了船里的杂物，上岸了。然后，父亲2000块钱卖掉了陪伴已久的船。

当时姑父姑母的植绒厂刚起步。很幸运的是这个小镇的风向从水路运输转到了静电植绒，好多人家都开始办厂，招工人。爸爸就进到了姑妈家厂里做一个普普通通的跑车员，最开始一个月的工资只有800元，相比起开船的收入当然少，但是好歹在自家人这儿工作，总是舒畅些。

爸爸每次想回到小河上时，家人就这样劝他，他也这样劝自己。

一晃几十年，匆匆又四月

后来我上学了，每天沿着小河边骑着自行车上学。春天河边那几株高大的柳树开始飘絮，糊住了眼；夏天，我们躲在有树荫的一边骑，惬意舒适；秋天，那是辽阔的田野稻子成熟的季节，金黄一片，闻着稻香，吹着秋风；冬天，我们往结了冰的湖面扔小石子，看着薄薄的冰面被石头砸出了一个冰窟窿。

可是后来柳树被砍掉了，因为它太高太大，影响了种在下面的作物；树荫不见了，因为人们要扩路，一刀下去一棵大树轰然倒下；水稻田被承包了，秋日明媚的早上，再也没有翻动稻谷晒太阳的窸窣声；好像只有小河还在，还在静静地流淌着,虽然没了小船,也没了冬日清晨冰面阳光的折射。但好像只要它在,只要它一年四季地流着,就算它再也不需要承担孩子们洗澡的任务,承载小船远行的依托和大人们洗衣服的泡沫,它也仍然是它。很多年之后,也许我们会忘了它,但它不会忘记那个跳下水游泳、嬉闹的爷爷,不会忘记老是舀一壶水烧开喝的爸爸,不会忘记那个一回到那儿就喜欢站在岸上看着它静静发呆的姑娘。

我的印象里几乎没有爷爷。他去世在我出生9个月后,当时奶奶54岁,姑姑35岁,爸爸妈妈33岁,姐姐9岁。但我每年四月都会去见他,我也时常在他们的回忆里见到爷爷。

梦里,他就是一个普通的、慈祥温柔却话不多的爷爷,但一定和别人家的爷爷一样疼爱自己的孙女。

写在最后

"在年轻的时候,在那些充满了阳光的长长的下午,我无所事事,也无所惧怕,只因为我知道,在我的生命里有一种永远的等待。挫折会来,也会过去,热泪会流下,也会收起。没有什么可以让我气馁,因为,我有着长长的一生。"

我们遗憾的事情太多了,只有对小河我们没有什么遗憾的,因为它在我们身旁,因为我们生在它旁。

小康路上 60 迈

叙述者 02：许昕，浙大宁波理工学院新闻学专业 2019 级学生

楼下汽车发动机的声音出现又消逝，门被钥匙打开又关上，是妈妈开车回来了。墙上的时针指向 6，厨房的玻璃门蒙上一层薄雾，妈妈一边做着晚饭一边和爸爸视频通话，不知道是因为抽油烟机的暖光，还是手机里爸爸的关心，让她的脸颊透着红润。另一边虚掩着的房门透出台灯的光亮，妹妹趴在书桌上一边看着电脑里的网课一边奋笔疾书。我坐在客厅的沙发上，摸着楼下跑上来的橘猫，看着妈妈和妹妹，想到远在北京开车的爸爸，忽然间有些感触，思绪飘回了从前。

记得 10 年前，我们一家四口曾挤在北京不到 20 平米的小屋子里，上厕所还要去胡同里的公共厕所，洗澡则是在院子里拉个帘子用水壶淋浴。我和妹妹每天的娱乐活动就是骑着小自行车穿梭在四通八达的一个个胡同之间，或者奔跑着和朋友们到别人家院子里捉迷藏。再回到今天，我们一家人住在属于自己的 90 平米公寓里，生活设施样样齐全，生活虽然平淡但是很幸福。回首往昔，我们一家这么多年的生活中，车似乎是很重要的一部分。

无车时期

1991 年，年仅 15 岁的妈妈，因为姥爷的手术，不得已走出家庭，踏入社会，前往北京打工。那时候妈妈还住在乡下，没有车子，去往北京的路只能靠双脚走出来，正巧赶上发大水，妈妈只能蹚着水走到车站。"当时穿的胶

鞋里都是水和泥沙,糊在脚上特别难受,但是也没办法,租不起车子,只能咬咬牙走过去了。"妈妈回忆起从前的艰苦,感慨万千。

然而,到达了车站,却并不意味着就可以放松下来了,车站里人山人海,车厢里面也是非常拥挤,"上车不是从门进去的,是从窗户爬进去的;行李箱也不是手提着的,是在头上顶着的;上了车也没有座位,站了两三个小时,我才能坐在自己的行李箱上面歇会,"妈妈顿了顿,突然露出一点笑意,"不过到了天津之后,终于有了座位,这才好好坐下来休息了一下。到北京的时候,感觉屁股还没坐热呢,那时候感觉坐火车真的很快。"

到了北京之后,妈妈在亲戚家借住安顿下来,先是做了 3 个多月服务员,后来才去的我姥爷战友的部队军需研究所工作。在研究所工作了 6 年,因为要搬迁裁员,妈妈就和很多人一起主动离开了。不过不同的是,主动离开的同事们很多是要下海经商,而姥爷思想比较保守,不同意妈妈去经商,想让妈妈赶紧找个对象成家,于是就经人介绍认识了爸爸,相处不久两人感觉很投缘就准备结婚了,在那个年代也算是闪婚了。当时两人也没什么存款,就在北京航天桥附近租了个小房间,有了自己的小家庭。

爸妈在北京租的第一间房子

这个时候,爸妈刚到北京不久,还没有钱买车。但是经常搭已经在北京有了一番成就的表亲们的便车，时间久了，内心对于买一辆属于自己的车的意愿日益强烈，促使着他们为之奋斗。

自行车时期

结婚3年后，2001年，我出生了，爸妈觉得一个房间有点小了，就找了个胡同租了间院子住。这间院子，这片胡同，是我童年中回忆最多的地方，我的几位十几年发小都是在这里相识的。更有意义的是，在胡同里的日子里，我们家终于买了第一辆车——一辆自行车，还是那种老式的、有横梁的款式。

我至今还能想起来，曾经无数个上学放学路上，我坐在后座或者横梁上，抓着爸爸或者姥爷的衣服。十几年前的风带着回忆仿佛还吹在我的脸上。

2002年年底，爸爸在教育公司做了一段时间了，手上也有了一定的资源，时机也好，就决定也要下海闯一闯，开了个小公司做远程教育。"我当时那么年轻，应该去闯闯拼拼！没准就成大老板了！"爸爸这样描述当时的自己。但是当时他也没有离开原本的工作岗位，所以是由妈妈骑着自行车去处理公司的日常事务，而爸爸仍旧每天搭公交车上下班。我的脑海里常常会浮现几个画面，就是我从妈妈的车后座跳下来，坐到沙发上没一会儿，爸爸也提着公文包打开了门，解开大衣扣子，坐到了餐桌旁边，一家人一起吃晚饭。

或许是开公司赚了一点小钱，2007年，在我6岁的时候，新买了两辆大自行车的同时，爸妈特意给我买了一辆小自行车，让我骑着玩。于是，骑着我的小车穿梭在大大小小胡同之间，就成了我那时候最大的乐趣。不管是去胡同尽头找我发小玩，还是到旁边胡同找姥姥姥爷吃饭，不管有多近，我都要踏上我的小车，体会走路无法带来的那种微风拂面的感觉。三大一小四辆自行车的车座上，承载了我们家近10年的时光。

老汽车时期

2008年，开公司的第6年，在北京闯荡的第18年，爸妈终于攒够钱，买了人生中第一辆小汽车,一辆银灰色的大众捷达。这辆车可以说是我家的重要一员,因为直到现在,它还在撑着苍老的身躯和我们一起生活着。

买了车,爸爸终于不用挤公交车去自己公司租的门面了,每天可以开着自己的车上下班,爸爸说,那是他最幸福的时光之一。但是这样的幸福大概只持续了一年,公司的处境越来越艰难了。"当时公司不是远程授课嘛,难免要和合作单位应酬,我那些竞争对手们又经常请人领导去夜总会,灯红酒绿的,我可接受不了这些,就坚决不去参加这些应酬,导致错过了很多合作机会,后来就慢慢做不下去了。"爸爸回忆到从前失败的事业,脸上也没有多少后悔,只有一些无奈,或许爸爸内向、保守的性格,注定了他无法在这种需要圆滑交际的事情上成功吧。

于是 2009 年,爸妈搁下了公司,把重心转移到了经营淘宝店铺上去。其实经营淘宝店的开始,也是一个意外。妈妈回忆道:"那天去商场逛街,看到店铺里面有人拿了一大袋衣服走了,有点好奇,一问才知道,原来人家是开淘宝店的,到商场进货来了。"觉得有点意思,于是爸妈就决定自己尝试开店看看。

那段日子里,我家的生活有了一种全新的规律,爸爸不再是每天朝八晚五地工作了,他可以稍微晚一点起床,因为很少有人大清早就逛淘宝买衣服。而每天下午 2 点,爸爸准时开车出门去商场进货,老捷达载着满满一车的衬衫、西裤回来,家里的地板上逐渐堆满了存货。到了下午 5 点,合作的快递员叔叔就会敲响我家的大门,进来取走卖出的衣服。

而妈妈生妹妹辞职后,在这一年又重新找到了在高端商场的导购工作。于是很多时候,爸爸先开车去学校接我和妹妹,再开到商场去接妈妈,一家四口一起回家。一想到那些傍晚,我们全家的脸上都不禁会浮现出幸福的微笑。

幸福的日子又持续了 4 年,2014 年,我该上初二了,由于外地户口在当时是不能在北京高考的,经过一家人的讨论,就决定让我转学回到了老家,和姑姑一起住在爸妈在老家买的房子里。再到 2016 年,我上高中了,妈妈辞掉了工作回老家陪读,爸爸继续在北京开淘宝店,这个时候爸妈还没意识到,淘宝店的生意已经从高峰落下,即将进入低谷了。

回到老家陪读的妈妈,觉得生活太闲了,每天除了接送我之外,就没什么事情做,也没有收入。这样过了一年后,妈妈突然灵光一现,想到可以做"顺风车",在接送我的同时,顺带着载几位同学。于是这辆已经有10岁高龄的老捷达,又重新焕发生机了。

新汽车时期

2018年,淘宝店的销量已经彻底落入低谷,人们很少会在网上选购衬衫和西裤了,无奈之下,爸爸只能利用好现在很难得的北京车牌号,新买了一辆车,在北京开滴滴。

开滴滴之后收入虽然还可以,但是生活因此枯燥很多,爸爸为了凑单,每天在车里一坐就是一天。之前还因为疲劳驾驶,导致了一场追尾事故,不过所幸的是没有受伤。从那以后,我们和爸爸的问候里,多多少少都要提几句"早点收工""别老坐着""要多运动运动"等。因为久坐带来的伤害太大了,再加上爸爸本身就有轻微心脏病和高血压,就更加危险了。比起每天多挣那么一百块钱,我们更想要的是家人全都健健康康。

就这样一直到现在,爸爸在北京用新车开滴滴,妈妈在老家用老捷达开"顺风车",没有大富大贵,只有细水长流的安稳生活,就像公路上60迈行驶的汽车一样,我们家在小康的路上也是平平稳稳,不急不躁。但是我们都保持着一颗平和的心,相信生活会一直这样幸福下去的,我们也会更加珍惜平淡生活中的那些小美好,去享受生活的每一分钟。

民族复兴视野下的小康社会与家庭变迁

观察者 03：刘炳辉，浙大宁波理工学院马克思主义学院副教授、博士

子泳的家史写得情真意切、生动形象、颇为感人，让我们看到了一个奋斗的中国家庭，里面既有人物，也有故事，还有历史和地理，给我们诸多启发和思考。

大流动社会与区域中国

这个家庭奋斗史给我们最直观的感受，是一个"湖南人在浙江"的出彩人生故事。在民族复兴的波澜壮阔历史中，小康家庭奋斗目标的实现往往与"流动"联系在了一起。直到当下，全国每年约 2.4 亿的流动人口，依然是这个社会的重要动力之源。资金、技术、人口、信息和物资的全国乃至全世界范围流动，创造了今天的繁荣局面。这与中国大一统国家的形成关系密切，没有新中国实现的民族独立和国家自强，不可能有这种远距离、大范围、便捷安全的人员流动。而且纵观近 40 年中国流动人口的区域分布，湖南人在广东、安徽人在上海、河北人在北京是非常典型的现象。湖南人到浙江相对少一点，由此可以想象子泳父母奋斗之艰辛与不易，这种艰辛在一场春运的回乡路上体现得淋漓尽致。"要想富先修路"，国家如此，个人亦如此。回乡的路，从步行到火车再到私家车，交通工具和道路的变迁升级，不仅仅是一家人的富裕体现，也是国家复兴的象征。大路畅通大国，小车迈向小康。子泳概括父辈是"一把剪刀闯南北"，其实湖南和浙江一般都被归入中国"南

方"，不过一个是中部，一个在东部，故说成是"连东西"或许更合适。剪刀既是对师父的牵挂，也是对故乡的眷恋，更是对安身立命技艺之铭记与尊重。剪刀剪得断发丝，剪不断乡愁。中国各区域之间发展兴衰轮换交替，为无数个家庭提供了支撑梦想的空间，区域之间的互动融合，为国家发展助力，也为个人梦想加油。

产业升级与诗书传家

子泳的祖辈是务农为生，这也是那一代人中绝大部分人的宿命，当时我们还是一个农业国。到了子泳父辈这一代，随着中国步入市场经济的轨道，大流动社会来临，亿万乡土青年人闯出了桑梓地，开辟了新征程。青年人奋斗的新战场在城市、在工厂、在商店，城市里需要的新技能是工商业，子泳父亲的这把剪刀恰逢其时大有用武之地。应该说子泳的父亲是幸运的，更多他的同龄人去的是工厂，出的是劳力，很难在城市里安营扎寨完成城市化。子泳父亲没有以第二产业进入城市，而是第三产业。在合适的时间地点以及合适的方式下，子泳父亲较好地完成了城市化，并且给孩子提供了足够的教育条件，使得子泳成为一名大学生。子泳承载着家庭的希望和重任，在大学里也表现良好，取得了诸多骄人的成绩和荣誉，无愧父母培育之恩。父母对子泳教育的重视并非偶然，这与中国千百年来"读书改变命运"和"诗书传家长"的传统有关。子泳多半不会再操持父亲的剪刀了，他在校成绩优异，也积极准备深造，虽然他应该也是从事第三产业，但具体形式会有较大变化，社会阶层地位整体较祖辈与父辈会继续提升。从农业到服务业，从服务业中的手工技艺到知识服务，我们看到了子泳家族的产业升级之路和阶层地位提升过程。这个过程如今看来是自然而然，其实在传统中国是很不容易实现的，大时代的慷慨给了众多平凡家庭实现梦想的机会。试想如果不是国家整体的繁荣发展，如果不是义乌人口的不断增长，何来家里美发店的不断扩张？这个扩张背后是中国的城市化迅速推进，城市人口不断增长。服务业等第三产业的大发展，背后依托的还是工业等制造业的大进步。未来中国会继续实现制造业的智能升级，会在诸多新技术领域和工业革命中乘风破浪,这个新时代值得子泳这一代人继续努力奋斗,未来可期。

集体奋斗与个人品质

中国式奋斗,终究不是个体化的,而是以家庭、家族、村落等为单元的集体奋斗。子泳的父母携手奋斗,父母对家庭亲友的关照,子泳父亲带出了百十个家乡子弟,正是这种传帮带的典型体现。通过子泳家的故事,我们可以看出乡土中国向城市中国转型的微观具体过程,囿于子泳的个人经历和兴趣所在,其对这种传帮带的过程可能涉及有限,但相信也都是很多精彩的故事。没有个人的吃苦耐劳和坚忍不拔,城市化的小康之路不可能实现。但仅仅是靠个人奋斗,中国亿万农民的城市化进程绝不会如此迅猛,这中间的加速器和缓冲器,正是每一个村庄中率先走到城市里站稳脚跟的那些"敢闯能干"的人。这种发达的社会资本,在国家力有不逮的地方和时期,为中国农民走入城市步入小康,提供了最广阔的安全网和加速器。家乡的美食,家乡的口音,凝聚着千千万万家乡父老,这种联结不但没有弱化,反而在未来会不断强化,子泳标准的普通话,将会把他与这个国家所有的地方更顺畅地联结起来。车同轨、书同文已经延续两千多年,我们眼下正经历高标准的"语同音",一个更加联系紧密、团结一致的中国,也是这个星球上最大的集体奋斗单元。

子泳的故事里还有很多有趣的元素和美好的情景,生活之树长青,笔者的述评难免挂一漏万。笔者所追求的无非是从一个一个的小故事里看到大时代,看到大时代会让我们思虑更周全、行事更谨慎、心态更积极。2020年是全面建成小康社会之年,小康之后我们将迎来两个百年的奋斗目标逐一实现,我们也一定能够实现。下一个30年,正是子泳这一代人的黄金时期。期待着子泳用自己的辛勤和汗水谱写人生的辉煌篇章,铸就时代的伟大成就!

流动的文化地理景观

观察者 04：郭小春，宁波工程学院讲师、博士

　　每个人都有自己丰富的人生阅历，每个家庭都能折射出激荡的社会变迁。聆听每一个劳动者的人生故事，就是重回历史的现场，回望辽远的家国记忆。

　　理发匠之子口述的家庭故事，最令人感动的就是讲述者作为孩子对于父母爱情和奋斗历史的深情，文章语气平实、克制，却让读者体验到了讲述者内心的波澜，也映射出中国社会以改革开放掀起的流动、奋进的记忆地理景观变化。由此，小康中国的建设之路和喜人成果在一个小小家庭的经历和传承中变得具体鲜活并光彩熠熠。

流　动

　　全面建成小康社会紧扣我国社会主要矛盾变化，涉及经济、政治、文化、社会、生态文明各项建设，是以人民为中心的群体努力。对于一个家庭而言，就在于经济和文化建设，具体说，就是一家人齐心协力增加收入，摆脱贫困，生活殷实，安居乐业。改革开放的基本国策解放了社会生产力，激活了每一个中国人追求美好生活的想象，形成了社会发展的强大动力。在不同地域和不同的社会位置之间流动成为当代中国社会的显著特征，成为中国人日常生活的主要面相。

　　当年严子泳的爸爸，一个 15 岁的少年走出乡村，拜师学艺，在小镇上开

了第一间理发屋,继而远走浙江,在义乌开设理发小店、收徒传艺,扩大社会影响;从步行、骑自行车来节省公交费用,到挤乘人满为患的绿皮火车,再到开着私家轿车春节回家团圆,这种个体的空间流动有效激发了人的积极性、创造性和开拓进取精神。从纵向来看,子泳父母横向的区域流动中坚守人生的具身实践为儿子子泳树立了"一技之长幸福长"的人生榜样;随父母在不同城市间奔波而视野开阔起来的子泳从父辈少年失学中获得教育突破,接受高等教育,学有所成,温情而理性地审视父母的人生之路,他将会从事不同的职业,所形成代际之间的社会阶层流动汇入推动中国社会走向富强的人民力量的洪流。这正是改革开放以来中国社会流动的缩影,也是小康社会从一种概念、一种国家战略、一种社会目标转化成惠及亿万中国人的社会现实的微观动力。古语"树挪死,人挪活"蕴含的就是流动性给个体劳动者和社会整体带来的这种强大动力和活力。人民既是建设小康社会行动的受益者,也是其中的贡献者。

文化地理学认为,最小的地理尺度是身体,从而有了身体地理。从田头放牛不忘看书,到拜师学艺,再到小镇创业,再到跨省进入城市创业、收徒传艺,身体的流动表征的是文化地理尺度的延伸和文化空间的整合。延伸的小康之路最动人的就是努力奋进劳动者身上闪耀的中国文化的积极思维之光。

坚　守

学艺之时子泳的父亲得到了人生第一把剪刀,是师父送的,成了难以用符号化的形式表达出来的内容,子泳的父亲时常拿出来仔细擦拭,俨然是剪刀主人回忆青春的火花、执着创业的依仗、守护家园的武器。从 15 岁起入行学艺,执守信念,一直到离开故乡远走浙江,子泳父亲几十年来,就做了一件事——理发,凭借自己的手艺,成了"如今常被顾客挤破了门而无暇休息的理发店老板",他恋爱、盖房、娶妻、生子、赡养父母、收徒授艺,全赖他坚守初心、坚守信念。和当年的女友、现在的爱妻从少年到中年,不顾双方父母的强烈反对,把憧憬的爱情活成了同心厮守、携手打拼的人生风景,全赖他们坚守初心、坚守信念。

失学放牛但书不离手的少年，自离家学艺开始，盖房、盖楼，用自己的恒心把"聚沙成塔"这个词语变成了现实，给家人提供了温暖的家园。大年初一晚上总是全家共同翻看记录着父亲母亲青春、爱情和人生的泛黄的相册，来自乡村的普通理发匠的全部人生都浓缩在相册里。交通工具从步行、自行车、绿皮火车到轿车的变化见证了怀揣梦想的普通创业者的艰难和坚守。从湖南乡下到浙江义乌的奔波中把店面扩大，多年传艺的徒弟不下百人，以一门手艺泼写出了多彩的创业人生。

子泳父母人生经历的意义，在于地理空间迁移与文化扩散互为交织；普通个体劳动者的地理渗透在他们的生活日常之中，融入他们的情感之中。20世纪70年代末开启的改革开放最前沿就在广大的中国农村这个平凡的世界。劳动者自由地于城市乡村间往返，却给了这片土地空前的活力；他们自由择业，却坚守着职业的价值观和对美好生活的向往。

文化景观

文化景观既是指相对固定在地表的人类创造物，同时也指具有某些象征意义的较长时期人类历史活动。后者的文化价值在于历史事件赋予的具身的流动的景观意义。儿子口述父母创业故事时所流露出对于父母亲的深情和节制蕴藉的自豪；儿子在怀化和义乌之间的旅程中展开的家庭记忆和叙述是对于父母亲美好爱情、家族亲情的礼赞和认同；对故乡怀化和外省的义乌两地的区域认同是开放中国、小康中国的表征。子泳父母从乡村走向城市谋生创业，其间再不断回到故乡守望亲情，这是延续了40年的改革开放的流动场景。正是这样我们习以为常的城乡流动景观逐渐模糊、消解着曾经严重撕裂中国社会的城乡二元对立界限。

这里有一个关键词：共情。共情心理"能够让自己站在别人的立场去思想、去体验、去表达，进而在感情上得以共振，在共情的体悟之中达到理解"①。

认知共情：通过母亲的告知，子泳理解了父亲对一把30年前用过的剪刀用丝绒擦拭、用檀木盒收纳呵护的情感。子泳母亲对儿子坦诚讲述自己和子泳父亲悖逆家长意愿相爱、同居、爱情终获认可的寻爱过程，这在过去是难以想象的事情，而接受大学教育的儿子坦然听取了父母的同居事实，两代人的相互理解，达成了认知共情。可见，伴随着人的区域流动而来的是文化观念的变迁。

情绪共情：子泳父亲秉持职业操守并广传子弟，一把剪刀走天下。"多亏了你父亲的好手艺，把店慢慢做大，你才能住上这么好的房子啊。"子泳母亲的言语中透露出对丈夫的浓浓爱意也打动了读者的心灵。消费主义恣肆漫延的时代，父母同甘共苦，始终坚守的爱情和对家人的宽容珍爱这种共情力量在儿子子泳的口述中汩汩流淌，在两代人之间接力传播。

文化景观的情感性是小康社会在物质要素之外满足了人们对于心理安全的需要，才使得小康社会具备了令人向往的温暖底色。数以亿计的乡里人奔向城市，润滑着城市社会这台庞大的机器，但无法割舍他们的乡村牵挂。不只是他们，只有全社会真正把关注的目光和建设资源投向乡村社会，小康社会才会是留住了中华民族真正的乡愁。

---

① 吴飞：《共情传播的理论基础与实践路径探索》，《新闻与传播研究》2019年第5期，第66页。

一把剪刀闯荡南北

叙述者 03:严子泳,浙大宁波理工学院网络与新媒体专业 2017 级学生

从一个常在牛棚捧着《水浒传》而忘了放牛的少年到如今常被顾客挤破了门而无暇休息的理发店老板,父亲的时间已经过去 30 多年了。

30 年前,师傅帮父亲买了平生里的第一把剪刀,30 年后,这把剪刀仍然摆在父亲的台座上。父亲隔天便用洁净的丝绒织布擦拭这个老古董,就连孔里的细灰,他也必会拿小棉签伸进去轻轻地划取一番,接着用双手托在眼前,满怀欣喜地叹一声:"好家伙!"

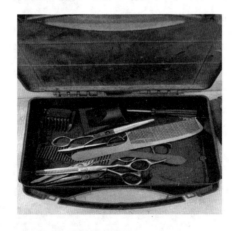

父亲的理发工具

我打量着这把剪刀,想拿它剪衣服上的细线,肘还未起,便听到 10 米之外的父亲急喊:"呦呦,这把剪刀可是我的宝贝,剪坏了可使不得。"我瞥了父亲一眼道:"我就不是你的宝贝了。"父亲被我呛得吃了闭门羹,便不理论,急忙弯下身子,用双手轻轻地拿走我手上的剪刀,掏出那块织布,擦拭干净后放进了一个特制的深棕檀木盒中。

"快来吧,你们爷俩别争了。"母亲端着一碗热气腾腾的菜走了出来,摆好后唤我和父亲吃饭,虽还没见到菜,却已经闻到了沁人心脾的香味,其中夹杂着辣子的气味,馋虫一下子就被勾出来了,我便抛下还在擦拭的父亲,跑了出来,看到桌上的菜:腊肉、剁椒鱼头、青椒肉丝、牛腩粉丝、芹菜炒牛肉,我惊喜地叫出声:"全是我喜欢的菜!"母亲见我激动,笑我耐不住,我就着米饭,夹了几块腊肉,先吃了起来。母亲做的腊肉永远都是肥瘦相间的,一咬下去,便流出爽口的油汁,又混合着辣子的劲爽,美味在口腔里直打转,味蕾瞬间绽放,我擦擦嘴上的油,向母亲喊:"再来碗饭!"

"爸怎么这么稀罕这把剪刀?"我不解地问母亲。母亲说:"那剪刀跟了你爸几十年,他15岁就跟着师傅学技艺,后来带着我们来浙江创业,我们刚开始只能租很小的店面,没钱再租住的房子,便只能在店面里架了一个阁楼,晚上睡在那里,老鼠就在耳边爬。多亏了你父亲的好手艺,把店慢慢做大,你才能住上这么好的房子啊。"

看看仍在擦拭剪刀的父亲,我心里的谜团解开了一点。

赶春运

我们吃完饭,便收拾好行李,准备回老家过春节。我虽打小在浙江义乌长大,但是对老家仍有些印象。我的老家是湖南怀化市一个并不现代化的小县城,那里虽不富裕,但是村子里可夜不闭户,常常是一大帮孩子在草堆上玩耍,到了饭点,就能听见这世上最动听的女高音,妇女们手插着腰,吸足了气,然后大喊:"小崽,回来吃饭了!"喊罢,只见各家门口的鸡群炸开了锅,向四处逃窜。

在父亲买车前,赶春运可谓我们每年都必经的噩梦。车进了站,乘务员下车放下通道板,只见一片黑压压的人群逃命般地向车厢里冲,有些甚至先让一个亲人进去，自己在外对应，然后将行李扔进窗户，里面的人再拉他一把，直接从窗户上爬了进去。好不容易上了车，又要忍受15个小时的挤压，整节车厢，完全没有落脚的地方，倘若有人想上厕所，一有便意便要起身，横跨一个个人墙，经历十几分钟的艰难跋涉后，到达卫生间，此时便意到达最旺，刚好破门而入，一泻千里。在我的印象里，父亲常会把我塞在桌椅底下躺着，而他们就靠在座位旁边，有人走了，便坐一下，好似无根的浮萍，随风摇荡。我们仨便是在这种打仗般的春运中走过了10年，一趟春运，连接了乡愁和理想，连接了父亲的那把剪刀和新世界，也连接了我从孩提到少年的成长。

"躲"出来的婚姻

父亲开车时穿过桥墩，恰巧碰见桥上飞驰的绿皮火车，母亲指着说："春运是噩梦啊。"话音刚落，我们仨同时笑了起来。母亲说："1991年，你爸15岁，我17岁，你爸那时不读书了，拜了师傅准备学理发，学了半年，便自己开店，那是镇上唯一的一家理发店，你爸总是忙得不分昼夜，我刚结识你爸，每天放学后都跑来店里帮忙。后来我们决定向父母公开关系，你外婆不许这门婚事，你爷爷也不许。有一回，你爸来到我家里，你外婆看到便用砖块砸过去，你爸手上的那块疤就是这样来的。我去你爸爸家，你爷爷就拿着拐杖，指着我骂。但是我们俩那个时候相爱啊，我们就自己在镇子上盖房子，瞒着他们，用你爸开店赚来的钱盖了一栋四层楼高的房子，那个时候这栋房子可洋气了，是镇上最时髦的房子。我们俩瞒着父母，在那栋房子里同居了3年，后来你爷爷外婆也是软下了心，同意了婚事，第二年我们就结婚了。"

母亲说着便不自觉地叹气："我们那个时候苦啊，每天都躲着你爷爷外婆，不过好在过来了。"

艰难创业

车开过义乌的一个街道，母亲眼睛放了光似的指着："儿子，你还记得吗，那是我和你爸来这里之后的第一个店面。"我看了看那边，嘴上虽没回复母亲，但心里却明镜儿似的。

那是父亲和母亲来义乌后开的第一家店，至于为什么拿着几袋子腊肉、坐了一天的硬座来到这个城市拼搏，他们说是老家来义乌创业的人多，便也跟来了。来到义乌后，我已经5岁了，也开始记事了，老家里的那群玩伴我至今也叫不出他们的名字，但是在义乌的那群玩伴，我却总是能记起他们的样子，小时候我们淘气，酷爱玩火，父母第一个店面后的村子正值改造，有一栋空着的居民楼，我们便抓来了些稻草、木材，准备在一楼烧火煮东西玩，谁知道火越烧越旺，最后硬是把一楼烧得黑炭般，我们几个人傻傻地站在角落，看着大人们来回提水，又看着消防车红灯不停歇地转向，心想完了。事情结束后，大人们让我们面壁思过。

2006年，理发店进行了第一次升级改造，曾经的一个店面变成了两个店面，老家的人知道父亲在这里做得很好，便从父亲的亲戚开始，每年都有源源不断的青年小伙来到店里拜师做徒弟。而那年，母亲也开始出去开美容店，店面选在离理发店12分钟车程的地方。

母亲转入美容行业后，家庭情况还是拮据，因为父亲的理发店刚刚升级，因为母亲重新创业需要资金，我们家一下子又艰难起来。从理发店到美容店有直达的公交车，我经常乘公交车去母亲的店里玩，有天晚上美容店打烊了，母亲说："儿子，我们一起走回去吧。"那时年少好动，便带着玩趣。在那个晚上，伸手不见五指的夜里，我们一起走了半个小时回到了家。后来我才知道，原来母亲是舍不得花那两块钱的公交车费。

乡音难忘

在一路的聊天中，我们到了怀化。

父母先带我去了爷爷家，因为父亲提前通知了爷爷，我们到爷爷家时，发现他和奶奶正站在门口等着我们。爷爷虽然已经75岁了，可说话声音依旧洪亮，见到父亲，便喊："四儿，你们回来了。"见到我，急忙抓住我的手："我宝宝终于回来了。"可能因为我年纪最小，爷爷与我最亲热，每次过年回来，他都一直拉着我的手不肯放开，嘴里不停地重复着"我宝宝"。

爷爷是残疾人，已经与拐杖相伴40年了，20世纪50年代，那个时候人民公社化运动兴起,爷爷也在村里谋了一个职位,虽然不是大官,但是也光彩。每天的工作就是帮村里记账,算村里的收入支出,那个时候大家都埋头搞农业,爷爷不知道怎么学会了乘法表,这个乘法表陪伴了他一生。现在他都能准确无误地背出乘法表,更是引得我爸睁大双眼,无比自豪。在村里记账那段时间,他总是算得最快最准的,也因此得到许多薪水,记忆里爷爷家的那个瓦房在60年代就修缮好了,来源是爷爷的工资。

但是爷爷命不好,放牛的时候从山坡上摔了下来,拄了40年的拐杖,村里人都叫他"瘸子哥",摔伤后,爷爷便没了工作,只能靠奶奶种农作物为生,农作物不仅可以供给自家三餐所需,还可以拿到集市上去买卖。

那个时候,镇上每隔四天便有一次集市,每年过年回家,总能碰上赶集的热闹场景,本村和隔壁村的人们总是将农作物、糖果、衣服一类的小物件摆出来供大家买卖,赶集场上还有许多餐饮店,最让我不能忘却的便是五姨妈家的米糕店,米糕是湖南的特产,黄色的米糕,可呈正方体小块状,也可呈竖条状,用细线将其割好后放入碗里,放入特制的辣子、香菜、葱花,放入豆豉和酸萝卜,再用自酿的汤汁一浇,喷香无比。姨娘的米糕技术是从母亲那里学来的,母亲16岁的时候,去城里和别人学了米糕技术,回到村里做起米糕饮食,至于和父亲共同经营理发店,那都是这之后的事情,母亲不甘在村里做一个厨娘,便把米糕技术教给了五姨妈。

大年初一,拜完年,我们便在家里等待着后面几天的忙碌。父亲在义乌开店几十年,徒弟不下100号人,从大年初二开始,有些徒弟便相约来到家里拜年,每来一波人,父母便得忙活好大一阵子,从准备腊肉再到摆桌上宴,可得下一番功夫。而我也有幸每年收得盆满钵满,15岁后父母便从不保管我的压岁钱,由我自己控制,而我因为从小随父母闯荡,过多了苦日子,便养成了节俭的习惯,这些钱我都会存起来。

到了晚上,我们仨总是会窝在沙发上看那本泛黄了的相册,父亲说:"那里面是我的青春。"我们每年回来都会一起看这本相册,看到自己唱歌的照片,母亲总是会遗憾,因为音乐一直是她从小的爱好,1989年,母亲正值高三,从北京来的一位音乐老师相中了母亲,母亲欣喜地一路跑回家告诉外婆,外婆看看正在外面种庄稼的母亲的五个姐姐,也没说什么,只是眼睛特别无力,现在说起外婆那时的眼神,母亲都会心疼不已。那次之后,母亲再也没有和外婆谈起过音乐,因为她知道,外婆还有 1 个儿子和 6 个女儿要养,没有钱。

大年初五,在外婆的坟墓上我磕了三个响头,大人们把坟墓上的杂草处理干净后,用鞭炮围成了一圈,胆子最大的那个人捂着耳朵用嘴上的烟点燃了导火索,烟花和鞭炮在外婆的坟墓上绽放,我知道,大人们是在告诉外婆,我们来看你了。

妈妈说,外婆的一生没享过福。1946 年便被许配素未谋面的外公,国民党军队总是在外婆家周围扫荡。2015 年回家,外婆和我谈起过那些场景:"国民党的人拿着刺刀就进我们家来,抢走我们的被子、食物,还用刺刀在被子上刺,吓得我只能闭眼睛,不敢看。"外婆说起那段历史,总是特别恐惧,外公这时候总是会握着外婆的手,告诉她:"一切都过去了,不怕。"

外婆和外公也都务农,没有好的背景,只能靠种庄稼养活这么多儿女。母亲说:"你这么多姨妈里,就我一个人命好,读了书。"那时读书也是一件苦差事,母亲回忆小时候总是背着书包和筐走 20 里地去上学,背筐是为了回来的路上顺便去割猪草,拿回家喂猪。父亲也过着这样的生活,他总是穿着一双烂布鞋从家里跑到学校,又从学校跑回家里,放学后,把书放好,又牵着牛出去,父亲总是会带一些书,牛在吃草的时候,他就躺在旁边看,父亲说他小学毕业的时候就已经看完了四大名著。

春节结束的时候,爷爷奶奶总是会塞一后备箱的东西给父母带到义乌来,以前没车的时候,父亲总是又恨又爱地拒绝奶奶,但是奶奶总是开了屏蔽模式似的把东西一下子装好了,父亲只能拿着几大麻袋的东西挤春运返程车。我们离开时,奶奶和爷爷总是站在土堆上望着我们,10 米、50 米、100米……我偷偷地往后看,他们还在那里,只是爷爷挂着拐杖的样子显得特别脆弱,奶奶只好扶着他,头上的月光把他们照得很渺小。而我这时也总是会看看父亲,虽然前一秒还在推搡奶奶,但是这个时候却总是红了眼眶,父亲的头几次想向后转,却都止住了。

我 5 岁那年,母亲外出闯荡前和外公外婆的合影

父亲和母亲从青春时就下定决心带着我离开湖南,来到浙江打拼,他们知道自己只能向前看,不能向后看。

腊肉与乡愁

我们回到了义乌,父亲和母亲在厨房里又开始忙活起来了,父亲的切菜声响彻整个客厅,母亲打开奶奶装的麻袋:"你瞧,咱妈还装了 20 个煮好的茶叶蛋。"不知怎么的,切菜声断了,只听见谁吸了一下鼻子,切菜声又开始响起来。

我们坐在一起,桌子上是煮好的腊肉,也是奶奶装在麻袋里的,父亲站在房间里擦拭剪刀,母亲说:"别擦了,那老古董,都能照出人影来了。"

父亲走了出来,我们仨开始吃饭,父亲夹了一块腊肉对母亲说:"今年,咱们理发店店面要扩大,明天徒弟们就该来了,让他们休息两天,我们选个好日子开业。"

在四下无声的时候,父亲总是会馋那口腊肉的香甜,他对着母亲说:"老满,我想咱妈了。"

小康家庭的乡村生活图景

观察者 05：柳五，《吉林日报》理论评论部评论员

《时光里的稻香》以诗情画意的笔触，给我们展示了乡村生活图景下一个家庭实现小康生活的过程，作者的叙述娓娓道来，笔触虽略显稚嫩，但是脉络清晰，把特定环境下一个家庭的阶段性发展史以新闻样本的形式做了留存。看似个别，实则极具普遍性，是千千万万中国人实现小康生活的一个缩影。

小康，一直是几千年来普通中国人的梦想。

小康一词在中国文化中第一次出现，是在《诗经》中："民亦劳止，汔可小康。"《礼记·礼运》中也提出了"天下为家"的"小康"社会模式。《辞海》中对"小康"的解释是："家庭生活相对宽裕，可以不为饱暖所困，能够安然度日。"

"小康"一词自产生之时起，直至两千多年后的今天，蕴涵着的是普通百姓对宽裕殷实生活的追求和对幸福安康生活的向往。

今天，我们所理解的小康之家，指的是满足温饱后，日子比较好过的状态。首次借用"小康"这一概念，表示中国社会现代化进程中的一个特殊阶段，是中国改革开放总设计师邓小平同志在 20 世纪 80 年代提出的。此后，建设小康社会，成了党和国家的阶段性奋斗目标，建设内容也随着时代的变化而不断丰富。

从建设小康社会的实践过程中，我们不难发现，这一过程实际上与当代中国改革开放、致力于经济社会发展并取得重大建设成果的过程基本同步。

即中国改革开放以来，以深圳由一个小渔村发展至中国现代制造业的中心为背景，中国的长三角和珠三角以制造业为基础的中小城市群迅速崛起，大城市快速扩张，并扩大至全国各地，大量农村人口涌入城市，除了年轻人因为读书升学进入并留在城市，以及城市扩张中将一些土地上的农民直接变成城市人口外，还有很多农民以打工方式进入城市，逐渐安身、置业、创业，完成了由农民身份向市民身份的转变。这一变迁过程在 960 万平方公里的广袤土地上，在 14 亿人口中展开，波澜壮阔，气势恢宏。

　　在这一过程中，作为传统农业社会的历史背景，以及现代化过程中快速工业化、城市化的现实环境，乡村意象呈现出一种由真实而逐渐模糊的趋向，传统乡土社会在现代商业社会的挤压和侵蚀下不断收缩，并被纳入城市经济的大循环过程中，沦为城市的附属性的存在。传统农业、农村的生活图景也被置于一种城市的对立面，起到纾解现代城市紧张而快节奏的生活的功能和作用，在不同年龄段的人群中呈现出不同的面貌。

　　对于正处于大学学习阶段的 00 后的学子们而言，农村及其生活图景变得越来越抽象。即使是来自农村、户籍还在农村的孩子，由于得益于经济的快速发展和父辈们的努力，很多农村学生的家庭生活条件早已经超越温饱阶段，提前实现小康。这是因为城市化、工业化进程加快，城市中蕴含的致富机会远远超过农村，从早期的乡镇企业异军突起，到后来私企和小工厂的遍地开花，农村人口以打工和创业的方式不断涌入城市，寻找自己发家致富梦的同时，带动农村与城市越来越紧密的联系。一方面扩大致富成果，持续改善生活条件，一方面希望享受到城市进步与发展的成果，尤其是为孩子有一个好的教育环境，所以，当代很多大学生的小学和初中阶段，已经不是分散于村屯显得落魄的中小学，而是合并在中心镇，规模上扩大，设施上更先进更现代化的中小学。这样的学校氛围，更接近于城市而不是农村。

　　因为幼小，加上正处于读书的年龄，很多孩子们已经不太接触辛苦的乡村劳作。他们对乡村生活缺少直观的感受和体验，他们对乡村的艰苦生活的描述，更主要的是来自父辈的回忆性叙述，加上一些自己的想象。对于他们的父辈而言,小康生活实现的过程,和摆脱繁重的体力劳动,有更多的致富选择,以及生活质量的实质性提升,是同一过程。这时候,年轻时的辛苦和劳累,会在今天家兴业旺的成就衬托下,以一种人生阅历的形式,展现出丰富而深刻的内涵。

首先是对乡村生活的诗意化。奋斗过的青春经过岁月的沉淀,会自动滤去复杂的环节和令人不愉悦的细节,留下的是铭刻于心灵深处、无法磨灭的心灵体验,这是每一个人成长过程中构建情感世界的独特根基,是形成初心、梦想发芽,照亮人生前行之路的起点,极具乡愁色彩。它以回忆的方式与今天的生活重叠,彼此观照,相互作用。初心越纯粹,回忆越纯净,对乡村生活图景的描绘就越具有诗意感,奋斗的过程就会变得越美好,进而,对小康生活的实现也就超越了满足温饱的底线,成为对美好幸福生活的追求和向往。加之在历史上的农业中国贫困几乎是一种普遍状态,即使是以相对富足、不愁温饱为底线的小康生活,也是求之不易。对于 00 后的父辈们来说,今日小康生活的实现,就是他们年轻时的付出和努力的结果。而对贫穷与困难的体验有多深,对小康式的富足感受就有多强烈,二者之间的因果关系,自然会强化乡村图景对于实现今日小康生活的重要意义,而且会作为一种取之不竭的历史性资源,助力中国社会的未来发展。

"稻香"中农村土地制度变迁

观察者 06：吴琼，浙大宁波理工学院传媒与法学院讲师、硕士

谢一鸣同学的《时光里的稻香》以细腻、朴实的笔触，讲述了他爷爷和父亲种植水稻的故事，展现了他们祖孙三代与"稻香"的缘分。他用一段段琐碎却温暖的农村生活片段，记录了他们一家美好、祥和而且奋进的日常生活。在谢同学描述中，我们看到了一个普通的浙江省农村家庭，一家人通过勤劳打拼，从贫穷奔向小康的励志故事。他们一家的故事，以"小人物，大时代"的叙事方式，见证了中国农业在新中国成立 70 年间发展的沧桑巨变。下面以浙江省为例，谈一谈新中国成立以来，我国农村土地制度的变迁对粮食生产的影响。

中国是一个农业大国，农业是国民经济的基础，粮食生产则是基础的基础。在浙江省，主要的粮食作物是水稻，其播种面积和产量分别约占粮食播种面积和总产量的 70% 和 80%，水稻的丰欠决定了粮食的增减。粮食的生产与中国土地的利用变化息息相关。中国农业用地绝对数量多，人均占有量少；宜农地较少，后备的土地资源不足；土地资源分布不平衡，土地生产力地区间差异显著。浙江省作为地处东南沿海陆域面积最小的一个省份，地貌可以用"七山一水两分田"来形容。浙江人多地少，粮食向来不宽裕，历史上就是个缺粮省份。

为了实现粮食增产，维持社会稳定和经济增长，我国农村的土地制度自新中国成立以来进行了三次重要的变迁。

第一阶段:1949—1955年土地改革阶段。这一阶段,全国开展土地改革运动,并以宪法的形式固定下来,实现了"耕者有其田"的农民土地私有制,使得农民能够自己耕种自己的土地。以浙江省为例,1949年,浙江农民人均纯收入仅47元,比抗战前的1936年还要低27元。为尽快恢复农业生产、改善农民生活,浙江省人民政府在农村开展大规模的减租减息运动,农民生活得到初步改善。1950年开始,农村实行土地改革,全省72.9%的农户分得了土地。土地改革解放了农村生产力,农民积极性空前高涨,农村掀起了生产热潮,全省农业生产迅速恢复和发展。1952年农村居民人均纯收入增加到73元,比1949年增长55.3%。在这个阶段,谢同学的爷爷并没有把务农作为家庭唯一的收入,而是在镇上当一名会计,收入也比较可观。虽然家里有四个孩子,但生活还过得去。

第二阶段:1956—1978年土地集体化阶段。1956年浙江农村全面实现了农业合作化。农业合作化促使农户的各种生产要素合理组合,克服了农民单家独户生产中所不能克服的困难,实行互助合作的家庭农业普遍增产。1958年开始大跃进和人民公社化,农民土地私有转变为土地集体所有,分散的家庭经营变为集体统一经营,为农村提供了公共积累,也为农村基础设施建设提供了劳力和资金。但是这种经营方式存在很大的不足,"大锅饭""平均主义"挫伤农民生产积极性,造成对生产力的很大破坏。加上自然灾害影响,这期间农业粮食全面减产,农民收入也曾一度下降。这一时期,谢同学的爷爷响应号召,进入大队,开始务农种植水稻,成为了一名地地道道的农民。当时生产力普遍不高,家庭收入有限,家里的孩子先后辍学,帮着干农活。

第三阶段:1978年之后家庭联产承包责任制阶段。1978年11月,安徽省凤阳县小岗村的18户农民,以"敢为天下先"的创新精神,创造了"家庭联产承包责任制"。党的十一届三中全会以后,中央确立了在农村建立家庭联产承包责任制,极大地调动了农民的生产积极性,使农村长期积累起来的增产潜力集中释放,粮食普遍增产。80年代初浙江省水稻播种面积达3700万亩以上,稻谷总产达1500万吨以上,为浙江省实现粮食自给作出了巨大贡献。到了1991年，浙江省农村居民人均收入为1211元，首次达到了国务院提出建设"小康"水平的农村居民收入标准（1200元），浙江以全国领先速度踏上了奔小康之路。此时，谢同学一家的务农生活出现了转机，他们得到了自己的土地。由于当时农业的现代化生产水平还比较低，他们以纯手工种植水稻作为主业，收割水稻尤为辛苦。但在这个过程中，谢同学的父亲也邂逅了自己的爱情。父亲以自己的勤劳、朴实，赢得了母亲一家的认可，从贵州迎娶了母亲。

在改革开放40余年间，谢同学父亲完成了结婚、生子、守业、创业的重要人生历程。他与妻子一起经营起家中的水稻田，靠勤劳致富，因和气而生财。他们享受了农业机械化带来的便利，攒下了较为丰厚的家业，过上了小康生活。彼时，种植水稻依旧是他们家的主要收入来源。随着新型城镇化、工业化进程的加快，农村大量劳动力涌进城市。谢同学的父亲选择了创业开包子铺，之后父母亲一起去企业工作，增加了家庭的收入来源。同时他们把种植水稻作为副业，搭上了互联网＋的幸福快车，创新了水稻售卖方式，完成了现代农业转型升级。最后，随着浙江省实施乡村振兴战略和美丽乡村建设，他们家把水稻改种成其他经济作物。

新中国成立以来，中国粮食年产量增长近5倍，年人均占有量翻了一番多，从400多斤增加到900多斤，高于世界平均水平。当今的中国，用7％的土地，养活了占全球22％的人口。这些举世瞩目成果的取得，很大一部分需要归功于我国在农村土地制度变迁方式上的正确选择。

谢同学一家，从摆脱贫困到衣食足仓廪实，历经了砥砺风雨。小康路上，他们走得坚定、过得充实。他们就是千千万万个在乡村振兴战略实施过程中勤劳奋斗的农村家庭的缩影……

变迁中的乡土中国:在希望的田野上

观察者07:董亚钊,浙大宁波理工学院传媒与法学院思政讲师、硕士

《时光里的稻香》一文以"稻香"为引子,记述了父辈顺应时代发展,通过辛勤劳作换取幸福小康生活的故事。文章通过一个普通农村家庭的生活变迁向我们展示了整个大时代在农村的留影。我从求学离开家乡,至今已经十几年,家乡这些年来的变化,我大都是从父母口中得知的,《时光里的稻香》一文中描绘的很多场景,与我记忆中的故乡意外地有很多重合,这不禁引起了我对乡村发展变迁一探究竟的好奇心。

中国传统农业发展模式正在衰减,现代农业发展模式正在兴起。

农作方式由人工到机器

有资料显示各类农业机械的使用量在 2000 年以后以年均 6% 左右的速度增长,2004 年中央政府出台的农机补贴政策等因素,更是加快了农业机械化进程。2018 年 12 月,国务院出台的《关于加快推进农业机械化和农机装备产业转型升级的指导意见》,作出了"我国农业生产已由主要依靠人力畜力转为主要依靠机械动力,进入了机械化为主导的新阶段"的重要判断。《时光里的稻香》一文中也提及 2000 年之后,随着农业机械化的普及,父母不再像以前那样被"束缚"于土地上,而是可以有更多时间去做别的事情。农业机械化极大转变了农业发展方式和提高了农村生产力,那些被传统农业围于土地上的农民,现如今可以进工厂,开店铺,对农产品再加工进

而远销四方,农机现代化对当今的农民来说不仅解放了双手,而且让他们抽离土地获得更多从业机会,进而获取了更可观的经济收入。可见,农业机械化极大促进了乡村振兴,进而加速了全面建成小康社会、全面建设社会主义现代化国家的步伐。

农地流转现象普遍

随着全国劳动力市场的形成,农民思想观念的转化以及生存的需要,他们自由地在城乡之间寻找着适合自己的发展机会,很多农民选择把土地流转给专门的农村经营者,这些经营者在村庄中也获得了发展机会,并且获得了不低于外出务工(甚至更高)的收入。《时光里的稻香》一文中虽未提及土地流转这个话题,但是从我对故乡这几年的变化以及自家土地流转的现状出发,发现土地流转的现象在现如今的农村已经很普遍,这不仅与活跃的城乡迁移有关,还与农业经营者通过土地流转来扩展经营规模有关,相对集中的农地为实现农业的规模化发展,提高农业效率和实现农业现代化也创造了条件。

农业功能与形态发生变化

在很长时间里,我们一直强调农业的功能在于解决温饱问题,而如今农业的功能已拓展到健康农业、特色农业、生态农业、休闲农业等强调农业多功能性、复合型发展的模式上。《时光里的稻香》一文中提及"因为我们家乡的地理位置比较好,所以种植的稻谷色香味俱全。种的水稻父亲会留下自己吃的一部分,其余卖给小镇的商人"。"2010年之后,因为交通工具和互联网的迅速发展,父亲与时俱进,将收获的稻米经过精美的包装,价格也会翻上一倍,然后销往各地。"农业的功能变化本质上是城乡互动加深的结果,一方面,城市需求在一定层面上极大地拉动了很多乡村产业的发展壮大;另一方面,新的技术手段和商业模式(比如电商平台的发展)降低了交易费用,促使很多乡村的特色农产品实现市场突破,开辟出了一条乡村发展的新路径。

中国传统农村形态正在发生裂变，新农村建设给农村发展注入活力

2005 年十六届五中全会提出要按照"生产发展、生活富裕、乡风文明、村容整洁、管理民主"的要求，扎实推进社会主义新农村建设。农村在新农村建设大潮中面临前所未有的发展机遇。就最近这些年"新农村建设"也是我经常从父母口中听到的高频词汇，"咱家门口的土路都铺成水泥路了""咱村的房子外墙都统一刷白了""咱村的两条主干道都种上绿化带了""你妈在路边开辟出的小菜园子，人家不让侍弄了""今天家里来统一装马桶了，马桶是政府出钱统一购置的""家里的煤气管道已经顺好了，还免费安装了燃气灶"……焕然一新的新农村的的确确给扎根于农村而又对城市有些许向往的人们带去了很多实现愿望的机会。但新农村建设也确实模糊了"故土"和"他乡"的界限，会令人发出"这不再是我记忆中的那个故乡了"这样的感慨。《时光里的稻香》的作者就在文中写道："然而，今年我们村大搞美丽乡村建设，将土地用来建设，种茶叶和花卉植物。所以，父亲也不得不放弃了水稻种植。以后，时光里的稻香或许会成为我们家最怀念的东西。"文字中依稀透露出对旧日时光的眷恋。

但是处于国家转型时期和变迁社会中的乡村就是这样，或许我们会因失去旧日的种种而悲伤，但更多的时候，我们也的的确确是因为发展才有了上升的希望。我们无法求全，有发展，就会有希望，有希望，就会有忧伤，有忧伤，就会有变迁，有变迁，就说明当下的农村还有着无尽可能！

农村与土地的关系密切相关，融于骨子里，就像《时光里的稻香》里作者写道的，"农村是一代人的根，土地是一代人的魂"。乡土情结扎根于每个中国人的心底，带着乡愁，带着不舍，带着对未来的憧憬，在乡村现代化建设进程中，我们更多的是看到了希望。乡村面貌的改善和农民生活水平的提高，得益于中国社会环境的改善和发展，在未来，国家与社会还要继续为农村保留和创造更大的上升空间，让更多的农民生活在希望的田野上。

时光里的稻香

叙述者 04：谢一鸣，浙大宁波理工学院新闻学专业 2019 级学生

　　家是每一个人心底的那一片温柔。我的家在杭州市富阳区周公坞这个静谧的小乡村之中。

　　乡村的风很温柔，秋天的风带着一股淡淡的稻香。我和父亲都喜欢周杰伦的《稻香》，尤其是它的前奏。我说，《稻香》能让我想起童年里的稻香，父亲说《稻香》能让他想起时光里的稻香……

　　爷爷小时候家中也有好几亩田，后家道中落，在分家的时候爷爷也只能分到一块田。爷爷年轻的时候在镇上当一名会计，收入也比较可观。虽然有 4 个子女，但全家的生活总体还算过得去。然而 20 世纪 50 年代末的时候，人民公社化开始爷爷也不得不丢掉了工作，进入了大队，加入了种水稻的队伍。因为开支大，爷爷没有能力支持他的子女念完书，所以父亲和他的兄弟姐妹们都只念到初中，辍学之后帮助家里干农活。虽然生活很苦，但仔细找找，生活也处处藏着温柔。

　　因为父亲读到初中毕业就帮爷爷种水稻了，所以他对水稻有独特的感情。父亲说，他很喜欢稻花。盛夏虽然是父亲格外忙碌的时候，要忙着给水稻灌水，但是也是稻花盛开的时候。稻花白白的，星星点点，淡淡的稻花香随着风儿吹过父亲的脸庞，一缕缕稻香传来一份份的喜悦，这让父亲不禁想象出水稻丰收的场景，这个时候他就会露出孩子般的笑容。

　　安徽凤阳小岗村的家庭联产承包责任制获得成功之后，慢慢地在全国

年轻时的父亲

推广开来,农民们也得到了自己的土地。但毕竟是在农村,每家每户没有那么富裕,甚至可以说还是很穷的,当时种水稻几乎还是人们的主业。水稻是爷爷生活的根,也是别的农民生活的根。那时的机械化没有那么发达,所以有"种水稻容易,收水稻难"这样一种说法。收割水稻是最辛苦的一样农活,每当水稻成熟的季节,也是人们最忙碌的时节。

　父亲和伯伯是家里的男孩子,所以他们必须跟着爷爷去田里收割水稻。收割水稻不是一件简单的事,需要人弯腰,一只手握住一把水稻,另一只手要拿镰刀在水稻的底部割开。听着可能不太难,其实不然。太阳很毒,水稻的稻叶很锋利,硕大的汗珠从父亲的额头流下,流进了父亲的眼睛里,眼睛就会因为疼得厉害而张不开,父亲不得不用手擦去脸上的汗珠。因为收割水稻需要弯腰,所以锋利的叶片经常会割破父亲的脸颊,汗珠流过这些伤口,父亲的脸就会火辣辣地疼。世界上没有人愿意受这样的苦,但是父亲知道,这是他的责任,这是他应该为这个家付出的,没有人不委屈,只有人不喊疼。

父亲偷偷跟我说，虽然割水稻的过程很艰辛，但是他会苦中作乐。到了傍晚，当水稻都收割完成的时候，他们会把稻草铺到水稻的根部，让稻草腐烂后当作天然的肥料。因为有稻草铺着，所以这个时候的稻田会很柔软，父亲就会躺下。父亲闭上眼，这是他最舒服的时候，听着鸟儿归巢的声音，闻着稻香，感觉很踏实。当他睁开眼时，看到了傍晚的晚霞，真的好美，他把烦恼都扔进了夕阳里，沉沦在迟到的星星里，感觉一天的疲惫都散去了。

时光和缘分是两个很奇妙的孩子，它们有的时候蹦蹦跳跳的，一不小心安排两个素不相识的人见面了。有一年，和往常一样，父亲割完水稻，直起身子，摘下草帽，正准备躺下休息的时候，一个年轻的女孩子出现在了他的视线中。柔和又充满希望的光芒映在这个女孩子的脸上，空气中弥漫的淡淡稻香沁人心脾，这一抹落日的余辉，让父亲对这个女孩子怦然心动。父亲是一个内向的人，他当时没好意思直接去找这个女孩子，而是到处打听这个女孩子的消息，最终皇天不负有心人，让父亲找到了她。

这个女孩就是我的母亲。因为母亲不是本地人，她来自贵州，只是到我们这来探亲。后来父亲去贵州提亲，在当时因为交通不方便，浙江到贵州要坐一天一夜的火车，外公认为母亲嫁得太远了，一直不同意这门婚事。恰好贵州那也在收割水稻，于是父亲主动要求帮助外公收割水稻。经过一天的观察，外公看出了父亲收割水稻时的认真、执着，觉得父亲是个朴实、勤劳的人，绝对不会亏欠母亲的，最终他还是同意了这门婚事。

90年代家中的兄弟姐妹都已成家立业，父亲母亲结婚之后，爷爷将家中的田都给了父亲，于是父亲母亲一起开始经营起家中的水稻来。因为家中有了牵挂，身上的担子更加重了，于是父亲又去包了一块水田。没有了兄弟姐妹们的帮助，加上又多了一块田，父亲和母亲的生活更加忙碌了。

稻米首先要经过育苗，然后要插秧。插秧可不是一件简单的事，极其考验腰部的承受能力。每到插秧的时候，父亲和母亲就会早出晚归，在水田中，弯下腰，将秧苗一株一株整齐地插进地里，这插的不仅仅是秧苗，也是这崇山峻岭之中的村民的一份希望。这一弯腰可就是一整天，因为这样，父亲的腰留下了后遗症,到现在有时候都会痛一阵子。但是,每当父亲看着荒芜的水田慢慢地被一株株充满生命活力的秧苗占领,他就会感到特别欣慰和开心。

炎炎夏日,如果你想着可以好好在家休息了,那就大错特错了。夏天的天气热,稻田的水都会被太阳晒干。水资源是有限的,每户人家都想把沟渠的水引到自家的田中。所以会引发很多村民的争吵,甚至争得面红耳赤。但是父亲和蔼,是一个不愿意和别人产生争执的人,所以父亲就只能在晚上,在人少的时候将沟渠里的水引到我们的田中。并且过一两个小时就要去检查一下水有没有被别人引走。这一出去就是一晚上,那段日子父亲很少有觉睡。后来虽然有水泵可以将小溪的水抽到田中,但还是要守着几个小时。这几片稻田蕴含着父亲的希望,也可以说蕴含着我们一家人的希望。

等到秋天稻谷成熟的时候,父亲和母亲就会手持早已磨得锃亮的镰刀一起去收割水稻。等到水稻都收割好了,还要找一片大的场地晒稻谷。稻谷晒干之后,父亲就会用手摇式风车扇风将稻谷去壳。在 20 世纪 90 年代末,父亲买了他人生中第一辆摩托车。

等到 2000 年之后,农机现代化越来越普及了,家里都是请人开收割机来收割水稻,这样不仅节省时间,也省了父母亲许多力气。老话说得好,一方水土养一方人。因为我们家乡的地理位置比较好,所以种植的稻谷色香味俱全。种的水稻父亲会留下自己吃的一部分,其余卖给小镇上的商人。慢慢地家中的生活变得好了起来。后来,父亲在农村拆掉了老屋,盖起了房子,也买了他人生中第一辆小汽车。

后来,父亲和婶婶一起开了一家包子铺,再后来父亲和母亲选择了进企业工作。因为农业机械现代化的普及,种水稻就不需要像以前那样劳累了。因此父母亲在工作的闲余时间还能继续管理、经营水稻。2010 年之后,因为交通工具和互联网的迅速发展,父亲与时俱进,将收获的稻米做了精美的包装,米价也会翻上一倍,然后销往各地。

我还记得在我小的时候,在炎热的夏天,祖母会在傍晚将竹席在小溪里洗一洗,然后再用沾着花露水的毛巾擦上好几遍,这样晚上睡在上面就会很

当年削稻谷壳的风车

凉快。在晚上的时候，我们和奶奶一起睡在阳台上，因为家旁边有一块稻田，所以风儿之中夹杂着淡淡的稻香，我闻着这沁人心脾的香味，听着稻浪滚滚随风涌动的声音，仰望星空，和奶奶一起数着经过的飞机和星星。在秋天，我会帮忙一起摇风机给稻谷剥壳。可以说，我的童年和稻谷联系很紧密，童年生活很丰富。

直到前几年家中还一直在种植水稻，后来我时常问起父亲："稻香到底带给你了什么？现在生活好了，不愁粮食了，为什么到现在我们家还坚持种水稻呢？"父亲说："稻香在那段艰难的岁月给了我一点点安慰与温柔，它让我能在如此苦难的生活中坚持下去。我和你妈相见的时候，我就闻到了稻香，稻香就是我和你妈的'定情信物'。所以，到今天在我能力之内我还是要种水稻。"

然而，今年我们村大搞美丽乡村建设，将土地用来建设，种茶和花卉植物，所以，父亲也不得不放弃了水稻种植。以后，时光里的稻香或许会成为我们家最怀念的东西。我觉得，农村是一代人的根，土地是一代人的魂。乡愁，最根本的就是怀念原来那个最朴素的乡村。

时光里的人，时光里的事，时光里的稻香……

小康路上的创业符号

观察者 08：胡晓梅，浙大宁波理工学院传媒与法学院讲师、博士

我们生活在被符号包围着的世界。文字、图片、声音、动作、仪式、物品……人们无时无刻不在创造并使用着各种形式的符号，借助符号的意指作用与他人交流，与世界对话。符号能所指关系的建立是武断、随意，又约定俗成的。符号所指向的意义也可能不断会发生变化。然而对于一个人或一个家庭而言，总会有那么一些符号，因其特殊的指代性，承载着我们难以忘却的记忆。

在创业奔小康的道路上，每个家庭都有着值得我们细细品味的符号。一封泛黄的书信、一张幼年的照片、一个胜利的手势、一件珍藏的物品，甚至一个表情、一句话……这些或许普通常见的符号，因为蕴含着独特的含义，而成为这个家庭创业奋斗历史的见证，成为中国改革开放发展的缩影。

创业伊始：剪刀、滚筒刷子与船

严子泳的爸爸有一把盛在特制的深棕檀木盒里的剪刀。30 年前，子泳爸爸用这把剪刀跟着师傅学理发，半年后便开了镇上唯一一家理发店，并靠着剪刀从湖南怀化闯到了浙江义乌。金子豪的爸妈也有把剪刀。子豪爸爸跟着堂姐在加工厂里学做衣服，从线头开始到成衣，花一年时间掌握了做一件完整衣服的步骤与方法。他的妈妈初中毕业后前往温州学做裁缝，每天给师傅打完下手就学习如何用剪刀裁剪衣服。从小小的剪刀开始，两人把

服装店从温州开到了苏州。

2001年,茆肖肖的爸爸在做油漆工时遇上了自己的伯乐,跟随一位姓郭的师傅学起了墙面装修设计的手艺。半年后,他开了一家装满滚筒刷子和油漆涂料的店面,开始独立承接生意。靠着积攒了20年的信誉与人脉基础,依托新兴发展起来的电商平台,肖肖爸爸的生意如今越做越广。1989年,张晓宇的爷爷从嘉善的船厂里花1500元买了一艘11吨的小船,带着晓宇爸爸开始了去上海郊区收购和运输废铁的营生。一周一趟的水上生活一干就是十余年,小船换成了15吨的大船,船上的人从父子两人变成了一家三口。几个月大的晓宇也就这样在江上与岸边慢悠悠地长大。

无论是用剪刀来理发或裁剪衣服,还是用滚筒刷子给墙面上漆,亦或牢牢地把住舵,把船开往上海,剪刀、滚筒刷子和船这些具象的符号背后是一双双看不见的手,是一门门通往小康的实用技术。中国人自古相信"技多不压身""天干饿不死手艺人",在求温饱奔小康的创业路上,人们首先想到、也最容易实践的是学一门技术。样本中每个家庭的创业之路最初几乎都是从用一双手学习理发、开车,学习修理手机、学做衣服做被子开始的。灵巧的、纤细的、长满老茧的、沾满油污的一双双手,代表着八九十年代时人们对于手艺的信任和依赖,也寄托着人们对于未来的美好期许。

创业发展:"鸡毛换糖"的意指延伸

符号的意指可以有多个层次。人们在使用符号的过程中,符号原有的含义可能会被剥离,再被赋予新的意义。符号的能所指关系在第一层上往往是具象化的。随着认知的扩展,所指的意义在快速更迭中被移位,另一层意义附加其上,构成另一个所指。而这种附加从理论上讲似乎是没有限制的。

鸡毛换糖最早出现于浙江义乌地区的廿三里镇。其最直接的意指是指在20世纪物资匮乏的年代,义乌人走街串户,用自产的红糖换取周边人家的鸡毛,再集中销售给鸡毛掸子制造商或用做农田肥料的以物易物商业模式。随着义乌小商品经济的逐步发展,"鸡毛换糖"的含义从最初的鸡毛与红糖的交换模式扩展为义乌小商品经济,再进而上升为义乌乃至浙江人敢闯敢干、拼搏奋斗的精神。符号的意指一再延伸。

早期的义乌人一开始只是想着用自家产的红糖交换需要的东西,随后发现了到外地贩卖小百货的契机,再之后将生意拓展到世界各地。我们样本中的浙商创业者们同样也以自己的方式为"鸡毛换糖"添加着新的意指。在这里,"鸡毛换糖"意味着行走、转型与拓展。

潘莹莹父母从温州到上海学习制作棉被,在一个小铁皮房子里开厂创业;蔡小帅父母在衢州江山经营眼镜店失败后收拾行囊到河北闯荡;赵一蒙父母把酒店开到了1600多公里以外的西安。地域从来都不是限制创业者发展的桎梏,行走只是为了在小康之路上走得更快更稳当。同时,行走也意味着不断的选择。吴千曦的爸爸30多年里先后在上海、温岭、舟山、镇江四地创业,期间经历了两次转行,从一个卖蔬菜的小年轻成长为建材公司董事长。程卓一的爸爸年轻时跟随师父做锡制品,20世纪90年代初开始自己办厂生产沙滩车、越野车、摩托车,并逐渐出口到欧美。2008年金融危机后,卓一爸爸只身前往尼日利亚,一边学习英语,一边办奶糖厂,办炼油厂。"鸡毛换糖"的践行者们不断扩大自己的行走半径,克服语言、技术、行业的重重障碍,不断探索新的创业领域。每一次转型与拓展的背后都是对环境变化的主动迎战,是对环境与时机的敏锐洞察,充满迎难而上、奋力拼搏的昂扬斗志,洋溢着无所畏惧的勇气与自信。正是因为有着这样一辈创业者以及被他们所影响着的下一辈,"鸡毛换糖"的符号意指得以不断在实践中被充实和更替。

创业成就:车与房的幸福生活

经历了创业初期和发展期,车与房成为体现创业成就最直接和最首要的符号。无论是守着理发店、手机店的营生,还是办厂、跑销售,父辈们创业成功后首先做的就是更换交通工具和改善住房条件。

车作为一个符号,不仅意味着代步和运输工具,更是财富和地位的象征。车的变化,清晰地讲述着创业者的奋斗与成就。经营服装店几年后,金子豪家花数千元买了第一辆摩托车,没过多久又换了一辆奥拓。傅鑫源的爸爸刚开始在义乌小商品城做鞋类生意时,骑的是小摩托,如今早已换成了奔驰。何流爸爸先后换了5辆车。如果说运营所需的车子从工具车升级为皮卡车还是出于公司业务发展的需要,那么家用汽车从工作用车中分离出来,并从桑塔纳3000升级为沃尔沃,则明明白白地描绘着资本的不断累积。

买完车,更重要的是买房。在中国人的传统观念里,家是个非常重要的概念,它意味着一个完整的社会结构,意味着家族血脉的延续。家的具象代表就是房屋,一套属于自己的房子是许多刚组建的中国家庭最迫切的梦想,也是创业者最典型最张扬的成就符号。20世纪90年代,严子泳爸爸用开理发店赚来的钱盖了镇上最时髦的四层楼高的房子,也终于得到了准岳父母的首肯,与他的妈妈结婚;20世纪末,张晓宇一家风里来浪里去10年的水上生活换来了当时村里最洋气的西式三层小洋楼;王一曾经和妈妈挤在自家饭店二楼的一个小隔间里住,几年后妈妈凑够首付的钱,立即买了一间公寓,为王一打造了一个属于两个人的小家;傅鑫源爸爸刚开始做服装生意时,住在十几平方米的房间里,现在已经为家里购置了好几套房子。

一套房、一辆车,创业路上的辛苦打拼,最终通过车与房的具象符号得以向世人展示,也在车与房的更换中继续书写着中国家庭的奋斗历史。

非虚构写作的细节生产

观察者 09：朱滢滢，浙大宁波理工学院新闻学专业 2018 级学生

《妈妈挣来一个家》讲述了一名女性的奋斗史，主人公是母亲，是妻子，是女儿，也是一名走在小康路上的工作者。文章具有口述沟通的特质，以时间、事件等叙事元素架起行文框架，以一名普通人的日常实践和真实表达为细节生产源泉，是一篇完整的非虚构文学作品。

《中国家庭发展报告 2014》中指出，我国单亲家庭超 2000 万户，成因以离异为主，70％为单亲母亲家庭，因此单亲母亲为家庭小康而奋斗的故事是一部分群体的记忆，将其作为非虚构写作的选题，能够引起普遍呼应。记忆可以是模糊的，但非虚构文学不容许过分想象。《妈妈挣来一个家》中，笔者就是单亲母亲家庭的一部分，作为事件部分过程的亲历者、观察者，她天然地带着情感走进故事主人公的生活空间，在零距离的感受与探寻中为故事的整体框架添砖加瓦，使之与社会、家庭、个人建立联系，最后成为日复一日发生在中国大地上的家庭故事的提炼。

《妈妈挣来一个家》中，笔者弱化了父亲的形象，甚至把母亲和家"划上等号"，作为主人公，对于"妈妈"的人生经历叙述与形象塑造构成了文章的主要内容。在写作中，尤其是人物特写中，最重要的是细节刻画。《编剧的艺术》一书中，拉约什·埃格里认为人物角色的力量能够统摄全局，它蕴含了"无穷的可能"和"辩证的矛盾"。叙事中人物的性格、价值观、生活激情等都会引发一系列的动作，视角人物在特定的场景中就会展现不同的社会行

为。因此除了选择适宜的选题及合乎逻辑的故事框架外,生动的细节描写能够展现动作以及场景的发展,辅助故事的推进。在本文中,叙事细节主要生产于对人物的场景挖掘、身份定位、动作描写中。

多个场景的变换能使故事更复杂、饱满,而场景的挖掘应始终围绕着主人公,并且关注着主人公为了解决、战胜困难作出的努力。《妈妈挣来一个家》中,作者写道:"19岁那年,妈妈开了自己第一家理发店。这家店开在我们递铺镇上一个比较偏的地方",主人公在这家"丽丽美发"里辛勤地工作着,是为了还母亲出的2000元开店基金;故事的另一个核心场景是"丽园酒楼",这个场景的挖掘更多是为了展现人物的情感挫折,主人公的丈夫"每天只在饭店里坐坐,坐在饭店的电脑前玩电脑""要他帮忙,他也总是无动于衷",匆忙的餐馆和懒散的关系人物形成强烈的反差,读者很容易就能体会到主人公"心力交瘁"的感受。在文章的前半部分,为了体现"挣"一词,生活场景的叙述很少,更多的是理发店、服装店、餐馆、鞋店等匆忙的、快速切换的工作场景,在破碎的城市景象、来来往往的商业交易中,读者能快速理解主人公作为独身女性创业时的辛苦,感受到其不断克服生活中的苦难,勇于争取美好生活的积极精神。

在非虚构作品的细节生产中,对于社会身份准确定位是使读者理解人物的关键,而在物质文化中,人物定位的依据有赖于其所拥有的财产。比如人物所拥有的车、房等财产就能体现身份背景和社会地位,主人公住地下室或是高级公寓会给读者带来截然不同的印象。《妈妈挣来一个家》中,笔者的妈妈16岁初中毕业后被老一辈"女子无才便是德"的观念影响,加之尚且"贪玩",决定不上高中,转而学习织布后,原文中写道:"妈妈说那时候出来打工,家里是不给什么钱的,外婆只给了她10块钱就让她出门了。"与现在大部分父母选择将子女保护在羽翼之下不同,"10块钱"是当时的主人公拥有的财产,是年轻的、未涉事的女孩出门闯荡的资金。读者可以想象到她的家庭并不富裕,但她敢冲敢拼,对未来的独立生活有憧憬有热情。这样的细节描写让普通的求职过程变得更具有时代特征,也展现了人物独特的个性。而在描述主人公复婚后又离婚,独自带着孩子工作时,笔者写道:"没有住的地方,就住在饭店二楼的一个小隔间里。""那个小隔间只能放下一张床、一个衣柜和一张桌子",对于物质匮乏的描写简洁而具象,使人更能体会"挣来一个家"的不易。

相较于视听兼具的影视作品,非虚构作品在感官上对读者刺激不足,连续的动作描写和不断发展的人物行为成为带动故事发展的核心。吉米·布雷斯曾说:"新闻就是一个动词",动感使读者更关注主题。文中笔者这样描述自己的母亲在理发店的学徒生活:"做人家的徒弟,自然要帮师傅干很多杂活:打开水,扫地,做开门前的准备工作,开店门⋯⋯""她那时候都 6 点就起床,早早地去店里把该做的事都做好",这体现了当时的时代背景,师徒制不仅靠师父授人以渔,也靠徒弟的勤勉与孜孜不倦。在学徒时期,主人公勤劳敢为的性格就可见一斑,这为叙述创业后生意红火做了铺垫。

与报告文学、纪实文学不同,非虚构作品的创作目的不在于记录重大事件、典型人物,而在于关注社会中普通个体的生存状态,表现时代大背景下个体的感受、境遇。因此非虚构写作包含着日常生活的方方面面,写的是平凡生活里的细枝末节,常常提及许多近似于小说的细节。而由于文本包含了笔者对于素材的主观加工,读者会产生故事是否足够真实的质疑。其实细节的生产不代表真实被修饰,因为即使是文本中亲历事件的主人公,有时也无法说出故事的全貌,非虚构写作中,更重要的是用抽象内容引起普遍呼应。

本书中的非虚构作品,就是以家庭为样本,通过"自上而下"的口述历史以及"自下而上"的观察,使现代青年能够在语言与图像中重新凝视过去与现实,寻找中国大地上普通人、普通家庭的集体记忆,并以文字为"琥珀",将其包裹并呈现出来。

温州人的小康社会答卷

观察者 10：陈书影，浙大宁波理工学院新闻学专业 2018 级学生

"我们这一代人是看着新中国快速发展的，就像直播一样。"

20 世纪六七十年代出生的我们的父辈这一代，经历了全中国翻天覆地的变化，见证了无数的从无到有、从有到多到强。而 00 后的成长历程与中国进入改革开放新时代、进入全球化新阶段、进入现代化新篇章的轨迹高度重合。从"我的小康之家"出发，我们能在无数个小的故事里，从不同的角度窥见中国新世纪的沧海巨变。

1985 年 5 月 12 日，《解放日报》头版头条位置刊发消息《乡镇工业看苏南，家庭工业看浙南——温州 33 万人从事家庭工业》，并为这则消息配发评论员文章《温州的启示》。这篇本报评论员文章中，"温州模式"作为新名词第一次正式出现在媒体上。1986 年，著名学者费孝通考察温州，将温州经济发展特点概括为"小商品、大市场"，由此产生学术界与经济界广为探讨的"温州模式"概念。改革开放初期，基于家族和血缘关系的"小商品、大市场"工商业经营与经济发展范式在全国范围内掀起波澜。

这应该是今天的小康社会温州答卷之一。

金子豪同学的《先打工后开店的温州人》从标题就已经向读者展现了一个温州家庭多年奋斗的图景。金同学的父母年轻时在服装厂做工，相识后一起开了一家小的服装店。在艰苦的条件下克服重重困难不断发展，四处辗转多年最后归于稳定。

新中国成立后,地处台海前线三面环山一面朝海的温州一定程度上避开了计划体制对社会组织和个人的全方位改造,以血缘为纽带的宗族组织仍然遍布在城镇乡村的毛细血管里。创业、自主、开拓、创造的温州精神是涵养温州模式的源泉,是其发展和进步的动力所在。这种敢为天下先的改革创新精神在一定程度上冲破了政治、思想上的藩篱,使温州模式并不局限于地理意义上的温州、限制于"小商品、大市场"的经济发展模式。

以家庭为单位,"先打工后开店"是 20 世纪 80 年代温州人经商创业的一条非常高效的路径,年轻人去各种轻工业工厂学习技能攒下创业的初始资金,学成之后通过自己的努力开店创业做大生意,奔波劳累十数年小有所成之时寻一个宜居城市为下一代的教育和生活作新的打算。

"现在回想起来会感到条件艰苦,但当时一心想着做服装生意,却也顾不上住的环境如何。"

开创,大抵都是艰辛的,无论是个人事业的新起点,还是国家层面的新征程。偏远山区一家小店为了达成一桩小买卖的讨价还价,和国家在变革剧痛里的远瞻与沉思,细细想来并不是全无干系,有拼尽全力勤劳质朴的人民,才会有繁荣富强迈向未来的国家。十数亿中国人,要将一个个平凡的日子用辛勤和汗水灌出精彩,也要将上万个操劳艰辛的白天黑夜活成一句轻飘飘的"当年"。

"后开店"的温州人身上呈现出的,除了一种敢于探索、敢于创新、敢于实践、白手起家、艰苦奋斗的创业精神,还有不等不靠、依靠自己的自主精神,闯荡天下、四海为家的开拓精神,披荆斩棘、力克困难的实干精神。

"不驰于空想,不骛于虚声,而唯求实的态度、作踏实的功夫。"在我们的民族文化里,勤勉、实干是受到推崇与敬佩的。"空谈误国,实干兴邦",这句话经得起时间的考验,其正确性也无数次被实践证明,实干精神影响了一代又一代中华儿女,他们为国家和民族的伟业而奉献青春智慧和全部身心。

而无惧艰苦,不必多说,自古就是中华儿女优良美德。暴霜露,斩荆棘,筚路蓝缕,以有尺寸之地。中国今天的高速发展和现代化成果,离不开实干精神和行为,离不开艰苦奋斗品质。而我们未来的道路,也将永远需要脚踏实地，永远需要勤勉奋斗。

20世纪八九十年代，温州人取得了搞市场经济的先发优势，温州人的商业网络遍布全国各地，赚得满钵而归。但是这种先发优势，并没有让温州这座城市在之后的工业化、城市化当中保持领先优势。世纪之交，温州在"县域竞争"中全面落后，"温州模式"没有进化出更高版本。

全面工业化的浪潮里，原本单纯的家庭手工制造业被冲击，现如今传统企业的经营陷入困境，灵活变通、善于思考的温州人必须开辟新的发展道路。以"互联网＋"为代表的新经济对专业分工和资源再分配的深远影响，将加速促成未来不同城市"强者恒强、弱者越弱"的局面。

"这些年互联网的出现，对我们传统服装业的冲击还是非常大的，抖音、粉丝经济，都得从头开始学。"在革新前路方向已定的情况下，如何最大程度利用个体经验、发挥主体优势，是整个中国正在思考的问题。

以家事见历史，以昨日望未来。温州人给了中国小康社会一个标准的家庭答卷。从一个家庭的变迁，我们能看到历史的印记，看到滚滚洪流中或被裹挟前行或是主动进取的众生。从成功与失败的经验教训里，我们能看到的是一个个正在努力前行的小家庭，我们能看到的是汇聚了无数个小家庭的用不可阻挡的步伐向前迈进的大国家。

小康是炎黄子孙长期的对生活的憧憬。新中国成立前，小康作为一种美好向往，已存在中国人民心中数千年。金同学的小康之家来自父辈的开拓和坚守，全体中国人的小康，来自自强不息的全体中国人民，来自我们的党穿越百年时间的远眺。这个中国人不倦追求的梦想，历经了千年的期盼，历经了百年的奋斗，距我们咫尺之遥。处在风云巨变的时代，我们更应该以史为鉴，脚踏实地。

2020年是全面建成小康社会之年，我们必将迎来两个百年的奋斗目标的逐一实现。我们必将在党的领导下，在全中国人民的不懈努力和奋斗下，满足对美好生活的向往，实现我们数千年来的美好祈愿。我们也正在迅速成长，汲取父辈的经验，不断提升自己、改变自己，积极主动地昂扬向上，接过祖国伟大复兴的重担。

先打工后开店的温州人

叙述者 05：金子豪，浙大宁波理工学院新闻学专业 2019 级学生

"我们这一代人是看着新中国快速发展的，就像直播一样。"这是我爸跟我说的话。

我爸和我妈都是温州瑞安人，他们年龄相仿，出生的时候正赶上改革开放，所以我的小康之家也算是赶上了这波浪潮。

爸爸初中毕业时家里发生了一件"大事"，爷爷奶奶打算拆了原来的木房子，改建三层小洋房。当时家里并不富裕，到处借了不少钱，爸爸听说家里要盖新房子，顿时就兴奋了，初中一毕业便跑去了温州市里打工。

当时，温州出现了许多大大小小的厂，爸爸就去了其中的一家鞋厂。他在那家鞋厂打了两年工就回家了，回家之后跟着一个堂姐在一个加工厂学做衣服，从此便开始了他的服装职业生涯。

"你之前学做衣服是从哪开始学呢？"

"从线头开始。"

"线头？"

"对，从线头到一件完整的衣服。"

与爸爸的谈话对我的认知产生了不小的震撼。在我的眼里，机械化的现在，似乎很难理解以前的生产生活方式。爸爸学了一年，掌握了做衣服的步骤与方法，就去了瑞安的厂……

花开两朵，各表一枝。妈妈在初二时，因为家里条件不好，打算辍学去

打工。适逢改革开放之初，温州的各种厂拔地而起，妈妈在初二暑假，和几个小伙伴一起去了温州的印花厂打工。晚上的时候需要工人们去河边洗印花板，又没什么照明，总是黑乎乎的，这个地方就成了妈妈的噩梦。因为每天晚上都要去黑乎乎的河边洗印花板，她没干几天就坚持不下去回家了，连工资都没拿到。妈妈清晰地记得自己回家之后没进家门，躲在门外偷偷地哭。

因为妈妈的成绩一直不错，校长和班主任都来到家中，希望妈妈继续学业，也许是因为遭受了一次打工的挫折，妈妈回到了学校。妈妈偏科严重，数学非常好，一直稳居第一，但是语文却不行。也许也是因为一心想着出去打工，心思不在学习上，导致最后考高中差了五六分。这时候她才意识到了读书的重要性，开始想要读书了，但为时已晚，只能流下了悔恨的泪水。

初中毕业后，妈妈便再度前往温州。这次她去学的是裁缝，妈妈的优点是勤奋，在学徒期每个人都是打打下手，做做杂事，而妈妈总是很快地打完下手，然后在一旁看着老师是如何裁剪衣服，其他人需要学三四个月才会的工作，她只用了一个月就会做了。

因为原厂的薪资待遇过低，妈妈打算跳槽，新的工作是在一个老板的家中做衣服。可是没过几天，妈妈发现这个老板信佛，家里供奉着佛像，妈妈无法接受，就再次离开了，这一次也没有拿到工资。

在裁缝这个行业磨练了四五年，妈妈回到老家调整休息了一段时间，不久后前往瑞安寻求发展，并在瑞安认识了我爸爸。

两人在一起后从小店面开始做服装店。他们俩为了服装店开张借了4万块钱，妈妈说服装店刚开始的时候生意特别难做，有时候为了留住一个客人，为了卖一件衣服，都要说上一个多小时。有一次，一个客人来回试穿了好几次衣服，妈妈足足和他说了一个半小时，最后客人还是什么都没买就走掉了。

不久后，我出生了。我被送回了老家，由奶奶带，而父母在温州店里继续打拼。他们俩每个星期会回来一个人看我，因为店里需要一个人留守，偶尔还会因为谁回家看我而吵架。等我长大了一些，就将我带到了店里。

爸爸妈妈在奇云山游玩

那第一个店面位于双岭,由于只有一个小小的单间,我们平时睡在小阁楼里。那小阁楼位于服装店的第二层,用现在的话来讲或许是 LOFT,没有窗户,非常闷。现在回想起来会觉得条件艰苦,但当时一心想着做服装生意,却也顾不上住的环境如何。

店的对面是一家卡拉 OK 厅,孩童时期的我晚上总是不肯入睡,当他们一抱我出去,我便开心地哈哈直乐,那段时间,估计也把他们搞得没睡多少好觉。

到了 2002 年,我们家花几千块买了第一辆摩托车,当时这可是个稀罕物,把爸爸开心得天天骑着宝贝摩托车到处跑。一次我们一家人骑车回老家,在半路上没控制好速度,碰到了一条小沟,突然就甩了出去,所幸我们都没受伤,只有爸爸的膝盖擦破了,却也只是皮外伤。往后很长一段时间,爸爸开车都是小心翼翼的。没过多久,我家又花 3 万多换了一辆奥拓,并将店面搬到了金华永康。

到了 2003 年,SARS 疫情暴发了,不过"非典"不像今年的新冠疫情影响这么大,据妈妈回忆,那段时间,店面还是照开,只不过少了很多客人而已。当我们开车回家时,经过的每个路口车都要消毒检查,我又刚好有点感冒发烧,去了医院,医生问我们从哪里来,爸爸说我们从金华回来,医生都吓坏了，当时疫情对人们造成的恐慌可见一斑。

开店的路途总是曲折的，常常开了几年，生意渐渐好起来了，房东就不愿意续租店面给你了，于是只好不断地换地方。到了2005年，爸爸妈妈在瑞安买了房，并将店面开到了江苏苏州。在苏州最大的一件事发生在2008年，也就是北京奥运会那一年。

9 岁的我在苏州堆雪人

2008年1月10日前后，苏州飘起零零星星的雪花，原本以为又是落地即化的小雪，却没想第一场雪的晚上8点之后，雪越下越大，这一下就是大半个月，一下就下成罕见的鹅毛大雪。到了后期，市区的积雪可以达到10厘米，我家超市的彩钢棚房顶直接被大雪压垮了，造成了巨大的损失，所幸的是人没有受伤。

后来辗转了比较多的地方，在各个地方也都开有店面或有所投资，开始逐渐地稳定了下来。

"这些年互联网的出现，对我们传统服装业的冲击还是非常大的，什么抖音啊粉丝经济啊，都得从头开始学。"妈妈说道。

谈到她刚进入社会的那几年，妈妈认为勤奋是最重要的。"有的人勤快一点的就干出来了，有的人懒一点就生活得比较难，这也是他们各自的选择吧。"

爸爸则赞叹了改革开放以来,我国发生的巨大变化:"从小时候什么都没有,到现在什么都有,我们这一代人算是真正看过新中国发展最快的全过程,就像直播一样。"

谈到 2002—2008 年这段时间,"怎么做生意都做得好,但是 2010 年后,互联网的兴起,冲垮了实体店"。最后被问到怎么看待这几年的生活时,他笑道:"我们一直在寻找,现在也一直在路上。"

看似没有什么故事可讲的生活,却又藏着太多可以讲述的故事。我的小康之家,仍在前行的路上。

妈妈挣来一个家

叙述者06：王一，浙大宁波理工学院新闻学专业2019级学生

家，这个词在我脑中出现时，随之蹦出来的便是妈妈的脸，在我心里，家与母亲是可以划等号的。也可以说是妈妈挣来了我们这个家。

1997年，妈妈正上初三，这是她参加中考的那一年。比较幸运的是，妈妈中考考得还不错，考上了县里的二中，那是我们安吉县里比较好的高中。可是那时候妈妈家里的条件不是很好，外公是做石匠的，仅仅靠他一个人的收入来维持整个家庭的开支有些困难。妈妈如果要上高中或者中专是要花费一大笔钱的，这笔钱对这个本身就不富裕的家庭来说将是一个不小的负担。

妈妈上面有两个姐姐，两个姐姐都已经辍学出去工作了。妈妈记得那时外婆对她说："女孩子读太多书没有用处，你要不就别读了，出来挣钱吧。"妈妈那时只有16岁，正是贪玩的年纪，意识不到读书的重要性，她觉得出来打工马上就能够挣到钱，能够花自己挣来的钱，还不给家里添负担，多好的一件事呀。于是，妈妈便决定出来工作养活自己了。

不去学校上学之后，妈妈就面临了第一个问题：出来之后干什么呢？正好这时候，杭州的富华市场来安吉招织布的工人。得知这个消息后，妈妈和一个从小一起长大的小伙伴就去应聘，两人都顺利地被招上了。这以后，妈妈就坐上了富华市场来安吉接她们的大巴车，开始了她学习织布的旅程。

妈妈说那时候出来打工，家里是不给什么钱的，外婆只给了她10块钱

就让她出门了。由于刚刚到那里没什么工作经验，之前也没有学习过织布，所以妈妈一开始去就还只是一个试用工，每个月老板只给 300 元的工资。好在那时工作的地方给她们安排了宿舍，不用自己交房租，在厂里面也是吃食堂，几毛钱就能够吃一顿饭了。吃住的问题解决了，300 元也够一个 17 岁的女孩子一个月的生活开销了。可是 17 岁毕竟太年轻了，没什么定性，300 元工资一个月的生活总让人觉得不甘心，在杭州做了三个月之后，妈妈有些呆不住了，总觉得自己还可以干一些别的事，所以她和伙伴又回到了安吉。

妈妈说，她从小的梦想就是做一位理发师。回安吉之后，她就想马上去学习理发。那时，妈妈的一个发小的表姐就是理发师，于是妈妈就托发小帮忙，推荐她去学理发，发小的表姐很快就答应了，妈妈如愿到镇上那家理发店里学习这项技术。拜师是需要给师父钱的，因为这位师父是发小的表姐，所以只收了妈妈 1000 元作为学费，这钱是外婆替妈妈出的，不过外婆跟妈妈事先说好："这钱是先借给你的，以后你自己赚了钱是要还给家里的。"

学手艺之前师父说，要在她那里学满一年才可以出师。做人家的徒弟，自然要帮师父干很多杂活：打开水，扫地，做开门前的准备工作，开店门……这些任务都是徒弟要完成的。妈妈的师父那时一共有三个徒弟，除了妈妈另外还有两个。妈妈觉得自己学东西有些慢，所以要笨鸟先飞，要更勤劳更认真一些，她那时候都 6 点就起床，早早地去店里把该做的事做好，这样师父来了就可以很快很方便地开始工作。

因为妈妈的这些表现，师父很喜欢她，经常夸奖她很努力，因此也愿意更加认真地教她。结果，妈妈在那里学习了七个月就已经到了可以出师的水平，她已经迫不及待想自己开店了，所以对师父提出了这一想法，师父也同意了。

19 岁那年，妈妈开了自己的第一家理发店。这家店开在我们递铺镇上一个比较偏的地方，据妈妈说这家店是在如今递铺镇新浙北大厦所在的位置。因为妈妈的名字叫邢丽，这家理发店的店名就叫"丽丽美发"。开了一段时间后，"丽丽美发"又搬到了现在老浙北大厦对面的"小屋檐"小区。

妈妈年轻的时候

刚开始开店，妈妈非常有信心，因为是小姑娘开店，大家都非常支持照顾妈妈的生意，她一个月大概有千把块钱的收入，多的时候有一千多。妈妈开理发店的本钱 2000 元也是外婆替她出的，既然开始自己挣钱了，这笔钱自然也是要还给外婆的。外婆起初要求妈妈把每天挣来的钱中的 50 元给她，剩下的钱才可以留给妈妈自己，妈妈信守承诺，每天只要赚到 50 元就会交给外婆。就这样 50 元、50 元地还，还到一千元左右的某一天，外婆说："还得差不多了，你现在这个钱不用继续还了，可以自己存起来了。"这样一来，妈妈就更加有信心了！她说，那时她有一个木匣子，只要挣来的钱都会放在里面，那时候数靠自己的双手挣来的钱真的非常开心。

也就是这个时候，妈妈认识了我的爸爸。爸爸妈妈是通过我的一个表姑介绍认识的，表姑和妈妈是一个村的，也是发小。我爸爸年轻的时候很会唱歌，还会跳舞，经常带妈妈去歌厅舞厅玩，妈妈当时年纪小，没见过这种场面，觉得爸爸非常浪漫，就喜欢上了爸爸，和爸爸开始了恋爱。两人在一起了一年多就结婚了,那一年妈妈 23 岁。

我们家在一个叫万亩村的地方,两人结婚以后,为了方便照顾家里,妈妈就把理发店搬到了家附近,于是"丽丽美发"又在万亩的一条小街上落了户。结婚不久,妈妈就怀孕了,可是妈妈是闲不下来的,也放不下店里,一直坚持开店到怀孕 7 个月才开始在家休息。

而爸爸是一个电焊工,结婚以后妈妈慢慢发现爸爸是一个贪图享乐、追求安逸的人,并不愿意在这个职业上好好钻研。他那时白天骑着摩托车出门,傍晚回来,似乎是工作了一整天,可妈妈总是能够听到别人说,又见到他在哪里玩乐了。结婚六年,妈妈也没见他拿钱回来,所幸妈妈理发店的生意还不错,能够维持家里的生计。可这个样子,妈妈总是不放心,在店里天天担心爸爸不好好工作,所以经常要打电话给他,可爸爸依旧没有重视起来,没有好好地认真生活。

爸爸这样的态度让妈妈非常生气,两人的争吵也开始频繁了起来,渐渐地妈妈就不愿意和爸爸在一起了。一个女人,想把这样的一个家撑起来,实在太辛苦了,从丈夫那里得不到任何慰藉,只能自己伤心。大概在我 7 岁的时候,妈妈选择了和爸爸离婚……

我被判给了爸爸,而妈妈那时候觉得万亩这个地方太小了,继续开理发店又有些没面子,于是去到镇上找了一个门面,开了一家服装店。我和妈妈在那时候被分开了,我在爸爸家里,妈妈在开店,妈妈说那时候她非常非常想我,总觉得我跟着爷爷奶奶没有吃好,没有穿好,没有睡好。那年冬天,她回爸爸家看我,我的脸上被冻得长满了"萝卜丝",这让妈妈非常心疼。爸爸这时也来挽回妈妈,妈妈为了让我可以过得更好,可以在我身边好好照顾我,让我拥有完整的家庭,决定和爸爸复婚了。

爸爸妈妈重新在一起后,就彼此约定,两个人在一起好好过日子。因为服装店生意不是很好,妈妈又重新回到万亩理发。爸爸那时也确实认真工作、认真生活了一段时间。

可是好景不长,爸爸觉得生活又有了妈妈的照顾,便重蹈覆辙,可是妈妈还是想坚持一下。在那段时间,家里在原来的房子周围造了九间可以出

小时候的我和妈妈

租的小房子，每间每个月可以收150元房租，这样子家里的钱稍微多了一些起来，看身边的朋友都有了车，于是我们家也攒钱买了一辆5万元的二手小汽车。

这时候，由于妈妈十来年都在理发，一直要低着头，肩颈开始不舒服，医生说如果仍然继续理发的话，可能会有瘫痪的风险。这样一来，妈妈就要找别的工作了，那段时间餐饮行业比较景气，妈妈就在镇上开了一家小饭店，叫"丽园酒楼"。

开了饭店之后，爸爸因为不认真干活，失去了电焊的工作，每天只在饭店里坐坐，坐在饭店的电脑前玩电脑，妈妈要他帮忙，他也总是无动于衷。开饭店的头一年，爸爸妈妈又开始经常吵架，吵架了以后爸爸就跑出去赌博，输了不少钱。这样的生活让妈妈心力交瘁，提出要跟爸爸离婚，爸爸也很快就答应了。这回爸爸妈妈真正地分开了……

这一次我被判给了妈妈，就这样我和妈妈开始了两个人的生活。妈妈带着我出来，起初我们两个人就住在饭店二楼的一个小隔间里，在我的印象里，那个小隔间只能放下一张床、一个衣柜和一张桌子，虽然生活得有些拮据，可我是非常开心的，也没觉得自己受了什么委屈。我的妈妈是一个非常要强的人,我们两人一起生活了几年,到了 2012 年,妈妈就凑够了首付的钱,给我和她打造了一个属于我们俩的小家——她在饭店附近的一个小区里买了一间公寓。2014 年,我们还买了车,两个人的日子慢慢变得越来越好。不过饭店开了五年之后,因为一些原因,生意变得不那么好了,妈妈就把饭店转了出去。

　　现在妈妈在家旁边的一个商场开了一家鞋店,生意还不错。这些年妈妈一直把我照顾得很好,也从未曾亏待过我。可我知道,妈妈这一路走来,是非常不容易的。她在采访中说了这么一句话:"就算是只有我一个人在养你,我也一直努力要让你过得好!"在我眼里她是这个世界上最伟大的母亲。

　　是妈妈靠双手挣来了我们这个家。

"口述历史"的小康样本

观察者 11：邱子桐，浙大宁波理工学院传媒学院副教授、博士

可能参与书写《我的小康之家——行走的新闻：00 后眼中的中国小康之家样本观察》一书的青年学生们自己都没有意识到，他们卷入了一本极其有趣且有意义的项目。《我的小康之家》的意义，我认为主要来源于作为方法的"口述历史"的丰富意义。首先，"小康"的总体性、全面性的国家论述通过聚焦普通人的每日生活实践，将一个个鲜活个体的生命经验得以具身化和形象化。每个样本，00 后一代的成长样本，可以被认为是高度全球化时代的中国现代性样本。其次，《我的小康之家》充分调动起了时间与空间的维度，将"自己"和"关键家庭成员"作为媒介呈现时空变迁过程。同时，强烈的"流动性"甚至成为了很多样本的关键词。最后，"口述历史"是一个交互生成的过程，而不是一个简单"还原"或"反映"既定不变的唯一历史真实的过程。接下来，我将在下文中就这三点展开细致论述。

首先，"小康"的总体性、全面性的国家论述通过聚焦普通人的每日生活实践，将一个个鲜活个体的生命经验得以具身化和形象化。而这与过去几十年以来，史学、社会学和人类学界所倡导的"自下而上"的研究范式、"眼光向下的革命"等论述契合。[①] 同时，这种个体鲜活生命经验不仅是意识的，

[①] 赵世瑜：《眼光向下的革命：中国现代民俗学思想史论（1918—1937）》，北京师范大学出版社 1999 年版。

更是身体的和情绪的体验。

　　每一个样本都在描绘不同的普通家庭(核心或单亲家庭)的不同历程。比如,金诗颖的《一个小店一个家》讲述了经历 20 世纪 90 年代下岗潮的父亲,决定发展通信业,通过经营一个手机店来养活一个家庭的故事。顾欣怡《爷爷的小秘诀》描绘了因中农家庭出身而无法接受教育的爷爷,从农民,到改革开放后与儿子创业办厂的经历。蔡小帅的《我家眼镜店》则勾勒出 1980 年至今的 40 年中,外公外婆和父母辈的两代人在不同地方经营眼镜事业的历程。有趣的是,几乎所有的文章都会提及一些时代"关键词":这些朴实的口述历史中的"下岗""改革开放""2008 年经济危机""出国创业""'非典'时期""下海""外出务工"等标记全球化时代的中国变迁的关键词被融进了一段段与 00 后相关的生命历程中,从而变得鲜活和生动起来。因此,有些文章不约而同地提及家庭和家庭成员的经历都是"时代的缩影"。同时,这些融合带有着丰富的情感和感受,叙事中充斥着"乡愁""怀念""憧憬""爱"等各种各样的纤细且丰富的情感。

　　其次,《我的小康之家》充分调动起了时间与空间的维度。在时间的层面,大部分的青年学者用声音、文字和影像的方式汇集并反身追溯了他们的个体成长历史中的点滴,在空间的层面,他们的口述史实践卷入到了通常在学术话语中被忽视的和被隐匿的"民间"的空间领域——一个被台湾文化研究学者陈光兴认为是居于政治话语与学术话语之外的文化生活空间。[①]

　　一方面很多的作品将"小康样本"根植于民间、底层,根植于文化研究学者雷蒙威廉斯所提出的生活的"情感结构"(structures of feeling)[②]。另一方面,流动性、瞬时性取代了永久、恒定不变,构成了 00 后一代所生长的全面全球化时代的现代性的注脚。

　　比如赵一蒙《从临海到西安》,标题就清晰表达了家庭的流动性,而期间

[①]　Chen, Khuan-Hsing. Asia as Method: Towards Deimperialization. Durham: Duke University Press, 2010.

[②]　Williams, Raymond. Marxism and Literature, Oxford: Oxford University Press, 1977.

一大段关于母亲自学手艺而后南下厦门、深圳的打工经历；吴千曦的《"四海"为家》同样从标题到文本都指向了一个在过去 30 年因父亲经历了上海、温岭、舟山、镇江这四地谋生二次转行而带给家庭的"四海"生活；程卓一的《也曾打拼到非洲》描绘了父亲一开始在村子里做手艺活，而改革开放后又与母亲一起做生意，"走遍了祖国的大江南北"，之后经历了 2008 年的经济危机后被迫关了厂子而踏上非洲的土地再创业的经历与人生旅程，清晰刻画了一个家庭从在地到国家到国际的流动轨迹；潘盈盈的《沪漂之路》则讲述了父母的上海创业历程。这些家庭历史呈现出的高度的流动性，与改革开放以来媒介重新定义"南方"与现代性叙事紧密相连。比如媒介研究学者孙婉宁所观察到的南方以及沿海地区"象征着繁华、现代性、与未来紧密相连。[……]在一些媒介叙述和图像中，[南方以及沿海地区]是充满磁性的地方"，并"提供了成功的观念与上升阶层的流动性"。①

最后，"口述历史"是一个交互生成意义的过程。必须注意到的是，《我的小康之家》也触及了关于"口述史"与真实性的关系的思考。我认为青年学生所参与的口述历史，不是一个简单地"还原"或"反映"既定不变的唯一历史真实的过程，而是一个主观的、参与家庭历史意义的生产过程。而我认为这种追溯过往家庭及其重要成员的历史的过程对于正处在价值观形塑期的青年学生们而言显得尤为重要。因为在很大程度上，这是一个与各个生命经验交互影响的过程，也是在当下的时刻形成对过往历史的意义生成的过程。

几乎所有的文本都提及了自己的出生对其所在家庭所产生的重要作用，并且给出自己的主观评价和情感表达。比如在陈婧文的《为房奔波这些年》中提及了父母为其能够享有更好的教育，节衣缩食买学区房，而现在拥有小康生活的"我们可以一家人一同启程"。比如在俞林月的《守得云开见月明》中讲述了父母分离对自己产生的影响，并从一开始不理解生活为何对父亲如此苛刻，到渐渐理解和珍惜现在的生活。王一的《妈妈挣来一个家》

----

① 孙皖宁：《拒绝异化的灵魂：用打工诗歌书写流动》，《福建文学》2017 年第 9 期，第 151 页。

感恩母亲用自己的双手撑起了家。许多的学生在书写中展示了共情的特质,理解和体会关键家庭成员的过往,并会珍惜父母带给自己的无忧童年和青年生活。

综合这三个层面,我们可以说,这本书很大程度上唤起和培养了学生的历史感。而"小康"的总体性、全面性的国家论述,正是通过触碰微观的个人经验和情感开始的。

一个小店一个家

叙述者07：金诗颖，浙大宁波理工学院新闻学专业2019级学生

每天早晨7点半出门，守着店，晚上8点打烊，这样的日子，我爸爸过了22年。我敢说，他这一生，直到老眼昏花、白发满头，都是这样度过他的每一天。就像一列火车，驶过了分岔口，就尘埃落定，永远也不再改变方向，只管风雨兼程往下走。他人生的道路，没有大起大落，他只是在踏踏实实地过好每一天。

我们家祖祖辈辈都生活在浙江嘉兴，我们家位于嘉兴的最北边，北邻江苏吴江，西邻浙江湖州。祖上没有人做官或经商，靠耕种世代积累下的土地生活。

我的曾祖父在解放时期被划为地主，而爷爷就是在家道倾颓的时候出生的。爷爷的原生家庭中有一个哥哥、一个弟弟和三个姐妹，作为位列中间的二儿子，爷爷是最不受父母关注和疼爱的一个，甚至受到冷待。奶奶的父辈恰有相似的经历，据爸爸说，我的外曾祖父是乌镇拥有土地最多的地主，一朝败落，日子过得尤为艰难。外曾祖家推崇重男轻女观念，即使全家都在水深火热中，也要把四个儿女中唯一的儿子高高托起。奶奶是三个弟妹的大姐，从五六岁开始到出嫁，她的生活中心就是做家务、照顾弟妹和下田务农。

爷爷和奶奶都没有上过一天学，没有认过一个字，都是地地道道的农民。他们由着父母的安排结为夫妇，而父母都没有给予物质支持和精神鼓

励,两个陌生的年轻人两手空空走到了一起,只凭踏实肯干过日子。爷爷和奶奶不受我的曾祖父母待见,他们的小家就是两个人用四只手撑起来的。奶奶为人处世的一大观念就是在家里多苦都可以,接人待物必须大大方方。她常常说"种田不会看上家",意思是遇到不会的事情就学着别人做,凡事都有个解决的办法。奶奶在家里承担着照顾每一个人的角色,但她是家里的主心骨,奶奶坚韧、不怕吃苦的品性影响着爸爸。

爸爸出生在1974年的春天,两年后家里添了一个妹妹。爸爸幼时,爷爷奶奶做农活每年收入50元,家底单薄,虽不至于穷困但也实属清贫。他对交学费这事儿很有感触,每每我交学费时,总能唤起他年少的记忆。爸爸和姑姑每年各要4块钱作学费,家里无法承担,只能暂且拖欠着。老师有意每天都要报一遍欠缴学费的学生的名单,这是他一天中最难熬的时刻,他怕受同学嘲笑,丢脸难堪,而家里往往要等到夏蚕结茧卖了钱后才能交上学费。虽然文革已过,但遗留的影响还在,学校里要填家庭成分,爸爸只敢写上富农。爸爸的小学时代在上学和做农活中度过,每天回家放下书包就要背上草篓,带着镰刀去割草喂羊,饥肠辘辘地割完草就头晕目眩、口吐酸水。还有和小伙伴下河摸鱼摸虾,去邻居的菜地里偷拔萝卜,到别家蹭看电视,逃票看露天电影,似乎除却了饥饿,世界上剩下的全是欢乐。

爸爸在初级中学担任班长,成绩突出,最拿手的是作文,他总满心自豪地说,只要是他写的作文,就一定是模范作文。到今天,他在文字上的专长还有什么用武之地呢——大概是我的家校联系本,他那发言稿一般的家长评语,就是残留的文艺气息。他也很喜欢画画,但缺乏想象力,是个写实派,喜欢在发票的背面画狗、猪、鸡,他不用看图片,就能把这些童年的伙伴活灵活现地画下来。但这些对于现在这个把养家糊口当作生活重点的他来说,已经是很久远的事情了。

父亲初中毕业后考上了桐乡市卫生学校,这是一所中专,毕业后工作包分配,成为社区乡镇卫生院的全科医生。当时,这个学校绝对是个香饽饽,社区全科医生也绝对是个你争我抢的铁饭碗,体制内,吃国家粮,老了还领退休金。爸爸和爷爷奶奶对这样的未来满心期许。那个毕业后的暑假是他经历过最愉快的暑假,当同学们还在家为升学还是踏入社会一筹莫展时,镇上医院的主管医生已经邀他在卫生学校毕业后入职了,全家都只安心地等待录取通知书的到来。等到快9月要开学了录取通知书却迟迟未到。这是爸爸人生中遇到的第一个大到改变人生轨迹的挫折——他的位置被顶替了。他没有办法知道那个空降者是谁,不知道他为什么选中自己,他只知道自己无钱无势,没有关系,求告无门。人生的道路在这里,已陡然转变了方向。马上就要开学了,正向山峰进发的人掉落在谷底,他带着未愈的伤口,又走在新的道路上。

爸爸在桐乡三中学习时是个沉默寡言的男生,瘦削单薄,戴着厚厚的眼镜,每天都点最便宜的咸菜吃。他依旧喜欢语文,也擅长物理,化学就很次了。因为不愿意唱英文歌,英语考试总是堪堪60分。虽然依旧继续着求学生活,虽然依旧按部就班,平平无奇,但经历过希望幻灭的人,早已有了不可逆转的变化。

高中毕业后,爸爸由学校团委推荐,入职新生广播站成为一名播音员,也负责管理播音设备,那年他18岁。这是一个闲职,广播站里只有一个主管和两个下属,每天播送镇、村里的新闻和通知,每个月300元钱。因为嫌工资低,爸爸在半年后离职了,跳槽去了桐星水泥厂。但是爸爸既不懂技术,也不懂财务,于是就参加了水泥厂和上海建材学院的校企合作项目,去上海建材学院学习自动化、微机管理和配料,7个月后结了业。这次学习时间是短促的,效果自然也就习得个皮毛。这时爸爸的工资是每月400元。在桐星水泥厂工作了一年之后,爸爸又一次为了追求更高的薪资而离职。后来桐星水泥厂因为治污不力被收购了。

1994年,爸爸进入雅蝶建纺厂,成了一名质检员兼采购员。建纺厂是当时新生镇上的头号乡镇企业,工厂员工数以千计。爸爸作为工厂的中层干部,工资已有每月1000多元。可是好景不长,由于家族式管理的制度缺陷,厂子里贪腐严重,管理层素质参差不齐,工厂在爸爸入职两年后倒闭了。其实在半年前,工厂已有颓败之势,员工也陆陆续续离职,由于要完成善后工作,替工厂变卖设备,给离职的员工发工资,结算工厂的资产,爸爸是最后

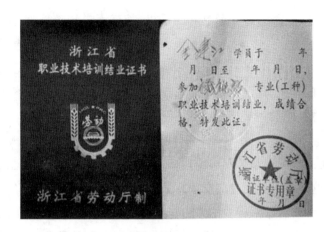

爸爸考的职业培训证书

一批离开的职员。

　　1997 年,爸爸成了一名下岗的待业人员,那年他 24 岁。爸爸休整了两三个月,在这两三个月里,他决定了往后发展的方向——通信业。那个时代,家用固定电话刚刚兴起,"大哥大"也只是有钱人的专属,爸爸认为这是一个朝阳产业,有巨大的发展空间。于是,爸爸前往杭州求实职业技术学校学习移动电话专业,学会了怎么修理电话机。

　　经过七八个月的学习后,爸爸回到了嘉兴桐乡。接下来是要选定开店的地方。爸爸开着小摩托把桐乡市里的八个镇和三个街道都逛遍了,既要避开已有手机店的地方,又不能选择过于封闭的地方,最后选定了河山镇。当绝大部分镇子还没有平坦的水泥路时,河山镇已有了柏油马路,还有人家造起了小别墅。当时的房租是每年 5000 元,相比于 20 年后今天每年 15000 元的房租,并不算便宜,当然收入也有一年 4 万元,相比于前些年做工厂职员有了很大的提高。河山镇和家里有 30 多公里的路程,骑小摩托来回一趟就得耗上两个钟头,爸爸只得一个星期回一次家。2000 年,爸爸和妈妈预备在 10 月结婚,所以爸爸把店迁回新生镇上。

　　"大哥大"的时代已经过去,移动手机兴起,特别是诺基亚、摩托罗拉,简直是通信业里时代的象征。但那时的手机可不比现在的智能手机便宜,在那样的物价水平下，一个普通品牌的手机，甚至不说是诺基亚这样的牌子，都能卖到两三千元。2002年的夏天，开业不到一年的手机店遭了贼，小偷把店里所有待售的10多只手机洗劫一空，最终赃物也未能被追回，造成了大约3万元的损失，这已经是小店年收入的2/3了。犹如一夜寒风，把即将入春的天气拉回了凛冬，那一年并不好过。

从开业至2010年这14年的时间里，爸爸每个月去一次杭州通信市场进货。进货的那天早晨要早早出门，骑着摩托车去市汽车站赶上最早去杭州的大巴，这是一种最便宜的交通方式，单趟的车票只要4元，然后在通信市场里走上一整天。回桐乡的末班车不会严谨地按时间表工作，总会因为各种原因提前发车，比如天气不好、候车的乘客太多了等等。爸爸提着大包的手机零件混在人群里追着车跑，如果追车大部队的呼声够大，司机够体谅，就能把车叫停住；如果大巴头也不回，执意撇下他们，那就要另寻他路了。爸爸宁可站在车站一辆一辆车去问能否拼车，也不舍得找个旅店住上一晚。2011年的夏天，为了寻找手机新的货源，爸爸独自去了一趟深圳。这时的手机市场更加多元化，翻盖的、滑盖的、触屏的，样式和品牌多种多样。他和深圳的电子营销商铺建立了销售链，一有新兴的款式，对方就用快递寄过来，免去了爸爸每月奔忙去杭州进货的辛劳。

镇子上的手机店越来越多，这人人都要分去一杯羹的趋势无可改变。爸爸很庆幸年轻时去杭州求实职业技术学校学会了怎么维修手机，开业至今，他的小店仍旧是镇子上唯一一家能够承接维修业务的手机营业店，他不需要和其他店主一样绞尽脑汁地依靠营销手段拉拢客户。然而，并不是说拥有了维修的技术就能一劳永逸了，爸爸在杭州学习时还是固定电话和"大哥大"的时代，手机更新换代的速度大家是有目共睹的，想要不被淘汰，维修的技术也要不断更新、进步，而这一切，都要爸爸自己完成。他有一本很厚的书，放在工作台里，每当在维修时遇到瓶颈，他便会翻翻书，边看边学，同时也要准备好承担实践失败的后果。当然，不能因为害怕赔偿而缩手缩脚，止步不前。

购买手机的渠道越来越多，智能手机的价格越来越亲民，很多人甚至在手机出现了问题之后选择直接买一个新的。近些年来，爸爸的手机店受网商的冲击也越来越明显,但也并非没有益处。无论是售卖手机,还是维修手机,都是在赚取差价。从前网购还未兴起时,爸爸总是会去邻镇的通信街上买配件,手机零件从生产厂家到自己这里,价格已经被抬升了好几轮。现在爸爸从网商处购买手机零部件,价格降下来了,也省下了跑腿的辛劳。

爸爸店里的工作台

爸爸打理店铺不仅依靠技术,也依靠心性,他认为开店营业的人,必须要保证自己沉得下心,坐得住冷板凳。20多年来,他没有出去旅游一次,没有和朋友们玩乐,除了每年大年初一休假一天,他不会离开他的小店。店里有形形色色的顾客,有的操着一口浓厚的外地方言,那便成了鸡同鸭讲;有的老年人思维缓慢,爸爸只能一遍又一遍讲"这个套餐月费……",有时他们只是来问问怎么删除手机短信,爸爸也得耐心地讲上好几遍"先按这个键,再按这个键……";有时会遇上蛮横不讲理的顾客。有一次,我目睹了一位大白天喝醉了酒的男人,卷着大舌头非要说他以前从店里买的手机不灵光,拿出手机检查却毫无问题,他发了一顿脾气,才肯晃晃悠悠地走了。

爸爸经营他的小店已经二十二载了,他也在计划着等自己老眼昏花,看不清手机主板上的零件时,该去做什么。他勤勤恳恳半辈子,只是想做万千平凡人中的一份子,每一个渺小的人都有自己的光辉。

我家眼镜店

叙述者 08:蔡小帅,浙大宁波理工学院新闻学专业 2019 级学生

母亲最近的朋友圈是眼镜店里的花,图片中多肉当头,后面是店员招待顾客忙碌的身影,明亮的环境下玻璃柜台折射着屋顶的光。曾几何时,我家的眼镜店历经风雨,由复古的青色,转到黑白拼色,再到现在经典的原木色。店面不断扩大升级,家也由最初小店最里面的一间小屋,搬到现在设施齐全的单元房。我的小康之家,也是我家眼镜店的发展史。

1980—1990 年:外公外婆,在东北售卖眼镜的开始。

1990—2000 年:爸爸妈妈,在浙江系统学习眼镜。

2000—2020 年:爸爸妈妈,在河北经营眼镜店。

外公家祖上是地主,后来没落了,外公仅在年幼时有过一段简单放松的时光,上了学识了字,在十几岁和外婆定了亲,在外婆 20 岁结婚前,外公作为长男,已经扛起了生活的重担,在镇上做石匠。

印象中外公是一个闲不下来的人,外公身量不高,但力气很大,笑声爽朗,讲起年轻时做石匠的经历,会细数做过什么纹样,有什么现在还流传下来,在街上闲逛时看到自己参与过的石头雕刻,外公会很骄傲地说起。

外公有一双巧手,除了石匠,在村中有谁家办宴席,会把外公请过去露一手,所以母亲幼时,家中尚有积蓄,生活还算富足。外婆是一个开朗的人,嫁给外公后,操心农务,照顾幼子,奉养公婆,外婆身形高大,同外公一并撑起了这个家。家庭环境养成了母亲谦虚大方的性格。

　　1980 年,外公外婆为了能有更好的生活,去外地做小生意,开始去到东北摆小摊子,这是我家卖眼镜的开始。当时卖的是现成的眼镜(专业术语:成镜,是有固定好的眼镜度数),在八九十年代眼镜生意还是比较好做的,所以外公外婆很快摆脱了进货后一贫如洗的窘境,换了一个稍微好一点的居住环境,也把小摊子开进了商场里,租了一个店面,开始在商场中卖眼镜。

　　不过后来外公的妹妹在东北开了一家伙食店,生意很好,也有一点忙不过来,而当时房租的上涨让眼镜店的利润开始减少,外公就把眼镜店盘出去了,去和妹妹一起经营伙食店,随后在老家盖了新房子。经营伙食店赚的都是辛苦钱。

　　外公外婆起早贪黑一辈子,为自己赚得一笔较为丰厚的养老金,在2010 年我妹妹出生后,老两口退休颐养天年。

　　外公外婆去东北后,妈妈由妈妈的太奶和爷爷看顾,虽然有外公外婆的生活费,但在那个贫苦的时代,家中非劳动力人口多的情况下,母亲的生活也只能说是够得上温饱。

　　而爷爷奶奶去江西植树造林,爷爷家的孩子更多,爸爸又是个男孩子,所以父亲在很小的时候就开始帮家里干活。

　　妈妈在上初二的时候学习不是很好,去了东北帮外婆的忙,后来又去到在江山开眼镜店的大姨身边学习一些眼镜知识。爸爸也是很早就外出打工,先在秦皇岛的舅爷爷家送了两年货,然后去到山西舅舅家学了三年的眼镜加工。后来在老家爸爸妈妈相亲相中了,相处一段时间后,两个人结了婚,在江山开了一家小的眼镜店。话说也是凑巧,爸爸妈妈竟然是小学同班同学,在看到爸妈同一个同学群后,我是惊讶的。可惜的是爸爸妈妈在江山眼镜店的生意并不是很好。

　　2001 年我来到爸爸妈妈身边时,江山的地价飞速上涨,因租赁的店面价格急剧升高,爸爸妈妈在江山的眼镜店生意宣告失败。2002 年,爸爸妈妈收拾行囊,前往河北谋求生路。

　　在河北竞争压力和地价压力比浙江江山要小很多,爸爸妈妈在玉田开

21世纪初在河北玉田开的店

了一家新的眼镜店。玉田离北京很近,爸爸妈妈进货很是方便,同时玉田的消费水平较高,使得眼镜店有较好的消费基础。但2003年的"非典"又是一项打击。可能因为北京"非典"比较严重,信息流通并不完善,许多消息是滞后的,人们对于"非典"十分惧怕。当时爸爸去北京进货,街坊中就有人说,我爸爸带来了"非典",凑巧的是我妈妈当时发烧了,有好事者称,我妈妈感染了"非典",事后我妈妈去到医院检查,证明只是因为感冒引起的发烧。但那段时间,街上的人总是避之不及,这也给当时的我家新店造成了不小的打击,所以我的父母干脆休业,自行隔离,过了那段"非典"严重的时期才继续把店开起来。爸爸妈妈没有被困难打倒,在之后的几年里,他们的眼镜店以亲民的价格、耐心的服务获得了顾客的好评。

"非典"结束后我来到父母身边,三四年之后,店面进行搬迁装修。也是因为原来的铺面要回收去扩张银行,房租到期后便不再续租。搬迁后生意慢慢地也变好了。又过了几年,2012年的时候,场地又不再续租。这家铺面属于同一条街多年的老街坊,但是他家大娘生病了,着急变现做手术,于是在当年房租到期后,他家把那家铺面卖掉了。我们便换了一个更大的地方来开店。

2010年的时候,我们家又添了一个新成员,我的妹妹出生了。又过了一年多,我们家在河北全款买了一套自己的房子。

在2018年的时候,眼镜店面又扩大了,扩大到原来的1.5倍左右。旁边的手机店生意不好搬走了,我家就和商家商议把两家店面打通合并,同时整体装修升级。店面环境变得更好,也可以算当地最大的一个眼镜店了。

早期眼镜店内部陈设

当然在河北做眼镜生意的过程中也遇到过很多困难,比如说制作眼镜的设备,一台动辄几十万,一不小心的话就可能出问题(比如零件损坏什么的),修理设备或者设备的更新换代也需要很多的资金。同时一款眼镜的流行时间是有限的,一款眼镜过了它的流行时间之后,哪怕它的质量再好,受众群体都是十分有限的,这就导致它的销售利润比不上它的成本,所以这个时候就要有大幅促销以使产品更新换代。很多品牌的眼镜是可以以旧换新的,但是都有一定限额,所以还是有积压产品。

不管是开什么店都会有风险,很多时候,机遇与挑战并存,为了减小风险,我们只能在各方面做到最好,力争超越竞争对手,才能更好地赢得顾客。我们家的眼镜店全店无休,店员有年假,但是店主不放假,大年三十、正月初一都是正常开业,以免有顾客眼镜意外损毁无法维修。2019年高三寒假的时候,我在店里帮忙,因为过年时爸爸妈妈总会有一人回老家过年,店内人手实在不够。有的顾客驱车回老家过年,会置办一副新的眼镜,有的时候一个人几副眼镜挑选下来要两个小时。一般过年时我家店面是晚8点半关门，但关门时正好遇到顾客，只能以顾客为先。还可能这个顾客还在，下一个顾客又来了，所以大年夜开到10点多、11点也并不稀奇。河北的冬天很冷，天黑得也早，我和父亲在漫天的星光下冒着寒风回家。

2012年搬迁前，店面有一个二楼，我家当时就住在店面楼上。在2012年之后，我家在外面租了一间房子。所以有的时候爸爸和妈妈会在晚上接到顾客的信息，让我在家里看好妹妹，而他们则披上外衣去到店里，为顾客解决难题。

当然有付出就有收获。父亲常说："你开店就没有拒绝顾客的道理，所以哪怕你觉得顾客的要求是无理的，你也要尽量满足顾客的需求。"父亲说，不要得罪顾客，因为你得罪的往往不是一个人，而是以他为中心的一个关系网，很多时候做生意依靠的是熟人拉客。因为眼镜挑选制作需要时间，父母在店里设置了专门的顾客休息区，也有泡好的茶可供顾客自行饮用，争取给顾客最舒适的购物体验。这样，哪怕我家的眼镜店商品定价较低，但凭着薄利多销，仍能获得不错的收入。

不得不说，我的小康之家的实现离不开我家眼镜店的发展，或者换句话说，我家是用卖眼镜的钱迈入的小康。在妹妹1周岁的时候（2011年），外公外婆和爸爸妈妈出钱将老家的房子翻新了，现在我们家的老宅也要推翻重盖了（2020年），预计施工计划就在下半年，我相信我家的未来会和我家眼镜店的发展一样，越来越好。

守得云开见月明

叙述者 09：俞林月，浙大宁波理工学院新闻学专业 2019 级学生

放弃读书

我的爸爸于 1968 年出生在绍兴新昌县一个平凡的村庄——下衣村。奶奶和爷爷都是地道的当地人。奶奶生了三个孩子，爸爸在家里排行老二，上有一个姐姐，下有一个弟弟。

奶奶常说："你爸小时候可皮了，别人读书，他天天去外面玩。"当初因为家里没钱，奶奶他们也没那么重视教育，所以爸爸小学毕业就没有再继续读书了。在他那个年纪的人，好像有个高中文凭就已经是受过很高教育的标志了。他会逃课去河边游泳，然后下午又被老师留堂，不能回家。

我问他："当初没有继续上学，你后悔吗？"我爸毫不犹豫地说："现在说后悔也没用啊。当初你大舅公让我去山头（地名）读初中，可那时候我不想读书啊。结果现在就吃了没文化的亏，很多事都不懂，也真的很后悔。所以你才要好好读书，读书不是为了我，是为了你以后不用像我这样做那么辛苦的工作。"他回答得很快，就好像这些话在他心里出现过无数次。

不上学之后，爸爸先是在家帮忙种了一两年地，后来农村开始单干，他就去离家近的厂里上班。因为没什么文化，他就只能一直做那些体力工作。工资虽然不高，却也够生活。

房子那些事

大概 30 年前，村里开始分地皮给大家（每家有成年孩子的就会分到地

皮)造新房子。我们家开始造房子了。当时家里没钱，虽然村里分来了地皮，但是造了一层就停工了。

过了5年，爸爸打工攒了一些钱，又向亲戚借了1万多才再开始造房子。那时候大家都没什么钱，造房子请的那些工人基本都是爸爸村里的朋友。他们造房子的时候，爸爸也会去帮他们。

那时候轿车还是挺稀奇的东西。家里没有车，买家具的时候如果遇上了那些不送货上门的情况，把家具搬回家就成了大问题。一说到这，爸爸就笑了，他用手指着客厅的茶几，比划着说："以前厨房里的那张桌子，差不多比这个茶几还要大一些，都是我自己从澄潭(我们那的一个比较大的镇)慢慢背回来的。"说这话的时候，我爸脸上别提多骄傲了。

他的话匣子好像一下子打开了，开始不停追溯往事，他说，"那时候家里真是没钱，你还记得以前家里那个破沙发吗，是你大舅公家不要了拿来的。还有厨房那个小小的冰箱，总是没过多久冷冻的地方就结很多冰。那个原来也是你大舅公家的。后来有钱了，我们觉得那个还能用也一直没换。过了好几年才换掉。"

2017年7月，不知道哪里来的消息——我们村要拆迁了。为了拆迁多分一些钱，村里好多人都悄悄用最快速的方法往上造楼，可是大部分后来都被发现了。爸爸说拆迁办的找了挖土机把那些刚造的都挖掉了。

我们家当初造房子的时候为了省钱并没有全部造到顶。有一块地方只是在一楼房间顶上加了预制板，然后在上面盖了块光板，连瓦片都没有。爸爸听说这样的话算是临时搭建，一个房间的钱是不算的，而一个房间有10多万。不知道他从哪里找来的瓦，就在光板上临时盖瓦。为了出一些力，我就帮爸爸把瓦搬到楼上走廊的窗下。通过走廊的窗可以踩到光板上，然后临时把瓦盖上。那时候是夏天，天很热，搬完瓦片的手都黑乎乎的，爸爸和叔叔盖好瓦后一个个都是汗流浃背的。

原本以为这件事就这样解决了，但是评估组来的时候还是说这样不算，因为这个问题，我爸就一直不同意拆迁。几乎每天都有拆迁组的人来家里劝我爸，可我爸的态度就很坚定，一定要他们把那10万算给我们。那时候我超级怕我们家变成"钉子户"。我跟我爸说："要不算了吧,到时候起冲突多不好。"我爸听了就很生气地说:"这可前后差了十多万,不是一点点钱。不该要的我不要的,但是该是我的,我就要拿来。"在那段我爸和拆迁组的人周旋的时光里,爸爸总是会愁眉苦脸地为这件事烦恼。过了一段时间,在我爸的坚持下,拆迁组的人妥协了。

　　3个月后,在我上学的时候,叔叔、姑父陪着我爸搬家了。拆迁之后,村里好多人都临时在附近的村镇租房子,等着分地皮后造房子。爸爸总是会回去一些朋友家玩。我问爸爸:"你觉得买套房好,还是回去自己造房子好?"爸爸很快地回答我:"当然是回去造房子好,大家都认识的住在一起多热闹啊!现在住在这儿,连聊天的人都没有,太冷清了……太冷清了……"

　　2019年末,家里又开始造新的房子了。爸爸要去那边监工,还要和邻居商量很多关于造房子的事情。他经常会一大早5点就起床去地基那里。他会在那待到很晚,工人都走了他才回家。他会问很多人,综合所有性价比亲自去挑砖头之类的建材。

　　不过因为疫情原因,造房子的进程慢了很多。

现在造房子的照片

甜蜜与苦涩

1999年的时候，经好朋友介绍，我爸认识了我的妈妈。我妈那时候很年轻，她来自贵州一个很贫困的地方，就像现在很多人离开家乡去发达一些的地方打工赚钱一样，她来到了我的家乡。她又是经我的阿姨，也就是她的姐姐介绍，认识了我爸的好朋友的。也许是当时大家也没那么多讲究，两个人没有那种浪漫的恋爱阶段，觉得彼此都还可以就结婚了。

以前日子过去就好了，家里没有什么积蓄，如果用现在的话讲就是"月光族"吧。因为家里没钱，连给妈妈的彩礼钱都是借的，直到我记事起他们才把钱还清。

那时候我妈年纪还挺小的，从家乡出来，还没有见识过外面的世界，就嫁给了我爸。我爸说以前他到哪儿妈妈都会跟着他，就算是去田里种水稻也要跟着。看爸爸讲那段时光，他还是会不自觉地嘴角上扬。以前，妈妈在家做手工，爸爸去外面做小工。爸爸下班回来，妈妈总是已经烧好了晚饭。有时候他们也会在家打打麻将，热闹极了。

2000年，我出生啦！生活上虽然不是大富大贵的，但他们也没有让我苦过。我记得在家里，妈妈就是唱白脸，爸爸就是唱红脸。妈妈在的时候，我的记忆里好像没什么爸爸的痕迹，他总是在外面忙，也不操心我的事。妈妈总会记着给我买新衣裳，总会在我不开心的时候陪在我的身边。

那时候，爸爸送我上学，妈妈接我放学，一切都很平凡却真的好幸福。

小学五年级的时候，爸爸妈妈感情发生变故。矛盾持续了差不多一年，妈妈就和爸爸分开了。

在那之后我爸消沉了很久，好几个月都没有工作。他总是那样，跟别人聊着聊着就激动得眼眶红了。我爸说："当初你爷爷走的时候我都没有这样哭过。"爸爸是个很传统的人，大概在他的思想里，结了婚的人就该一辈子一直在一起。

我问爸爸："你怪她吗？"这也是很多人问我的一个问题。

爸爸摇了摇头说："你那么小她就不管不顾走了，就算不是为了我，为了

全家福

你也不该走啊，怎么会不怪。"

　　我问他："当初我妈走的时候你觉得她还会回来吗？"

　　爸爸看了我一眼，停顿了一下，想了想说："不会了吧，在她离开之前也闹了挺久的了，她也不是一时冲动才走的，应该想了很久了吧。你妈脸皮薄，这样一闹，以后就算后悔怕是也不好意思再回来了。我只是一开始比较难接受，她不想我，为了你也不该这么走了啊。总想着她还会回来的。"

　　我接着问："如果她现在回来，你还会答应跟她好好在一起生活吗？"我爸很肯定地说："如果她定下心来，认真的，我肯定跟她好好的啊。"

　　我知道虽然他嘴上怨妈妈，可是不管多久他还是希望她回来。除了我妈，家里没有人喜欢吃生菜啊辣椒之类的蔬菜。但是在我妈离开之后挺长的一段时间，爸爸还是会在菜地里种上这些菜。我爸说："没准什么时候你妈就回来了。"我想，那应该只是他的自我安慰吧。在那之后差不多一年的时间，爸爸一直不工作没有经济来源，家里生活没有太好，只是将将过下去。

　　后来，2013 年，为了支撑起这个家，爸爸去一个亲戚那儿工作，虽然工资挺高的，但是很辛苦。我常常放学回家看到他很累的样子，他的手也都是茧子，甚至开裂了。有时候，我想，我爸那么老实的人，他一辈子都没有对别人坏心眼，怎么却得不到幸福。在那之后，爸爸就是家里唯一的顶梁柱，努力赚钱,供我读书。

　　我时常想这世界是不是对我爸太过苛刻了一些,总是让他面对着一个又一个的难题。渐渐地我觉得,也许生活,正是因为前面受的苦才更显得弥足珍贵。

　　"长风破浪会有时,直挂云帆济沧海。"风雨过后,终见彩虹。那些曾经以为熬不过去的日子,现在回想也是难能可贵的磨砺。

　　好与不好,总是都会过去的。

小康路上的义乌元素

观察者 12：朱小红，浙大宁波理工学院传媒与法学院党委书记、硕士

说小康社会。我愿意从积极心理学的角度说说傅鑫源家庭口述史《鸡毛飞上天》引发的思考，说说义乌精神对于小康社会建设的意义。先从小康社会说起。中国人民对美好生活的向往，凝结为小康社会这样一个具体的阶段性追求目标。经济目标是其中决定社会、科教、文化、政治等目标的基本出发点。义乌人以改革开放政策为指引，积极行动，把鸡毛换糖的务实商贸文化转化为商业动力，国内外市场紧密结合，不断扩大市场份额，形成了闻名世界的小商品贸易集散城市。数据显示，义乌市的市场上"汇集了 100 多个国家的 8 万种产品，源头货比例超过 60%，成为国内规模领先的'一站式'进口商品采购基地"，每年逾 50 万人次境外客商到义乌采购，1.5 万多名来自 100 多个国家和地区的境外客商常驻义乌展开业务，义乌发出的商品出口到世界 219 个国家和地区。[①] 总体看，义乌市的小康社会目标初具形态。

道义乌精神。说到义乌，自然会联想到以"勤耕好学、刚正勇为、诚信包容"为精髓的义乌精神。这是中华民族精神以商业道德为形式的表征。换句话说，义乌精神就是敬业务实、信任客户、包容世界。"理性产生于使人脱

---

① 张俊良、罗良斌：《义乌精神造就世界"小商品之都"》，2019-06-18，搜狐网，https://www.sohu.com/a/321363908_296154，2020-08-27。

离动物世界的劳动世界或者实践世界，其本质就是算计。"①而义乌精神产生于理性，所着眼的既是当下更是未来，并没有"算计"和牺牲未来的发展以满足现在的需要。

一个地方是在与其他地方互动的过程中才形成地方性，才使得地方文化生命力勃发。区位、自然资源和产业基础均不占优势的县级市义乌成为面向全球的小商品集散市场，完全是人的因素在发挥主导作用。敬业务实的精神来自不服输的劲头；来自"谁说女子不如男"的全民奋斗；来自爷爷劝说父亲从商谋生；来自白天做生意晚上夫妻骑着摩托车去上商务英语课；来自生活条件变好后，爷爷奶奶仍然力行节约，经常向晚辈传递艰苦奋斗精神的家风。"父亲一直秉持爷爷的教诲，艰苦奋斗，在生意场上不怕跌倒也不服输。"在义乌发展中，"诚信包容"既是以诚信为商业之本，还体现在对于客户的充分信任。诚信是社会系统的基石，对于社会系统的自我实现过程不可或缺。理性的诚信帮助主体的人从内在的兽性的欲望中解脱出来做出理性的选择，不再被盲目的欲望所支配。这不仅仅是一种信任，而且是一种自信，义乌人奉之为圭臬，是义乌作为城市内在的文化自信。

义乌人的积极思维。积极心理学聚焦于人的内在积极力量与群体、社会文化等外部环境的共同影响与交互作用，主张研究人类积极的品质，充分挖掘人固有的具有建设性、向上的力量，促进人和社会的发展，实现使人类走向幸福的目标。积极心理会转化成积极思维，进而促成人的主动性和创造力。义乌精神蕴含的积极思维体现为超前思维、行动思维和感恩思维的聚合力量。

义乌精神蕴含着行动思维，是敢闯敢试的冒险精神。在物质匮乏却狠割资本主义尾巴的禁商年代，农民以红糖、草纸等低廉物品换取居民家中的鸡毛、布头等废品以获取微利。"鸡毛换糖"文化源于义乌民间做小生意赚大钱的"生意经"，实质上是以自己的特色优势和行动优势决胜商界的行动

① 张生：《黑格尔诞辰250周年：用合理的眼光来看世界》，2020-08-27，澎湃新闻·思想市场，https://m.thepaper.cn/newsDetail_forward_8891383，2020-08-27。

思维,经过市场实践,"鸡毛换糖"文化已经沉淀为义乌的城市文化,浸透在义乌精神之中。"鸡毛换糖"看似脱离理论,却是以对于现实的分析判断之后的行动,理性是行动的前提。根据自己的实际情况,确定好目标,然后从目标出发,一步步完成计划;一旦现实发生了改变,就会依据人、财、物、信息等条件,及时调整行动方案,以应对环境。义乌商品从线下走到线上,线下线上并重发展,都是敢于尝试、敢为人先的行动思维的反映。因此义乌精神是实践的、行动的、韧性的文化。

义乌精神另一个特征是超前思维。义乌商人能够对商业趋势早作预计或提前反应,因而在时代发生转机之际及时抓住赚钱机会,从而把商业风险转化成商业契机。创业中他们具有超前意识,没有跟着潮流跑,而是领着潮流跑。鑫源的奶奶在"鸡毛换糖"被认为是"弃农经商""投机倒把""资本主义尾巴"的年代"不顾家里人的反对,坚持经商,一开始在浙江各地鸡毛换糖,挣得一些钱补贴家用"就是生动的例子。其次,近期、中期、远期超前思维在义乌人身上表现得非常耀眼,充分信任客户,宁愿自己承担更多风险也要信守承诺,用自己的坚持赢得更多客户的信任,这种超前意识和对商业信誉的坚守预见了凝结社会信任、社会信誉的价值。鑫源的"父亲坚持厂家发货就立马打款,年底就算贷款也要结清厂家的货款,绝不拖欠"。能够在风险极大的紧张氛围中以敏锐的商业眼光在一般人认为没钱赚的地方发现商机,并赚取合理的收入,这种打破常规的持久实践反映的是超前的、先进的战略思维。

我们还能够从义乌精神中发现超越商业精神的感恩思维。具体说,就是义乌人在商业中以信任和诚实来赢得客户的高度尊重;他们把生活的改善和生意的成功归功于改革开放的红利和党的领导,对改革开放政策的认可和高度评价,对党的领导的高度认可。义乌人的视野从自身望向社会的进步和国家政治制度,这种开阔的格局和感恩的心态成就了"世界小商品之都"义乌和义乌精神,给我们极大的思想启发。

以义乌家庭记忆窥见小康社会

观察者 13:骆涵颖,浙大宁波理工学院新闻学专业 2018 级学生

义乌换糖精神

义乌人的小康生活,是物质、生活上的富裕,也是文化、精神上的富足,两者相辅相成。义乌精神,随市场而起并与之适应发展,义乌人最初以鸡毛换糖的形式艰苦创业,故而义乌精神又称换糖精神。义乌精神因电视剧《鸡毛飞上天》走入大众视野,剧集将早批义乌从商者形象浓缩为陈江河一角,以其坎坷的经商故事来赞扬义乌人敢闯敢拼、吃苦耐劳的"换糖精神"。00后的傅鑫源同样以《鸡毛飞上天》为题来记录自己的家庭从务农到经商的转变:苦于贫寒的家境,爷爷不得不外出经商以补贴家用,在奶奶的支持和帮助下用一些自制廉价物品换取鸡毛等废品求取微利,而后受到国家政策影响不得不偷偷进行;父亲从事货运受挫后在爷爷的引导下从商,先帮经营服装店的大伯分拣货物积累经验,后在石家庄独立闯荡,最后回到义乌创办鑫源鞋店。

义乌换糖精神是在特殊时代下义乌人民艰苦创业的集中体现,有其独特性。傅鑫源家庭波折的经商经历便是义乌人民在不同时代国家政策影响下摸索发展的缩影。先是外出换糖被当作"投机倒把""资本主义尾巴",早批创业者被迫外出谋生,以摆地摊为最主要的谋生手段,后在政策鼓励下获得固定商铺,早期市场得已形成并逐渐壮大。这些白手起家的老一辈义乌

人基本为农民出身，由农而商，没有市场的概念也没有系统的经商方法。其所秉持的发财之道不过是起早贪黑以赢取微利，且在传统经济结构下小商品经济难以大展拳脚。由此，这些开创者只能"摸着石头过河"，靠失败为成功积累经验，义乌精神由此衍生。

新时代的换糖精神是工匠精神。从鸡毛换糖出发、到地摊经营再到固定摊位形成稳定市场、最后发展成为闻名遐迩的小商品市场，义乌人民的生活也从贫苦走向小康，由最初的为求生计出门换糖到如今为在激烈竞争中博得名声，义乌精神也在时代变动中被不断赋予新的含义。以傅鑫源家庭为例。父亲早期的打拼是为温饱、在市场扎根，而今创办鑫源鞋业后面对日益激烈的市场竞争，需要面对更加严峻的考验。在外贸行业打拼尤其艰难，"一带一路"倡议的提出为义乌带来巨大商机，外贸行业抓住商机并借此兴起，如何在市场内占据一席之地，傅鑫源一家给出了很好的答案：拼搏与诚信、有工匠精神。为与客户顺利沟通，傅鑫源的父亲挤出时间学习外语；为建立牢固的合作关系，用贷款为客户结账，凭借自身经验与诚挚的品行不断扩大经营范围，最后在温岭创办了自己的设计室并且开发出一整套制作流程，鑫源鞋业的名气也在业内逐渐兴起。

义乌经济发展

以小窥大，从万千如傅鑫源的家庭影像可以窥见义乌的经济发展。"鸡毛"不能上天，义乌从做鸡毛换糖的货郎生意一步步发展为国际小商品市场之都，少不了时代机遇与政策扶持。

"一带一路"倡议下实体经济大发展。1982年至今，在政策的支持与12任书记的带领下，义乌历经5代市场变迁，从最初胡清门的流动摊聚集地发展为知名的国际商城，摊位数量骤增，小商品经济得以快速发展。2013年9月、10月，习总书记分别提出建设"新丝绸之路经济带"和"21世纪海上丝绸之路"的合作倡议，借有效的区域合作平台积极发展与沿线国家的经济合作伙伴关系，在此政策下，义乌利用自身经济优势抓住机遇成为"一带一路"上的重要地点，"一带一路"的重要货运班列义新欧班列以义乌为起点，经新疆阿拉山口口岸出境，途经哈萨克斯坦、俄罗斯、白俄罗斯、波兰、德国、法国，历时21天，最终将商品送达西班牙首都马德里。这一线路为义乌带来了巨大商机，鑫源鞋业赶上市场搬迁，由篁园市场迁至如今的国际商贸城，摊位数量的增加与家庭情况的改善也让自家的店面由2个扩增为4个，加上"一带一路"政策的加持，鑫源鞋业的客源不断增加，货品种类也不断丰富，产品售向中东、南非、北非、澳大利亚、法国等国，据统计鑫源鞋业近五年来销售额已达2亿元。在此机遇下，义乌实体经济得到极大发展，义乌人民的小康生活也由此展开。

网络经济背景下电子商务迅猛发展，与实体经济形成矛盾，义乌处于经济转型升级时期。随着网络时代的到来，电子商务在市场迅速发展起来，电子商务发展之初，义乌实体经济受到冲击，因为大部分销售者年龄较大不易接受电子事物，生意受到极大打击。但事实证明，在互联网时代下义乌要想发展必须插上电子商务的翅膀。义乌许多家庭都有子承父业之习，这种交替如同新旧时代的交替，许多年轻人在大学选择电子商务专业，家庭生意就是理论知识的用武之地。这种现象汇聚起来，义乌不少村庄因此建设成为电商村。除此之外，直播带货的经营形式也逐渐在义乌风靡起来，网红直播大楼也逐渐兴起，义乌将凭借自身的货源优势利用网络吸纳更多客户资源。

如傅鑫源说的，改革开放以来家庭发生了翻天覆地的变化，父亲从穷小子变成鞋业老板，家里的车从摩托变成奔驰，这少不了义乌人的吃苦耐劳、敢闯敢拼，也离不开改革开放红利的加持。2020年是全面建成小康社会之年，此后我们将迎来两个百年的奋斗目标。在党的领导下抓住机遇、面对挑战，祖国定能实现伟大中国梦！

鸡毛飞上天

叙述者 10:傅鑫源,浙大宁波理工学院网络与新媒体专业 2019 级学生

浙江义乌人自古就有经商习惯,农闲时摇起拨浪鼓,挑着装满糖的箩筐,行走在浙江周边的城乡,用自制的糖换取鸡毛、牙膏壳等废品,回家后,再把换来的鸡毛做成鸡毛掸子或将鸡毛当作农田的肥料改善土壤,将牙膏壳卖给供销社当废品回收,以低廉物品换取鸡毛等废品以获取微利。现在义乌人常以鸡毛飞上天来形容:白手起家,通过自己的不懈努力换来美好生活。

"从前的幸福是能吃饱饭,现在的幸福是看着儿女子孙过得幸福"

爷爷出生于 1948 年,有两个姐姐与两个妹妹,在家排行老三。受封建思想(重男轻女)的影响,虽然爷爷从小备受疼爱,但祖辈家境贫穷,一日三餐常以野菜与地瓜充饥。现在逢年过节家里会烧很多的菜,每一次都会有吃不完的,我们常劝爷爷:"不要吃剩下的菜肴,剩下的就倒掉吧,吃剩菜对身体各方面都不好。"但爷爷却说:"我上高中的时候,因为家里没钱买菜,也没有生活费,一日三餐都以盐巴炒芝麻作菜,现在条件这么好,也不能浪费粮食!"因为祖辈家境贫困,爷爷的姊妹都只上了两三年学便辍学在家务农,唯有爷爷受家里供给可以上学,好在爷爷学习成绩名列前茅,当时整个乡镇只有两人考上金华一中,其中一人便是爷爷,轰动一时。可惜,时运不济,赶上了"文化大革命",他只在金华一中读了两年书便辍学回家务农,过了两年

便娶妻生子,过上了农村生活,作为当时的先进知识分子,爷爷虽然在家无法上学,但仍不忘学习,经常翻阅各类书籍,如饥似渴地学习,这也是爷爷一直向我强调的:物质上可以穷,但精神上一定不能贫瘠。记得我小时候,表哥常有不会的数学与物理题目,我爷爷总能一一解答,让我十分佩服。

高中时期的爷爷

按照接下来的路线,爷爷本应是一生务农,不会走上经商的道路,幸运的是我奶奶是一个天生会做生意的鬼才。当时,鸡毛换糖成为被打击对象,说鸡毛换糖是"弃农经商""投机倒把""资本主义尾巴",与全国禁令相抵触,正是"山雨欲来风满楼"啊!那时,廿三里镇也成立了"打击投机倒把办公室",把那些在街上手拎篮子叫卖的和摆地摊的赶得"嘭嘭"飞,禁止糖担外出鸡毛换糖,人要抓,钱要罚。奶奶不顾家里人的反对,坚持经商,一开始在浙江各地鸡毛换糖,挣得一些钱补贴家用,爷爷也渐渐开始理解奶奶,后来爷爷与奶奶一同外出,前往外地采购在义乌所谓的"稀缺货",然后回义乌进行销售赚取差价,也就是当时严令禁止的投机买卖。就这样我们家过上了较好的生活,买了当时村里的第一台电话机,村子里的人也不再对我们家七言八语,很多人也走出去闯荡,做起了生意。当我问到奶奶当时支持她的人多吗,奶奶叹了叹气说:"当时人哪里知道哇,只知道背后说别人风凉话,说不要做生意，女人更是应该老实本分地呆在家里。"奶奶的语气里透露着无奈与心酸，但是这一路走来奶奶不曾放弃，为了更好地生活，她没有顾及那些言语与质疑。

虽然现在生活条件变好了，爷爷奶奶在生活的方方面面仍勤俭节约，经常向我们这些晚辈传递艰苦奋斗、勤俭节约的精神。爷爷作为共产党员，一生兢兢业业，也为这个家不断付出自己。爷爷作为一名老党员，希望我在大学期间也积极入党，接受先进的教育，为社会作出自己的贡献。

从商前的故事

"路子都是自己走出来的，幸福都是奋斗出来的。"

父亲在家排行老三，作为最小的那个自然备受父母疼爱，据大伯回忆，父亲小时候在农忙时总是做最少的活，吃最多的饭，从小就是个机灵鬼。据父亲回忆，上初中时他最擅长的科目是数学，可惜英语成绩一直不好，中考没有考上高中。但爷爷并没有让父亲回家务农，而是让他前往金华读一所技校，学制两年，第一年读文化课，第二年学开汽车。这在当时也算是一种出路，父亲说毕业以后他干上货运，运送货物往返义乌与上海，日夜奔赴两地，虽然辛苦但是赚的钱也让家里的生活条件更好了些。在开货车的第二年，父亲不幸发生车祸，肋骨断了两根，便在家休养了半年。之后他用开货车赚的钱买了一辆出租车，在义乌城里跑起了出租车，但因为生意惨淡只开了一年就变卖了车。

爷爷劝父亲走上商道

走投无路，在爷爷的建议下父亲只好投奔在石家庄经营服装生意的大伯家。父亲帮助大伯分拣货物，慢慢熟悉了做生意的门道，自己也有了做老板的野心，便在服装市场开了一家店面，在大伯的帮助下生意也算做得不错。据父亲回忆，当时住在一个只有十几平米的房间里，白天在外奔波劳作，回家以后倒头就睡。虽然很累，但赚来的钱却是开出租车的好几倍，这让父亲尝到了甜头，两年的打拼也让父亲了解了做生意的门道。

我的到来

据母亲回忆，初到石家庄时，刚下车就被眼前的几个金灿灿的大字吸引了。"鑫源服装市场，好名字，要是以后有个孩子，就取名为鑫源吧"，母亲笑着说。过了两年母亲怀上了我，但是因为当时的计划生育政策，我属于超生那一个，母亲只好在狭小的空间内躲藏，不敢出去。我表哥当时在上的幼儿园班主任的妈妈是石家庄第二人民医院的护士，在她的帮助之下，我生了下来，取名为"傅鑫源"。父亲说我的降临，让他觉得需要更努力地奋斗，为这个家创造出更好的生活条件。

商场残酷打拼

父亲在石家庄打拼两年后，生意开始走下坡路，决定回义乌发展。当时小商品城正刚刚起步，父亲和母亲一拍即合决定租两个摊位做鞋类的外贸生意。父亲说当时全部身家只有6000块钱，向姑姑借了6000元后，买了一辆摩托车，就开始打拼了，店名取为"鑫源鞋业"。一开始和老外交流不便，就打手语，用计算器表示数字。后来父亲为了更好地和老外交流，收摊以后，骑着摩托车带着妈妈一起去上商务英语课。回到家以后，已经是精疲力尽了，第二天还要早起，早早地从乡下赶往小商品城。父亲说有时候生意很好，市场已经熄灯了，父亲和妈妈便用编织袋装上鞋子，晚上也顾不得吃饭，就骑车去老外所住的宾馆，进行生意上的洽谈。一年下来，不仅还清了债务，还有盈余6万元。后面几年父亲在市场站稳了脚跟，有了自己对外贸的理解，也积累了很多老客户，说到这，父亲就露出了欣慰的笑容。

发家致富

父亲说2006年时候市场集体搬迁，从原来的篁园市场搬迁至新建的国际商贸城，市场的扩大和国家政策的扶持让外贸生意迎来了新的春天，店面也由原来的两个扩大到四个。经营的范围也扩大了，主要有休闲鞋、旅游鞋、运动鞋、童鞋，出口地区有中东、南非、北非、澳大利亚、法国等，据父亲统计近五年来销售额已达2亿元。父亲在义乌鞋类外贸行业中也有了些许名气，在温岭也有了自己的设计室和一整套开发产品的流程。虽然我们家做

父亲与非洲客户合影

的是欠账生意,货款经常要好几个月后才能到手,但父亲坚持厂家发货就立马打款,年底就算贷款也要结清厂家的货款,绝不拖欠。父亲说做生意是互相信任的,厂商给我们做优质的产品等同于给顾客最优的购物体验,客户也会依赖你,厂商也会更加信任你。父亲说在国际商贸城做生意这么多年,有时候总会碰见不如意的事,比如:厂商未按时交货,货物出现了质量问题,客户临时变卦不要货物,客户迟迟不打款。这些都是致命的问题。不过都不是事,父亲一直秉持爷爷的教诲,艰苦奋斗,在生意场上不怕跌倒也不服输。

鸡毛换糖再出发

"前人创业非容易,后代无贤总是空。"

回首改革开放这 40 年来,我们家发生了翻天覆地的变化,从物质上来说:爸爸从一个技校毕业的穷小子到现在的外贸行业老板,从一开始的摩托车到现在的奔驰,家里也购置了几套房子,生活富足安康。从精神层面来说:父亲回忆自己以前是个胆小怯弱的人,走上社会做生意后,胆子变大了,也磨练出了艰苦奋斗、勤劳勇敢的精神。"我怎么也想不到,现在的生活会变得这么美好,衣食住行无忧是我以前想都不敢想的事啊。"父亲感慨道。在生活中父亲常常教育我:路是自己走出来的,不要害怕摔跤,勇敢点走下去,总会迎来自己的春天。

这些年来我们家的发展变化可以看作义乌众多家庭的一个缩影,这些变化离不开改革开放的政策红利,更离不开党的领导。

我的父辈没有出众的才华与学识,全靠自己一双手打拼,几十年来风里来雨里去,为这个家付出了太多的心血。这离不开改革开放带来的红利,也离不开党的正确领导,我们一家在义乌这片土地上奋斗着,书写着自己生活的华美乐章。

义乌不再是那个"鸡毛换糖"的义乌,我们家也不再是那个贫苦的家,"鸡毛换糖"再出发,未来属于奋斗者!

小康社会的集体记忆

观察者 14：王蔚：浙大宁波理工学院传媒与法学院讲师、博士

"民亦劳止，汔可小康"出自 2000 多年前的《诗·大雅·民劳》，体现了中华民族对丰衣足食、安居乐业这一美好生活的朴素愿望和孜孜追求。1979 年，邓小平同志在会见日本首相大平正芳时，第一次使用"小康"指代"中国式的现代化"，他说："我们的四个现代化的概念，不是像你们那样的现代化的概念，而是'小康之家'。"[①]建设小康社会的奋斗目标，蕴含着中国共产党战略思想的结晶，是中国共产党带领人民闯出一条中国特色社会主义道路的奋斗史，也与翻两番指标和三步走战略紧密相连，是中国普通百姓努力实现"奔小康"目标的家庭奋斗史。

法国社会学家哈布瓦赫首次提出了"集体记忆"的概念，认为记忆不是纯个体现象，更不是纯生理现象。他将个体记忆置于集体框架之中，认为记忆受到多种文化、社群、权力关系的建构和影响，个体不仅在社会环境中获得记忆，更有赖群体的框架来唤回和重构记忆。同时，集体记忆也和国家、群体认同的建立密不可分。[②]

---

① 《邓小平文选（第 3 卷）》，人民出版社 1993 年版，第 54 页。
② 李根，高嵘：《国家认同与集体记忆："国球"乒乓的塑造过程及象征意义》，《沈阳体育学院学报》2019 年第 4 期，第 78-85 页。

记忆里的小康社会

小康社会的官方记忆。小康社会的官方记忆落在系统有序的"全面建成小康社会"社会思想的逻辑体系中，从1979年邓小平提出的"小康"概念到20世纪末的全国人民奔小康阶段，从党的十六大到党的十七大的全面建设小康社会时期，再从党的十八大到2020年的全面建成小康社会的决胜时期；[①]从实现"总体小康"到建设"全面小康"，再到建成"全面小康"，小康社会的目标是变化的，内涵也是不断丰富的。小康社会与"脱贫致富"和"全面小康"等关键词相连。中国从"贫弱积聚"的状况逐步发展为世界第二经济体的态势，但脱贫致富、脱贫攻坚、脱贫摘帽、精准扶贫也曾是中国建设小康之路上的"硬骨头"。"小康不小康，关键看老乡"，减少和消除贫困是"小康社会"建设战略布局的关键环节，尤其农村贫困人口全部脱贫是其中一个标志性指标。同时，经济发展目标不等同于全面建成小康社会目标。"全面小康"是统筹协调五位一体、四个全面的战略布局，是"望得见山、看得见水、记得住乡愁"的"绿色化"的全面小康。

小康社会的民间记忆。小康社会的民间记忆则落在鲜活的日常微观话语中。邓小平同志提出的让一部分人先富起来的思想，感召着个体经营者率先走向致富道路。1979年2月19日《人民日报》以《依靠劳动过上富裕生活》为题介绍黄新文成为万元户的事迹轰动了全国。"万元户"也成为20世纪70年代末的流行词，掀起了中国人勤劳致富奔小康的潮流。此后有关电视机、自行车、缝纫机等"几大件"的称呼，也成为上世纪八九十年代评判小康人家的重要标准。小康社会是普通百姓对青山绿水、美好家园的热切期盼，是从小屋子、福利房、房改房再到商品房，房子越住越大、越住越舒心的自豪感，是把冰箱、彩电、洗衣机等稀罕物件一件件慢慢添置到家中的喜悦感；小康社会是从仅靠双脚丈量，到老式的有横梁的自行车，再到工具车、面包车、皮卡车、私家车的渐进的幸福之路；小康社会是父辈们从外出打工、

---

① 李春：《全面建成小康社会思想的形成历程及现实启示》，《山东社会科学》2020年第6期，第167-171页。

学技术,再到自主创业的艰辛之路;是从种水稻到种苗木,从开店到办厂,从内销到外贸,农民、工人、个体工商户,这些各行各业劳动者的辛勤致富之路;更是父辈们走南闯北,勤勤恳恳,双手打拼出来的幸福之家。

媒介中的小康社会

媒介对小康社会的集体记忆的塑造和传播起到关键作用,新闻联播、央视春晚、家庭口述史等都曾经承载着对小康社会的丰满记忆。

《新闻联播》的新闻式记忆。自 1978 年 1 月 1 日开播以来,《新闻联播》每日晚间准时与观众见面,告知观众应该知道的事件和意义,是我国改革开放历史的忠实记录者,也是中国小康社会发展的历史见证者。《新闻联播》虽然在报道形式和内容上发生着变化,但作为国家仪式的角色,传播党和政府信息政令和意识形态的宣传功能这一宗旨始终未变。晚间 7 点一般也正是家庭团聚、共进晚餐的时间,通过权威信息的传递和解读将广大观众从其各自的家庭空间、个人空间集合到由这一节目所搭建的"集体广场"上,以家庭为单位的收看形式又使得个体脱离孤立状态,想象着自我、国家和世界的联系,是实现家国同构的集体记忆过程。①

央视春晚的娱乐化记忆。作为媒介记忆的春晚,见证了中国政治经济、社会文化、日常生活等的发展和变迁,彰显了家国喜事相连、普天同胞共欢的景象。这从"欢天喜地,创造美好生活;欢歌笑语,共享阖家幸福""你我中国梦,全面建小康""共圆小康梦,欢乐过大年"等春晚的主题定位中可见一斑。春晚作为一种家国共同体的记忆之所,通过歌舞类、语言类、戏曲类等节目形式,浓缩式、娱乐化地展演和记录着中国渐进的小康步伐和时代变迁,也展现了普通百姓在其中的获得感和幸福感。

家庭口述史的生活化记忆。家庭是由个人组成的,但它又是一个社会单位,是庞大社会网络的一部分。家庭借由各种方式成为庞大社会的工具或媒介。家庭口述史是个体对自己的生命历程、家庭生活事件和意义进行

---

① 周勇、黄雅兰:《〈新闻联播〉:从信息媒介到政治仪式的回归》,《国际新闻界》2015 年第 11 期,第 107-126 页。

主观建构的过程，是将个人、家庭的微观叙事融入国家宏大叙事的过程，也是集体记忆的一种社会建构。口述本身既是历史的见证，也通过这种不断的书写重新建构历史。《为房奔波这些年》中陈婧文家工薪阶层的住房梦，《几十年风雨一肩扛》中杨翔宇的姥爷的家风塑造、家族传承，《风雨中的平凡之路》朱智凤的小家危机与重生……通过00后一代眼中的中国小康样本观察，从知识分子、工薪阶层、社区干部到离异家庭的小康图景，从温州人、义乌人再到四海打拼的中国人的小康之路，将个人话语、家庭叙事融于小康社会的集体记忆之中，是小康社会集体记忆研究的重要一维，也是高校新闻教学中的重要实践和探索。

小康社会是古代思想家描绘的社会理想，是中国社会发展的宏伟蓝图，更是扎根于普通百姓的日常记忆。通过口述史的小康社会的家庭记忆，可以增加家庭内聚力和归属感，维持家庭的连续性和绵延感；借由媒介形式的小康社会的社会记忆，可在集体层面加强情感联结、集体意识，强化个体的家国认同。

几十年风雨一肩扛

叙述者 11：杨翔宇，浙大宁波理工学院新闻学专业 2019 级学生

"这是我人生中最重要的家国启蒙教育啊！"

1937 年，在这样一个时局动荡的年代，我的姥爷出生于河南郑州。太姥爷希望家里的第一个孩子心怀大志、博览群书，踏遍祖国万里河山，所以给他取名——吴书广。

1949 年，千里之外的北京传来举国沸腾的消息——新中国成立了。正是这个契机，令姥爷第一次真正地有了家国意识。后来，80 多岁的姥爷向我描述当时的场景，他激动地说："我记得特别清楚，那天上午，我们那群孩子坐在农村简陋的教室里，正在互相打闹着玩，老师突然推开门，走进教室，用一种嘹亮自豪的声音告诉我们新中国成立了。"那群刚上初中的孩子安静了一瞬，就开始交头接耳，"新中国是什么？""这跟我们有什么关系呀？"新中国的成立，关系到家家户户，关系到每个人。

"这是我人生中最重要的家国启蒙教育啊！"姥爷逐渐立下人生主基调——报国。简单两个字，他却用尽了一生去践行。

苟利国家生死以

1955 年，18 岁的姥爷以全村第一的优异成绩进入大学。与此同时，他做出了一个改变其一生命运的决定——参军。"当时是看到学校里的参军宣传，毕竟是十几岁的年纪，正是一腔热血的大好年华，觉得把青春奉献给

祖国、奉献给军队是一种莫大的荣誉。男儿生而就要敢于战斗，所以我选择去军队锻炼一下自己。"姥爷回到家里，跟太姥爷提起参军的时候，身为普通农民的太姥爷苦恼过。家里孩子多、负担重，长子又提出要参军而不是课余补贴家用，作为家里顶梁柱的太姥爷一时难以给出答案。受到了国家号召和姥爷强烈的主观意愿影响，太姥爷最终同意了。

　　其实，姥爷并不是一个很高大的人，也不是从小就体格健壮的人，但他的性格却格外坚韧。在两年的军营生活中，身体上的磨炼、心理上的磨砺，对19岁的青年来说都是极大的考验。每逢难以忍受的时候，念及家里，想到太姥姥顶着中午的大太阳在地里干活，弟弟妹妹课余也在帮忙干农活，他就扛住了一切压力，坚持下来了。

我姥爷的军旅装

　　几十年后，姥爷再次回忆那两年的参军生活，忍不住笑道："跟我一批的隔壁村的石头兄弟，好几次都要坚持不下去了，是我生拉硬拽，拖着他顶着太阳跑完了规定的里数。那时候年轻啊，国际形势又紧张，心里就想着要是再打仗了，我必须得义无反顾第一个冲到前线。国家需要我这样的青壮年保家卫国，也因为我是家里最大的孩子，得做好弟弟妹妹的榜样。"姥爷简简单单的几句话，让我眼前浮现出了一个穿着军装、流着汗、被太阳晒得黑黑的青年,他的眼睛里一定闪着光,军装下则是藏不住的一腔报国热血。

军旅生涯教人成长

1957 年,为期两年的参军生涯结束,可姥爷却并没有从此脱离军旅。提起这事,姥爷忍不住说道:"有天傍晚,我跟村里几个人正在收拾背包,因为过几天就能回家了。我突然被单独叫出去,问我愿不愿意去北京读军校。我当时都懵了! 北京啊! 是我都没想过这辈子能去的地方。"时隔几十年,姥爷说到这段经历还是激动不已,颤抖着手跟我说,"我被通知因为表现优异,拿到去北京读军校的资格。跟我同批的我们村里还有好几个人,但他们都没有这个机会,我激动得当天晚上睡不着觉。"在当时那个文化水平普遍较低的年代,从家乡奔赴千里之外去北京读军校是很难得的。姥爷是家里的骄傲,也是村里的骄傲,自然成为了茶余饭后乡亲们的谈资。

"责任啊,总要有人扛在肩上。"

1960 年,在北京读了 3 年军校的姥爷,已经从在读生的身份转变为军官。毕业的时候,考虑到各方面因素及姥爷的个人意愿,姥爷被分配回河南郑州老家工作。我问姥爷"想要回到家乡工作"的理由是什么,姥爷慢慢地跟我说:"当年不比现在,年轻人都想离开家乡去大城市闯一闯、拼一拼。我不能为了自己放弃千里之外的家。我是家里的大哥,必须承担起照顾弟弟妹妹、赡养父母的责任。"这个想法放到现在来看,也是值得敬佩的。

就这样,23 岁的姥爷回到家乡,得到了分配给他的第一份职业——高中政治教师。这一教就是 20 年,姥爷把人生的整个青壮年时期献给了祖国的教育事业。当时,教师工资很低,有时候甚至不能供家庭所需,姥姥需要一边顾家一边种地补贴家用。但姥爷还是没有选择跳槽到其他职业,因为姥爷认为国家需要青年一代的力量,而青年一代需要知识,教导他们,教师责无旁贷,而自己愿意挑起这份担子。"当年是苦了你姥姥啊,我心中一直有愧。"

几十年过去了,不断地有姥爷的学生登门拜访:"吴老师当年可是让我们又敬又怕,他对待课业太认真了,我们也不敢马虎,哈哈。"姥爷教过的学生们在各行各业发光发热，他们都真诚地感谢姥爷当年为自己指点迷津。提起这事，姥爷欣慰又自豪地跟我说："桃李满天下，带来的成就感也不过如此了。"

"守正直而佩仁义。"

1982年，45岁的姥爷被调至铁路局的教育部工作。教育部不比学校，职场的竞争压力大，晋升的争斗也多。姥爷凭借个人出色的能力和公平严肃的工作态度及刚正不阿的性格，赢得了下属和领导的敬重。

姥姥跟姥爷有5个女儿，我妈妈排行老三。很有趣的一件事是，我大姨曾经抱怨我姥爷："你姥姥都要生你妈妈了，家里忙不过来，你姥爷也不回家帮忙，只知道在单位工作。还有一次，单位分房子，几乎是白送他一套市区里的房子，他连跟家里商量都不商量，直接拒绝了，理由是——'我有房子，把房子给需要的年轻人吧。'"姥姥姥爷的家在市郊农村，每天要早起两个小时赶到市区上班，就算这样，他也不愿意接受单位的房子。我提到这件事，姥爷笑着跟我解释："当时我已经快50岁了，也快退休了，确实是年轻人更需要房子。为了这事家里还跟我闹过一阵子呢，哈哈。"年轻时候的一根筋——为国家效力，中年时期还是一根筋——为国家资源省力。

家族的延续，可以是生命，也可以是职业

1989年，52岁的姥爷退休了。有意思的是，本来干部是不被允许那么早退休的，但那年是单位最后一年实行"子女接班"政策，我妈妈又正好到了适合步入社会工作的年纪，勤勤恳恳工作了一辈子的姥爷，就跟领导商量把自己的职位降为工人，提前退休了。我妈妈在家里排行老三，当时因为大姨已经结婚了，二姨身体不好，四姨有些笨笨的，小姨又太小，我妈妈年龄又正适合，最后就由我妈妈接班了。我妈妈性子比较直，随我姥爷，刚工作的时候，领导都经常调侃我妈妈："你跟吴老师好像啊，不愧是父女俩。"我妈妈提起这事，笑着说道："我可是沾了你姥爷的光啊，当时我的领导都是看在你姥爷的面子上照顾我，不然我也很难那么快融入工作岗位。"

4 个女儿站在家门口合影

"所有事情都要一步一脚印地干,将来会有大出息的!"

2020 年,83 岁的姥爷日常就是,打打乒乓球,拉拉二胡,逗逗鹦鹉,听听戏曲,每晚雷打不动看《新闻联播》。姥爷每周都会擦一块牌子,上面写着"优秀中国共产党员",每次提到党员,都能神情自豪、滔滔不绝地说好一阵子。

前年过年,一大家子聚在姥爷家,姥爷拿起粉笔,在家里的小黑板上写下"奋进新时代、幸福中国年"10 个大字,笔势刚劲有力,我们不约而同地拍下这 10 个大字,发到朋友圈,收获了一大批的点赞和称赞。姥爷把我们一群小辈叫到身边,从家到国,从自己到社会,教导我们要树立远大志向,要学会做人。我印象最深的一句话是——"现阶段啊,你们一定要好好学习,所有事情都要一步一脚印地干,将来会有大出息的!"记住这句话并不是因为这句话有多精彩,而是因为这就是姥爷一生最朴实的写照,是他一生的指路方向标。

姥爷忙忙碌碌、勤勤恳恳几十年,扛起了照顾父母的责任,履行了教育子女的义务。家风塑造、家族传承,以一人之肩遮挡了几十年的风风雨雨。父母老去、儿女长大,一代又一代,我们家就这么在延续着。

风雨中的平凡之路

叙述者12：朱智凤，浙大宁波理工学院新闻学专业2019级学生

听说，从前人们看不到青草发新芽，也没有花枝低压。我说我的理想国度是过去的"故人具鸡黍，邀我至田家"。后来我才知道，这是孩童眼睛里所看到的世界。而当我用成人的眼睛去看这个世界时，才知道原来不是这样。那个时候，鸡肉并不是随时都有，有的只是为生存而努力的农民。

我家楼房造好的第一年，满桌的佳肴，汤汁浓郁回甘，鱼肉鲜嫩多汁，妈妈烧的鸡肉软嫩鲜美。双色的糕点，松软不腻，入口香甜。舀上一口汤，配上圆润饱满的米饭，仿佛人生中最美的时刻莫过于此。

但在二三十年前，过年时有半只鸡已经是莫大的奢侈。

儿时经历

"阿爸，你小时候吃的用的怎么样呀？"

"小时候啊，那小时候是很苦的。"爸爸抿了一口酒，眼睛看向前方，似乎目光穿过了岁月。

1962年，家里最小的孩子——我的父亲，出生在了湖州的一个贫穷的农村——李家坝村。他穿上哥哥穿过的衣服。长大后，他还是穿着哥哥穿过的衣服。

"我小的时候，衣服可以穿很多年。比如我的秋裤，人长大了，裤子就不够长了，然后用布，一点一点地接上去。"爸爸用手比划着。

父亲小的时候国家实行的是计划经济,衣服也是要用票来买的。每个人家里的票是有限的,许多人家会用买衣服的票去换粮食的票。我家也不例外。可我的爸爸又和别人家不一样,他很小时,奶奶就去世了。

"别人都有妈妈,他们的妈妈会帮他们做好衣服,可我就只有你爷爷。"爸爸说。

1975年,爸爸13岁。学校里组织了种疫苗。虽然身边的人穿的也都是缝缝补补了许多年的旧衣服,可是补丁却说得上精致。爸爸抬起他的手臂,看了又看,没有缝补前的衣服的袖口到胳膊肘,现在袖口上满是突起的线头,这些缝补得松松散散的线勉勉强强地将袖口和一块破布连在了一起。爸爸说,这块布是家里最后的一块了,所以和这块破布连在一起的是爷爷的帽子——爷爷把他戴了多年的帽子剪成了两半,裹在了爸爸的手腕处,再十分吃力地把它和衣袖连在了一起。我想这件衣服放到现在一定是一件艺术品,但爸爸说,他不想医生看到这样"丑陋"的袖子。

"那你最后种疫苗了吗?"我问爸爸。

"我撩起来不就很没面子了嘛!所以人家都种了,就我没种疫苗。但我身体还是很好!"他得意洋洋,好像这是大功一件。

我心中又不禁佩服他,不论是小时候的吃不饱穿不暖,还是后来的"非典",现在的新冠病毒,似乎这个世界的恶意都不能伤害到他。他总是很硬朗的样子,我真希望他能一直这样硬朗,然后长命百岁,享尽这世间的诸般美好。

"但我记得你奶奶给我做鞋垫。小时候的布不舍得扔掉,然后就拿个鞋子,放在布上面,有个鞋子印,然后一层一层地叠起来,变得很厚,最后用针缝起来,鞋垫就做好了。事实上,鞋子也没有的。都是自己做的。"爸爸抽了口烟,又喝了一勺汤,比划了起来。

"哪像现在啊,破了就扔,扔了就再买新的。那个时候连柴都要省下来,碾一碾,做成饲料,喂猪喂羊。"

在我家,父亲爱粮食,就像苏曼殊爱糖、陶渊明爱菊。他总是会时不时地喝上几杯酒,对着桌上吃剩下的菜,一个人津津有味地品着,一副若有所思的样子。

爸爸，你是在回忆少年时光吗？

这些以身作则潜移默化地影响着我和姐姐，姐姐经常对我说的就是："快来帮我吃，吃不完就浪费了。"后来我想，怪不得我俩那么胖，就是不喜欢浪费给吃出来的。

已经夜半，爸爸跟我讲了最后一个故事，是关于阿西的。

在阿西小的时候，他的爷爷在街上买了麻花。爷爷冲着正在玩耍的阿西说："阿西！爷爷给你买了麻花！"阿西欢喜地跑向爷爷。可是他的爷爷却说："你还没吃过饭，怎么能先吃麻花呢？"我以为这是大人一贯骗小孩吃饭的戏码，但其实不然。阿西的爷爷将锅烫热，把麻花放到了锅中，等到麻花上的油沾满了锅，他才将麻花递给等急了的阿西。

"这样炒菜的时候，就省了一次油。"

于是，爸爸和那个年代的人，就在这样一点一点的节省中长大了。

大国的改革开放，小家的出现

爸爸总是说他很聪明，妈妈也说他精明。

1978年，中国改革开放，16岁的爸爸学会了做泥砖，那个时候一块砖头一分钱。爸爸拿着铁锹，搅拌着水泥，在太阳底下，用砖铺出了他的生意之路。他用卖砖头得来的钱，去邻近做枕头的人家收购枕头，再跑到杭州之类的大城市去卖，一天下来可以赚个三四块钱。于是他靠着本钱，将生意越做越大。他换上了白衬衫，衬衫的口袋里插着一支笔，一副文化人的模样。带着少年人的英气、傲气，走了中国的许多地方。

在武汉，他遇见了妈妈。

妈妈告诉我，她十六七岁的时候爸爸来武汉做生意。一个旅店的老板娘看妈妈可怜，于是介绍她和爸爸认识，帮爸爸卖东西。一来二去，他们俩就熟悉了。那个时候，妈妈在外婆的介绍下还有个"未婚夫"。当时妈妈听说沿海地区的生活比山里好很多，那时她每天4点就要起来去捡狗屎粪，然后煮猪食给猪吃，天亮了再去放牛，放牛到7点的样子再回去吃饭，但常常来不及吃饭,因为她要连跑带走 10 公里去上学。而亲外婆又很早去世了,和她一起生活的是继母,对她很不好。于是她为了逃离艰辛的生活和爸爸跑来了浙江。

年轻时的爸爸妈妈

小家的危机和重生

"那你跟着老爸来了浙江之后呢?"我问妈妈。

妈妈叹了口气:"哎,你老爸没有房子,就两间破屋,下雨天就是外面下大雨,里面下小雨。然后床是竹榻,稍微坐重一点就断了。很可怜的,连烧饭的地方也没有。"后来妈妈从大姑家里借了个缝纫机来绣枕头,妈妈很聪明,一学就会,又勤劳,于是用她的话来说就是:"那个时候钱是好赚的,只要努力。"可是后来爸爸染上了赌瘾,妈妈辛苦绣的枕头,爸爸白天去卖,晚上又输得两手空空回来。

1988 年,姐姐出生了。可是爸爸的赌瘾并没有因为姐姐的出现而减少。听妈妈说,有一次她去双林加工,爸爸去赌博,把姐姐一个人留在了家中。等姐姐醒来时，家里空无一人，她很害怕，一个人走到大妈家，哭着要找爸爸妈妈。大妈打电话给了妈妈，让妈妈马上回来。妈妈回来后马上去找了爸爸，可是当时爸爸在赌场正要和一个人打起来。妈妈拿起了旁边的一块黄砖，往那人的头上打去，然后和爸爸撒腿就跑。

我问妈妈那么能跑，为什么不离开爸爸。

妈妈说她逃跑过，可是都被爸爸追回来了。

新成员的加入，让妈妈更加不甘于现状。她向亲戚朋友借了钱，买了三台缝纫机，叫了娘家的人一起来绣花。在把债还清后，还攒了些积蓄。那个时候造房子很便宜，几百块就能造起来一个平房。于是90年代的时候，我家的第一间平房造起来了。

我家现在的楼房（右边第二栋）

到了2001年，我出生了。妈妈在千禧宾馆找到了工作，从我有记忆开始，我生活的大部分时间都是住在宾馆的。我问妈妈为什么我们都住在宾馆，妈妈说："因为我要上班，我还要带着你和你姐姐。所以你爸爸也来了。我们一家人住一起。"

　　之后妈妈在工作时遇到了一对批发商夫妻。妈妈作为中间人,将他们和厂家联系了起来,从中赚取差价。这样的合作持续了两年,家里条件越来越好,积蓄也越来越多。可是妈妈的一个疏忽——忘记将带有厂家信息的牌子摘下来,让那一对夫妻可以直接联系到厂家,但那对夫妻还是选择继续和妈妈合作,他们说通妈妈,让妈妈帮他们进好几万的货,于是妈妈跟亲戚朋友借了许多钱。可是当货到他们手中时,他们借口卖不出去拒绝付款,货也退不回去。妈妈走投无路,只能借高利贷去还款。

　　此后,爸爸的赌瘾、妈妈的负债累累,让我们家走向了低谷。小时候,我常许的愿望就是家庭和睦,就算平平淡淡也是莫大的幸福。在妈妈生意上遇挫后,爸爸扛起了家庭的重担,和妈妈一起努力赚钱还债。到了2014年,姐姐结婚,家里的楼房也建起来了,我成了家里唯一需要照顾的人。姐姐很厉害,工作以后再也没有靠过家里,遇到事情,也不会麻烦家里人。她总是一个人默默承受许多,强势又霸道,但我知道,她和妈妈一样,这些只是她在一次次的无助中磨炼出的盔甲,借以伪装自己,以此来让自己强大。我们的家,也在她的果决中越来越好。

大国小家,新气象

　　到了我上高中时,虽然说不上家庭富裕,但生活如潺潺流水一样缓缓地进行着,虽然不起波澜,但于我而言,已是记忆中最为纯净的日子了。

　　如今,爸爸在他的岗位上已经工作了十多年,从一名普通的工人成为一名身经百战深受老板器重的老师傅。他拿过微薄的工资,也拿过过万的工资,2020年受疫情的影响,他时而工作时而不工作。但他总是带着他的乌龟,在生活中穿梭。

　　他说:“现在是我最幸福的时候。”

　　如今,妈妈进入了公司的管理层,深受老板器重。她常常忙至深夜才归家,但她说:“所有父母都一样,不管工作上多累,但只要看到自己的孩子在家里,便会马上心满意足了。”

　　如今,姐姐有爱她、和她一起风风雨雨携手走过15年的丈夫,还有一个可爱聪明的儿子，她的生意风生水起。她依然强势霸道，又努力地无忧无虑地生活着。

她说："尽管我家没有很富裕，但是我是幸福的，起码我上学时不用忧愁吃穿，毕业后也不用还学贷。"

如今，我的老家拆迁了，搬进了新家。从平房到楼房，再到商品房。

如今，我的国家兑现了它的诺言，带着国民实现了从贫穷到温饱，再到整体小康的跨越。

我想，时间的长河，承载了我们太多的记忆。悲伤、苦痛、煎熬与身不由己。但在最后，我相信，是幸福和爱弥漫了我们的一生。

为房奔波这些年

叙述者 13：陈婧文，浙大宁波理工学院新闻学专业 2017 级学生

我出生于江苏常州的一个普通工薪阶层家庭，过着暖衣饱食的生活。可是，这看起来再平凡不过的日子，却实属来之不易。父母咬着牙省吃俭用，20 余年来辛勤地打拼与奋斗，使这个家才得以一步步迈向小康。

穷途末路寻转机

父亲和母亲于 1996 年成婚，两年后便有了我。他们都是国企的员工，按规定，可以与同为国企退休的奶奶共住在分配的公房里。分配的房子很小，在不到 30 平米的小公房里，住着 4 个人，拥挤得连个站脚的地儿都没有。更何况奶奶早已改嫁，对我们一家三口和她共享房子的事儿颇为抱怨。"那房子就像是火车的车厢，狭长得很，面积又小，有了你之后，更不够住了，"妈妈说，"旧公房的生活环境也不好，不利于你的成长。"父母便是在那时萌生了自立门户的想法。

为了尽快拥有属于我们自己的家，父亲与外公一同租了个农村的废弃房，雇了两个工人，合伙开起了小作坊，日子就这样变得忙碌了起来。父亲每日下班后，顾不得工作了一整天后的疲惫，就得立马赶去作坊，检查工人的工作进度与质量。

"有一次大半夜的，突然下起了暴雨，想起作坊的房子质量不好，怕漏雨，你爸二话不说，立马骑着破烂的自行车赶去，怕仅有的三台机床被雨淋

坏了。"母亲说，"我啊，单位里发了棒冰，也舍不得自己吃，只想着赶紧送去给作坊里的工人，盼着他们能认真点干活。还有一次啊，我还在哺乳期呢，你外公出差了，我听说工人被警察带走了，急得都回奶了，好在是虚惊一场。"母亲用着似是轻松的语气说起这些事儿，但她的眼里，却藏不住回想起曾经那种提心吊胆的生活时的心酸。

　　逆境之中，兴许是父母的拼搏感动了上苍。在1999年即将入冬之时，幸运之神眷顾了我家。父母从我抽中的那张福利彩票刮刮卡里，刮出了令人难以置信的一等奖——现金10.5万元！在20世纪末，10.5万元对于我家来说实为一笔巨款。"那个时候，真是多亏了你刮出的奖。"母亲谈及这笔天降之财时，是满脸的笑意。曙光总算在千禧年到来之前出现了，日子一定能一点点地好转起来。

福利彩票的中奖证书

其实,原本努力攒下的钱,也足够父母买一套房子了,但在装修时仍会比较吃紧。而这笔钱的到来,让父母得以手头较为宽裕地买了套经济适用房。签下合约的那天,我们有家了。

那个冬天,大抵也不再如从前那般寒冷了吧。

节衣缩食为教育

"喏,你看,你小时候写的。"母亲走进车库,指着墙对我说。那时候还小,甚至连快乐的"快"都不会写,但我的确曾经把这个房子视作"快乐天堂"。在这里的生活,简单而快活。与伙伴在花园里打闹、停电时与邻友一起坐在楼下吹风闲聊、空闲时一家人一起打羽毛球……回想起来,便只有笑颜与欢笑声。

最近,父母终于下定决心出售这套房子了,我便问:"这套房子卖得怎么样了?""还没卖出去呢。一看到这个房子,就想起很多你小时候的事情,还真有点舍不得卖。"母亲回答时,语气里充满了遗憾。的确,这个房子,承载着我孩童时光的印记,在这里,有着许多弥足珍贵的回忆。

破旧的老屋,藏着一家三口对新生活的憧憬

　　说回当时，90余平方米的房子，加上近20平方米的车库，不算大，但对于我们一家三口来说，也足够了。但是，父母并未因为有了居住之所而停止了奔波的脚步。为了让我接受优质的教育，父母又有了新的目标——买一套学区房。

　　母亲非常重视我的教育，从我出生起，她便盘算着要攒钱买学区房。可是，因为家离好学校实在是太远，接送是个大问题，她便放下了让我从小学起便去名校读书的念头。但是，为了能让我上一个优质的初中，她依旧四处奔波看房。起初，父亲对这个计划表示反对，后来勉强松口，但也只肯看些破旧的二手房。后来，在母亲的一再坚持之下，他们总算达成了一致，决定为了买学区房而再拼一把。

　　2008年，父母带着我去市区的一个球馆参加乒乓比赛，球馆旁耸立着的高楼吸引了母亲的注意力。那时，楼盘已陆续交付，单价并不算低，但母亲看中了此处的地段与学区，加之我也很喜欢，她便当机立断，赶紧签了合同。

　　既是高层电梯新楼盘，又是学区房，对于当时的父母来说，买下这套房，经济上必然吃紧。父母贷了15万元款，又向外公家借了些钱。一面要偿还银行的贷款，一面又得应对外公家的"催债"，日子便这样拮据了起来。"我那个时候，账上一直就只有三位数。"母亲说起从前的高压生活，苦涩中也有些释然："刚欠债的时候，压力很大，就怕万一生病了，还不起贷款。但后来想想，万一出了意外，大不了就是被赶出去，以前的那套房子也还能住，有退路。"

　　可是，买了房子之后，装修又需要一大笔费用。为了节省开支，母亲只能亲力亲为。在工作日，母亲为了不耽误工作，常常先去单位上半天班，再请假去装修房子。母亲的工作单位与新房子之间相距足足15公里，但她不得不每日里坐着公交车奔忙，光路上来回就要3个多小时。"那个时候，在公交车上站着都能睡着。"母亲笑道，"累一点倒还好，主要还是晚上挺害怕的。那个时候，这边还没完全开发呢，四处挺荒凉的。有一次，夜里黑漆漆的，我看前边像是有条大狼狗坐着，吓得不敢往前走，等了好久才慢慢靠近，发现居然是个消防水龙头！"我和母亲一起笑了起来。母亲曾好几次把这事当笑话说起，但当时她的害怕与无助，又有谁可以分担呢？

装修的时候，父母便没了周末，有时得在新房子里监工，有时则要去建材市场、家具城挑选东西。

如今，家里的装修并不精致，不同风格的东西拼拼凑凑在一起，显得很违和。但在当时，能做成这样，父母也很不容易了。母亲指着地板，对我说："你看这颜色，其实我一点都不喜欢，但是那时候钱不够了，我跑遍了装修市场，最后好不容易才捡到了一家店的零头货，质量还行，但不好看。尽管不喜欢，但还是因为便宜定下了。要是有钱，谁愿意买这种地板呢？"随后，母亲转了个身，努了努嘴示意我看向冰箱，说："这东西也是，买的是样机，为什么呢？还不是为了能省几百块钱。"这一刻，我明白了，这不伦不类的装修，并非是审美的不同造就的，而是因为没钱。"没钱"这两个字，当初如同两座大山般压在了父母的肩头，逼着他们做出妥协。

"还有那移门，也有故事呢。当初去家具城催问这移门的订做进程的路上，还让我碰上了个小偷。也是巧了，我觉得包带在往下滑，就侧身将包往上提。没想到，那小偷就快贴在我身上了。"母亲用手比划着当时的情景，"他一看我回头，立马跑远了。""那有没有报警？"我问道。"说起来好笑，当时我包里就20块钱，居然还能被小偷盯上，又有什么好报警的呢？"母亲笑了起来，将了将身上那件穿了多年、洗得已发白了却还舍不得扔的睡衣。

还贷的这些年，我家过得很是艰苦。"像是又回到了从前。"母亲这样说。可是，父母并未让我的生活委屈一分一毫。上最好的学校，买全套的教辅资料。父母舍不得将隔夜菜倒掉，却在付我的家教费时十分大方。为了节约我来回学校路上的时间，父母还咬牙买了辆车。我常常将父母的行为比作"孟母三迁"，事实也的确如此。为了更好的教育资源，为了更优质的生活环境，父母从未停止奔波的步伐，他们一直在努力，甚至是勉强自己去为我争取着光明的未来。

家道小康再启程

去年，父母终于还清了学区房的贷款，家中的生活这才逐渐宽裕了起来。"我这辈子,和乡下人没什么不同,就是为房子忙碌着,为开发商忙碌着。"母亲感慨道,"可是啊,这学区房也没白买,你看看,现在涨了多少? 当初要是不买,这辈子都买不起了"。飞升的房价,大抵也是许多家庭的苦恼了。说起来,也的确是因为父母奋斗在了前头,在最苦的时候做出了决断,才能让现在的生活不至于太难过。

"那现在可以歇歇了吧?"我问。"怎么歇啊? 现在房价这么高,还不得趁着手头还比较松,赶紧给你攒套房子出来。"母亲反驳道。

父母似乎从来没有歇脚的时候。他们已经为了房子奔波了数十年,但仍不愿停下脚步。所幸,如今的生活已有了奔向小康的势头,必不会再如从前那般艰辛了。整装待发吧,这一次,我们可以一家人一同启程。

从个体、集体、青春读懂小康之家的中国图景

观察者 15：赵红，浙大宁波理工学院传媒与法学院思政讲师、硕士

　　两千多年前，《诗经·大雅·民劳》有"民亦劳止，汔可小康"，展现奴隶制时代先辈们对美好生活的憧憬和向往。新时代背景下，"小康"的内涵不断丰富，人民对美好生活的追求永恒不变，在中国共产党和中国人民百年筚路蓝缕的奋斗中，小康的目标今朝梦圆。2020 年是"十三五"规划收官之年，也是全面建成小康社会的目标实现之年。全面建成小康社会，是自家的交通工具从"两轮"到"四轮"，是家宅旧貌换新颜，更是一个个普通家庭用不同的方式，同样的勤劳与拼搏，最终共同走向的幸福小康之路。

个体打拼开辟致富新路

　　选择只身在外独立打拼的逐梦生活者们，靠着勤劳的双手，一点一滴打拼挣得一份小家业，一步一步在城市里扎根生长，承载着一家人的生活与梦想。他们是部分先富之路的开拓者，是城市建设的奠基者，是小康滋味的初尝者。

　　20 世纪 80 年代，浙江省温州市一批敢闯敢拼的年轻人来到了北京从事服装等生意，在不断的发展扩大中，形成了大规模流动人口聚居区——"浙江村"，"村子"也从简单的"批发市场"变成了一个包罗万象的综合体。一开始，北京这座城市并没有对温州人的到来表示欢迎。入户突击检查，本

地干部盘问等是家常便饭，但是就是在这样艰难的环境下，温州人书写着自己的故事，"当时在北京做生意的都怕温州人，成本两块钱的东西，他们两块一毛钱就敢卖出去"，凭借着吃苦耐劳和薄利多销，温州人渐渐在北京的市场打开了一个缺口。截至1989年，约有30000温州人在此活跃。

　　像这样的北漂、沪漂、粤漂、海漂务工者、创业者从上世纪90年代开始，数量不断增长，他们多在老乡或朋友的帮助下从打工之路走上创业之路，拼搏在追求美好小康生活的路上。如本书中《沪漂之路》潘盈盈的父母选择去上海创业，凭着其父亲的野心与斗志，他们的小康之家是从"被机器装满后无从落脚，夏天的时候，加上机器运转，简直如同火炉"的"铁皮房"改善到"设备都是电脑操控，请了专门的工人，生意也越来越广"的新厂房；吴千曦在《四海为家》中写到："父亲先后在上海、温岭、舟山、镇江这四地谋生，其间经历了两次转行，凭借着勤劳和智慧从一个卖蔬菜的小年轻变成了建材公司的董事长，我们家的生活水平也不断提高。"他们在不同的城市书写微小却伟大的努力与奋斗，这样的举动，撑起了一个又一个家庭，让他们能够挺直腰板，在城市里体面地立足。当然小家生活水平的提高离不开国家的发展，正如金子豪在《先打工后开店温州人》中提到"爸爸赞叹了改革开放以来我国发生的巨大变化'从小时候什么都没有，到现在什么都有'，我们这一代人是看着新中国快速发展的，就像直播一样"，每一个小康之家的养成史拼成了小康社会的全面建成史。

　　像这样以温州人为代表的"个体户"是一个牵动人心的词汇，从摊贩到门店、连锁、电商、微商、KOL，兴衰存亡、沧桑变幻，在历史的浪潮里乘风破浪，成就了家庭的兴旺，活跃了中国的经济，更是铸就了中国人勤劳勇敢、不屈不挠、义无返顾的劳动精神和创业品格。而在改革开放的浪潮下，中国的企业经历了从个体户到乡镇企业、品牌公司、上市公司、集团企业的风雨历程，一路奋勇向前，中国人不仅向世界创造了腾飞的经济，也给自己创造了美好的生活。

集体帮扶助力圆梦小康

　　在乡村脱贫奔小康的过程中，集体起着重要的作用。在这样一个兼有生产功能和互助功能的组织中,大家共同努力生产劳动,在集体中创造力量,在集体中回归温情。为了美好生活而努力的人们,在集体中互相关心和鼓舞,在集体中营造勤奋的氛围。他们是共同富裕之路的践行者,是新农村的开发者,是小康建设的受益者。

　　集体的力量尤其体现在扶贫工作上。2015 年,习近平总书记曾来到贵州省遵义市花茂村,对这里的村民们说:"好日子是干出来的,贫困并不可怕。"2020 年,这里焕然一新,63 岁的村民侯光富受生活启发,写下"鸟语催人醒,蛙音伴梦香"的诗句;家族四代制陶的 78 岁老人谭正碧,成为发展乡村旅游的受益者,随着来村旅游人数的增加,老人家里的陶瓷卖得越来越好……从"荒茅村"到"花茂村",吃上"旅游饭"的村民们实现了小康梦。本书中谢一鸣在《时光里的稻香》提到一开始在炎炎夏日拿镰刀收割水稻到后来的请人开收割机收割水稻等,农业机械化现代化的普及节省了人力,农产品的加工包装更是拓展了销路。可见新农村建设、乡村振兴政策带活了农民思维,拿下了脱贫攻坚、奔赴小康双赢战。俞林月在《守得云开见月明》一文中描述了农村分地皮造房、拆迁、再造新房的一些事,其中蕴含了农村住房规模化改造的故事,选择再次回到农村造新房体现了新农民对农村生活的肯定和留恋。个人的发展离不开集体的扶持,本书里享受到小康滋味的父辈说起自己的经历免不了感激党的领导和国家的政策支持,《鸡毛飞上天》一文通过描述自家鞋店的发展史见证义乌商品市场的发展史,作者父亲特别提到"市场集体搬迁、扩大和国家政策的扶持让外贸生意迎来了新的春天",也感慨"现在的衣食无忧以前想都不敢想"。集体的扶持为个人奋斗提供了坚强的后盾,抓住机遇的"弄潮儿"乘风破浪收获了财富和美好生活。

　　在陕西宝鸡市金台区陈仓镇东岭村,40 多年来,这个远近闻名的穷村通过发展集体经济成为"中国西部第一村"。村办企业年收入 1000 多亿元,连续 15 年入围"中国企业 500 强",村民有股份分红、工资收入、集体分红、集资分红、租赁收入等五部分的收入。由于有这些保障,东岭村在发展中无一户掉队。通过发展集体经济,发挥集体力量,村村富裕、家家小康不再是遥不可及的梦想。在精准扶贫政策的驱动下,集体重新给自己定位,凝聚集体力量、集体信心，集体创业活了，集体经济不断壮大为造福群众奠定了物质基础。在国家脱贫扶贫政策的支持下，集体经济遍地开花，各地因地制宜，充分挖掘本土文化内涵，大胆创新、示范带动，形成了集体经济一派新气象、新风尚，大步领跑小康生活。

青春身影加注新鲜活力

新冠肺炎疫情引发了第二次世界大战后全球经济最严重衰退，国际货币基金组织 2020 年 6 月 26 日预测，2020 年美国 GDP 增速为－8％，欧元区 GDP 增速为－10.2％，世界主要经济体中只有中国有望实现增长(1％)。疫情同样给中国社会造成了较大冲击，但在疫情期间，我们看到了许多青春身影为抗击疫情献力，为全面建成小康社会加注新鲜活力。他们是祖辈拼搏精神的继承者，是新时代敢想敢做的后浪们，是小康故事的传播者。

本书里，我们可以看到父辈为了生计而忽视的受教育问题被充分重视在子女身上，或为了子女在创业上再拼一拼或买学区房或送孩到大城市求学，这批 2000 年前后出生的青年人在相对富裕的环境里成长，却明白"前人创业非容易，后代无贤总是空"的道理，更珍惜读书的机会，更懂得爱与责任。疫情期间，勇敢坚强的中华儿女纷纷响应国家的号召，医务工作者坚持在一线，牺牲自我，忘我奉献；基建工人挥洒汗水，集结江城，再创奇迹；解放军战士不畏艰难，得令即发，辞家卫国；人民群众团结一心，提供物资，闭门闭户……各行各业都有着青年人的身影，他们用行动诠释着当代青年的责任与担当，践行了习近平总书记对青年的殷切寄托："国家的希望在青年，民族的未来在青年。"《光明日报》的调研显示，参与一线防控工作的青年占29.3％，在 70.7％未参与一线防控工作的青年中，有 98.4％的青年人主动配合政府防疫工作，68.3％的青年坚守岗位，35.2％的青年参与了志愿服务。

青年一代，自小康家庭出来，用自己的方式，为全面建成小康社会贡献力量。疫情期间，青年响应国家号召发展地摊经济；利用网络直播带货，助力乡村脱贫；给孩子们上网络直播课，停课不停学。疫情塑造着青年人的自然观、道德观、社会观、政治观、民族观、国际观,他们感受到了美好生活的来之不易,肩负起了责任与担当,激活了制度自信,深化了家国情怀。青年人从祖祖辈辈的身上学会的责任与担当、拼搏与奋斗,必将助力全面建成小康社会,为中国贡献属于他们的力量。

也曾漂泊,也曾犹豫,也曾失意,但在一代又一代的拼搏中,在一家又一家的奋斗中,中国的小康之家用不同的旋律书写着同样的主题,中国正大步走在小康的美好道路上。千年梦想,百年奋斗,今朝梦圆。

从衣食住行看小康

观察者 16：孙懿琳，浙大宁波理工学院新闻学专业 2018 级学生

在浙江省宁波市镇海区九龙湖镇的一个小乡村里，来自浙大宁波理工学院的顾欣怡同学的爷爷讲述了属于他们家的小康奋斗史，在当时那个什么都没有的年代，他们是如何从一砖一瓦建小屋到现如今拥有了一家螺丝螺帽厂的打拼故事。通过顾欣怡爷爷的口述，我们来了解改革开放 40 年来一个普通家庭的生活状态的变化，从小家来看大家，从衣食住行来品味普通人的小康生活。

"小康"一词早在西周就已经出现，它代表的是一种比较安定的生活。《礼记·礼运》上说："今大道既隐，天下为家。各亲其亲，各子其子，货力为己。大人世及以为礼，城郭沟池以为固。礼义以为纪，以正君臣，以笃父子，以睦兄弟，以和夫妇，以设制度，以立田里……是谓小康。"这里描绘的是在夏禹，商汤，周代的文王、武王、成王、周公治理下出现的盛世。

"建设小康社会"是邓小平 20 世纪 70 年代末 80 年代初在规划中国经济社会发展蓝图时提出的战略构想，他在会见日本首相大平正芳时首次使用了"小康"一词，并把它视为现代化的目标。在邓小平的设计中，小康是一个很朴实的理想，就是国家富足，人民生活幸福美好。20 世纪 80 年代，是改革开放全面开展的第一个 10 年，无论是内部环境，还是外部条件，都迎来了巨大的改变，国内的思想解放运动如大河出川，国外的各种现代化概念也不断涌入，给当时的人们带来了冲击和挑战，也是从那时开始，人们努力朝

着美好富足生活的目标去奋斗，为建设属于自己的小康之家而开始行动。

自新中国成立以来，解决温饱问题成为了摆在所有中国人面前的一道难题，哪怕到今天，温饱问题也困扰着部分国人，让每一个中国人都有饭可吃、不挨饿、不受冻，这必然是检验当今社会是否达到小康水平的第一步。"一粥一饭当思来之不易，一丝一缕恒念物力维艰。"对于经历过上个世纪生活的人们来说，能吃饱穿暖就已经是有着相当的幸福感了。20 世纪 60 年代，自然灾害频发造成了大饥荒，粮食颗粒无收，很多人只能吃一些植物的根部来勉强充饥。只有经历过食不果腹才知米饭的芳香，只有遭受过衣不蔽体才晓布衣的温暖，温饱是民生之本，只有不挨饿受冻才能去创建美好生活，建设属于自己的小康之家。

在上个世纪，没有那么多的房地产商，没有现成的房屋可以直接拎包入住，大多数农民住的都是用泥巴、茅草堆起来的屋子。那个时候想要有个自己的房子，而且是钢筋混凝土的房子，必须靠自己的双手去搬砖、砌墙，用一块块砖、一根根钢筋，一层层地把房子砌起来。其实对于中国人来说，房子的意义非凡。自古以来，中国人就有房子情结，把房子当成安身立命之所，《汉书·元帝纪》说："安土重迁，黎民之性；骨肉相附，人情所愿也。"房子是中国人的依托，有了房子才能去创建美好生活，换言之，房子是创建美好生活的保障。从一定意义上来讲，房子就是家的缩影。而建成小康之家的第二步，就是把茅草屋置换成钢筋混凝土屋，拥有一栋属于自己的房子。

纵观上个世纪后半叶，自行车的使用率和普及率是相当高的，换言之，自行车就是 20 世纪的主要交通工具（不包含公共交通工具），而个人购车的升温其实是从 21 世纪才开始的。现代社会高速发展，城市规模不断扩张，由于人们的生活半径也随之不断地扩大，传统的交通工具也就无法满足人们的生活需求了，而汽车刚好能填补这一空缺。对于一个家庭来说，购置汽车是为了能方便出行，满足自己生活上的需求，当然也可能是为了创业、为了做生意。新世纪以来在江浙一带兴起的私营企业工厂，都以开办轻工业为主，而货物的运输自然也离不开汽车，对于私人开办的工厂来说，购置一辆货车也尤为重要，能够大大满足工厂发展的需要。解决了温饱，解决了住房,交通工具的变化其实就是迈入小康生活的第三步。

改革开放是对整个国家产生深远意义的重大转折,上到制度政策,下到民生百姓,国内的形势焕然一新。要想在历史洪流中留下足迹,就必须牢牢抓住机遇,依靠自己,去创新,去改变。从顾欣怡家的故事来看,个人开办工厂绝不是一件容易的事情,需要前期大量的成本投入,如果不是拥有特别殷实的家底,几乎是需要把家里的所有积蓄都拿出来,抱着不成功便成仁的心态去做生意。因为教育资源的落后,上一代的人其实没能受到良好的教育,对于工厂机器的使用问题,往往需要边请教一些老师傅,边上网找资料自学,所以,因为操作不当被机器弄伤是常有的事。在工厂开办初期,请不起那么多的工人,往往是全家人一起上阵,那时候的人们不懂技术,也没有相关的知识储备和业务,遇到难题只能靠自己硬着头皮攻克,而能让他们坚持着走下来的就是一腔的热情和满身的热血。一步一步,都是靠自己摸索,就像瞎子摸桥过河。从20世纪90年代到2020年,从汽车修理厂到螺丝螺帽厂,从懵懵懂懂、一无所有到小有成就和规模,这走的每一步都是在迈向幸福生活,走向小康之家。

在新时代、新生活之际,那些年为小康生活奋斗过的双手依旧没有停下。中国人自古以来就有很深厚的土地情结,生于土地,归于土地。很多老年人退休了之后,都会在自己家的一亩三分地上种上点蔬果,享受老年生活。当老年人不用再为生活奔波,不用再起早贪黑地坚守在生产第一线,能够清闲惬意地和邻居们聊聊天,在公园里散散步、遛遛弯,种点自己喜欢的花果蔬菜,这便是有着相当高的幸福指数了。在走向全面小康的路上,老龄群体是不可忽视的一部分,老年群体在日常生活获得的幸福感,也是衡量当今社会是否达到小康生活水平的重要标准之一。

从邓小平提出"建设小康社会"的构想已经过去40多个年头,2020年是全面建成小康社会的关键一年。小康社会是对社会整体水平的描述,不仅仅是要解决温饱问题,更是要从政治、经济、文化等各方面满足城乡发展的需要。回望这40年来,从"新三年,旧三年,缝缝补补又三年"到穿衣自由、款式齐全,从地瓜馒头吃不饱到天天能下小馆子,从土坯茅草房到二层小平房,从一辆破落脚踏车到四轮小汽车,衣食住行的升级改变是小康生活最明显的表现。顾欣怡父辈们的努力拼搏换来了现如今的小康之家,社会正是由这一个个小家构成的,只有当每一个小家庭都迈入小康生活,整个社会的发展才能真正达到小康水平。

"四海"为家

叙述者 14：吴千曦，浙大宁波理工学院新闻学专业 2019 级学生

当我带着电脑在父母卧室的椅子上坐下时，父亲刚洗完澡。冬日的寒气在四月散得差不多了，故他只穿了一条中裤，斜倚在床头，只盖着被子的一角。当我示意他可以开始说时，他却先沉默了一会儿，习惯性地摸出床头柜里的烟，还未打开烟盒，却被母亲拍了一下："要抽出去抽，臭死啦。"他也不恼，佯装受到惊吓似的抚了抚心口，又冲我挤了挤眼，便将烟盒放下了。"唉呀，我真没什么可说的……"这是他故事的开头。

父亲于 1973 年出生在浙江省温岭市的一个小村庄，他是爷爷最小的儿子，上面有一个哥哥和两个姐姐。父亲的家境并不好，爷爷是勤勤恳恳的农民，父亲及其他三个兄弟姐妹都很勤快，一大家子勉勉强强能够糊口。

父亲自幼贪玩，不爱学习，总是揪着姑姑帮他写作业，直到三年级因为成绩过差留了一级才懂事了起来。上了初中后，父亲开始住校，一周的生活费是 5 元，为了节省开支，父亲每周只带米和红糖，每顿就吃红糖泡饭。手头略宽松时，也会奢侈地吃一次油条蘸酱油。而买文具的钱都是卖粮票得来的。每到周五，父亲回家后总要抓紧时间写作业，因为爷爷早就给父亲安排好了周六周日要干的农活。幸运的是，父亲十分争气，考上了温岭市最好的高中——温岭中学。

但是，在父亲高二的时候，家中的经济条件变得不好了。那个时候大伯、大姑和小姑都开始挣钱贴补家用，还在上学的父亲感受到了巨大的无力

感和愧疚感。推拒了家人的劝说之后，父亲选择了退学，花了 80 块钱买了一辆二手自行车，带着一袋大米去了上海。就这样，17 岁的父亲开始了在外地闯荡的生活。

30 多年以来，父亲先后在上海、温岭、舟山、镇江这四地谋生，期间经历了两次转行，迎接了人生三件大事：与母亲结婚、长女出生、次子出生。一步步走来，父亲凭借着勤劳和智慧从一个卖蔬菜的小年轻变成了建材公司的董事长，我们家的生活水平也不断提高。父亲带领着我们的小家，在陌生的城市留下了步步奋斗的脚印，可以说，父亲在上海、温岭、舟山、镇江这"四海"都写下了自己的故事，这"四海"都是我们的家。

上海

20 世纪 90 年代，17 岁的父亲跟着同村的人来到了上海。彼时的上海对于他来说是充满未知的大城市，马路修得平坦宽阔，路上车来车往，父亲推着他的二手自行车，愣是不敢骑，生怕撞上了什么，到头来钱没有挣一分，还要赔出去不少。

父亲跟随同村的人居住在长宁区天山路曹家寨，收拾好行李后，他们熟悉了一下附近的地形便开始准备卖蔬菜。卖蔬菜并不是一个容易活。"哪能今天进蔬菜明天才去卖呢？有些菜很娇贵，一起摆摊的人又多，人家挑挑拣拣的，就嫌你的蔬菜不新鲜。"父亲这样说道。所以，父亲每日零点便起床去进货，进了蔬菜便直接去市场占摊位，等着天大亮后顾客的到来。若是运气好，一天便辛苦又忙碌地过去了。若是运气不好，父亲刚把蔬菜摆好，便会有一群地头蛇过来，用上海方言告诉他："这个地方是我们的摊位。"矮小瘦弱的父亲不敢与之抗衡，便默默移走，将自己在天未亮时就占好的摊位拱手让出，可那时周围已有好多摊贩占据了稍差一点的位置，父亲只好重新在更差的位置摆摊，一天的收入便差了不少。后来父亲也学乖了，即使一大早过去，也不去抢最好的那几个地方，加之父亲为人老实，慢慢地也没有地头蛇再来为难了。

让父亲为难的还有方言的问题。当时的上海本地人并不喜欢说普通话，就是说普通话的也要夹带方言，父亲常常听不懂顾客说的话，也会失去一些客源，为此，父亲便刻意去记一些简单的上海方言问候语和一些蔬菜的叫法，没几个月后，父亲与当地人的交谈就顺畅了许多。"你要我说上海话？大部分都忘记了，就'小赤佬'记得最牢"，父亲垂下眼笑了笑，"那些上海老妇人常常这么叫我们"。

就这样，父亲卖了3年的蔬菜，但因为收入太少，一年挣不到1万，他便开始卖起了猪肉。那时候政策还允许卖猪的人自己杀猪，父亲便买下猪再背到杀猪的地方，用钩子把猪拉住防止它挣扎，再用尖刀刺进猪的喉咙，这样猪就死了，接下去就可以分割猪肉了。父亲的身形并不高大，也不强壮，猪常常比他重，我无法想象他是怎样背着正在挣扎的猪一步步往前走的。他比卖蔬菜时辛苦了很多，所幸的是他的收入增加了不少，但谨慎节俭的父亲并没有去寻找享受，而是把大部分的钱都寄回了家，作为贴补家中生活和盖新房的费用。

温岭

卖猪肉的日子就这样又过了两年，在第三年时，父亲在某一次回家的时候被奶奶安排认识了母亲，这是父亲第一次相亲，母亲也是第一次，紧张又羞涩的两个人在一个下午的聊天后别别扭扭地坠入了爱河。但是不久之后父亲就返回了上海，在那个通信并不发达的年代，父亲与母亲开始了饱受相思之苦的异地恋。最后，这场异地恋以父亲回到温岭开始养猪而结束。父亲终于可以陪伴母亲了，但也要为新的谋生之路操心。为了能够及时应对猪在半夜发生意外的情况，父亲选择住在养猪场附近的棚子里，母亲常常会过来陪伴父亲，帮点养猪场的忙。父亲讲到这里，不禁笑了，还揶揄了母亲一下："对，你妈妈（当时）作为一个大姑娘，就这么喜欢我，养猪场那么臭，还三天两头来找我。"但他很快就不笑了："你看到你妈妈嘴上的疤了吧，是当时厂里机器爆炸留下的，你妈妈当时正好在旁边。我当时还哭得流鼻涕了……你妈妈这么多年跟着我，虽然胖了不少，但是也不容易的。"

父亲在温岭除了养猪挣钱之外，还和一群一起养猪的村民建立了深厚的友谊。父亲为人踏实良善，与人相处时总是宁愿自己吃亏，所以大家都很信任他。就这样，他被村民们投票选为温岭市养猪合作社社长，在此期间，他还成立了农友养猪合作社。他的名声逐渐在村子里传开，后来，父亲便被选举为村主任。25岁的父亲年轻气盛，带领村民进行旧村改造，留下一段佳话。父亲说起这段经历时依旧颇为自豪："我真的没有拉票，我也不知道他们为什么选我，哈哈。"

　　日子在慢慢过着，父亲装修完了新房，与母亲结婚，一年半之后母亲生下了我。父亲拥有了新的身份，多了新的责任。

父亲作为代表在农友生猪产销合作社成立仪式上发言（右二为父亲）

舟山

　　我的出生让父亲萌生了再拼一拼的欲望。经合作社里面的人介绍，父亲在村主任换届选举的时候选择了离开温岭，和母亲带着年幼的我踏上了去浙江舟山的路程。父亲打算在舟山开办砖窑厂，这是父亲的第二次转行。当时的父亲对于建材行业还是个门外汉，不了解当地的相关环境，招收不到工人，积攒不了人脉。最后，父亲和合伙人一起去四川、安徽找技术人员和工人，将他们带到舟山；技术方面遇到困难，父亲便亲自出去考察学习，自己慢慢了解和摸索。

进入一个未知的领域是十分困难的，更何况有时还会有一些人的恶意为难。正当父亲的事业一步步走上正轨的时候，却遇到了当地流氓的勒索。他们以运输原材料时扬尘太大为理由，来到厂里大吵大闹，要求给他们赔款并把厂子关掉。这是父亲之前从来没有碰到过的，但是他十分冷静，一边报警一边请政府出面解决。由此父亲也更加明白了与人为善的重要性。从此以后，父亲和母亲各自分工，努力工作，我们家的生活水平慢慢地在提高。

又是3年的奋斗，我们家迎来了第一辆车，是一辆黑色的丰田，是父亲托朋友买的，父亲一拿到手就兴高采烈地从温岭一路开到了舟山。从17岁初入社会到现在，父亲终于在30出头的年纪买到了自己人生中的第一辆车。

镇江

随着时间的推移，父亲并没有安于现状，舟山对于他来说，地太少了，没有办法更好地发展。于是，通过对行业市场的调查以及多地的走动，最后通过老乡的介绍，父亲决定搬去发展空间更大、运行起来更得心应手的江苏镇江。2007年，他花了238万元收购了当地的一个厂，并对其进行了环境和社会改造，进行生产工艺的升级。父亲此举给百姓带来了好处，受到了政府部门和当地老百姓的大力支持。

这是我们家庭生活水平飞速上升的几年，我们家购入了第二辆车，买了一套房子，也在2009年迎接到了第二个新的生命——我的弟弟。

随着时代的进步，社会不断发展，国家政策对建材行业也提出了新的要求。父亲意识到，他的砖窑厂需要转型升级。于是，他遵循可持续发展路线和循环经济政策，一期投资600万元将现有工艺设备淘汰，于2012年12月8日通过工商注册登记、发改委立项正式成立公司。2015年，他又响应政府号召，投资700万元开辟第二条生产线，并每年给当地的贫困村70万元，在此过程中，父亲也逐渐明白了做生意不只是为了自己挣钱，企业更是有着社会责任。由于订单太多,父亲于2018年开辟了第三条生产线,总投资5000万元。我们家的生活水平也随着生产线的开辟蒸蒸日上,我们家在那几年又购入了第三辆车,也购入了另外两套房子。

2019年,父亲拓展了陕西的业务,参加了企业脱贫攻坚活动,来到陕西开办了一个新厂。陕西的老百姓十分善良,当地人都很欢迎父亲的到来,父亲也给予了当地贫困户一定的补助。这是父亲在履行企业责任的路上的一个重要节点,他也由此更加明白了一个企业不能没有社会责任感。

这几年我们家看似步步提升、顺风顺水,但这其实是父亲花费了无数的心思、吃了无数的苦的结果。就像父亲自己说的那样:"你以为我凭什么能开那么大的厂,能把那么多人管着,都是一直在吃亏。"说这话时,母亲在一旁直点头,颇有些不平地说道:"钱都是别人第一个挣走,不知道多少好处给别人送去了呢,他们才愿意听你爸爸的,知道你爸爸不自私。"父亲也常常教育我和我弟弟吃亏是福:"你爷爷就这么说的,你爷爷一生是很贤良的,我们四个兄弟姐妹也都很贤良。那时候和我同时到舟山做生意的,多少人做失败了回家了。有几个人太精了,我就知道他是做不下去的。"

我们家在"四海"都有着进步和发展,同时也不乏艰辛与磨炼。我很敬佩我的父亲,是他依靠着自己的勤劳和智慧白手起家,又一步步带领我们的小家走上小康之路。现在的他已年近半百,岁月在他的身上留下了白头发、深皱纹、啤酒肚和黑眼圈,但是却消磨不了他的斗志。父亲的故事,我们家的故事,还在继续……

爷爷的小秘诀

叙述者 15：顾欣怡，浙大宁波理工学院新闻学专业 2019 级学生

"你的家在哪里？"

"浙江省宁波市镇海区九龙湖镇田顾村。"

在茶香袅袅、氤氲缭绕中，爷爷给我讲述了他们老一辈的艰苦岁月，他们如何用自己的双手一步一步去创造了属于自己的美好生活！

爷爷是村里少有的几个在很多人住破破烂烂的小屋时，就有了一套坚固且整洁的钢筋混凝土的房子的人。

"那个时候，要建一套房子不容易呀，不像你们现在装修一下就可以拎包入住。我们都是靠自己的双手，一条一条钢筋、一块一块砖头攒起来的。"

爷爷可以说是一个凭着自己的本事，一步一个脚印，走得踏踏实实，用自己的双手去创造财富、白手起家的人。

"人呢，踏实是最重要的，不要总是想着可以去靠一些旁门左道，有的没的，一步一个脚印，踏踏实实地去努力，才是最为重要的事。"这句话，经常被爷爷挂在嘴边，常常用来告诫我们这些后辈。我想也正是因为爷爷的言传身教，爸爸和嬷嬷(宁波话，爸爸的姐姐)也都成为了一个在自己岗位上兢兢业业且吃苦耐劳，为社会作出贡献的人。

我想我把"脚踏实地，仰望星空，不忘初心，方得始终"作为自己的座右铭，大概是受了爷爷为人处世很大的影响。

在良好的教育和家庭氛围的熏陶下，爷爷在同龄人眼中是一个不折不

扣的文化人。

浙江省镇海中学

　　爷爷上过初中,那时候认识几个大字的人尚且不多,写得了一手好字的人更是寥寥可数。爷爷的字可以用苍劲有力、笔走龙蛇来形容。每年春节的时候,爷爷就会成为村里的大忙人。因为家家户户都会向爷爷讨一副春联,贴在自家的门上,以求来年家人平平安安,万事胜意。更了不起的是,爷爷就读的初中也是名声在外的镇海中学。

　　"因为国家政策的一些原因,我算是中农家庭出身的,没有办法继续读书。中农子女不能上学,这是一件非常可惜的事情。"我想爷爷说出这句话的时候,是不无感慨和遗憾的吧。

　　"一粥一饭当思来之不易,一丝一缕恒念物力维艰。""整地,育苗,插秧,除草除虫,一株水稻变成我们餐桌上的米饭,是一件不容易的事,你们应该节约,珍惜每一粒粮食。"1960年到1966年,自然灾害频发造成大饥荒。红刺根磨粉、柚子皮都被用来充饥,但是这些东西吃进肚子里,不易消化而会造成排便不易,很多人就是这么死掉的。

　　"你们真的要好好珍惜现在的日子,幸福生活真的来之不易啊!"末了,爷爷总会感慨那么一句。

　　"我这一生经过了很多的风风雨雨,'文化大革命'结束后,就到社里的企业去跑供销了。十多年的时间，都在外地推销产品，走南闯北。感受风雨，见世面，到全国各地去拉生意。1992年的时候，你的爸爸拥有了第一辆汽车，13万左右，贷款买来的，是一辆大货车。他21岁时，我和他一起开货车，不断地拼搏，开了5年的车子。后来你的爸爸又去做了5年的教练，开了5年汽车修理厂。2008年至今，开着螺丝螺帽厂。这些都是我和你爸爸一起经历的，我们没有请过师傅，自己摸索就像瞎子摸桥过河。"

爷爷的照片

"刚开始办紧固件厂的时候，那叫一个困难。为了填补资金链上的短缺，我和你爸爸几乎把家里所有的积蓄都拿出来了，想着不成功便成仁。可惜那一年是2008年，刚好遇上全球经济大萧条，又因为刚刚上手，对紧固件这一块如丈二和尚摸不着头脑，亏得还挺多的。你爸爸一直都是一个十分好学的人，缠着这个行业里的老师傅问个不停。自己一边查找网上关于这一方面的资料，一边又去工地里实地查看，学习他人的经验。渐渐地我们就发现了问题，我们的标准件根本就拼不过人家的规模化，所以我们只能做小或做大又或是做长，去走极端化的特色路。刚开始建厂的时候，员工不够，我和你爸爸还有你奶奶只能亲自上阵，因为操作不当，被机器弄伤是常有的事。对什么国标美标这些的，一窍不通。但我们就这样从不懂到懂，从小规模越做越大，从无到有，艰苦奋斗，创造出来的。"

"那时候我们不懂技术,没有相关的知识储备,没有业务,遇到难题只能自己硬着头皮攻克,有的只是一腔热情与热血,希望我们的后辈生活可以越过越好的心,一切都是那么不容易。"

……

听着爷爷的描述,我就好像亲历了那段艰苦的日子一般。"感谢当时的努力和坚持,现在我们的日子才越过越好,比打工族好了许多。"

"万事开头难,只要肯攀登,做人就应该努力干活,切勿好吃懒做。"每次和爷爷聊天,总是可以有所启迪和收获。爷爷的言传身教在潜移默化中影响着我。

"解放后农村成立了互助组。我爸爸是互助组的组长,领导人民向天斗,向地斗,后来又到大队去工作,担任了大队里的大队长,带领农民积极生产。你们这一代很太平,生活条件和我们当时一比可以说是好得不得了。我们这一代经过了大饥荒,各种自然灾害,经历了'文化大革命',经历了改革开放。那个时候,很多人都吃不饱饭,吃了很多苦头,生活条件艰苦。现在的生活,吃喝不愁,条件又好,电气化发展,生活可以说是大不相同了。我的上代是五个姐妹,我的这一代也有五个姐妹,你们现在大都是独生子女了。"

"一切的发展,都靠中国共产党领导得好,我们现在生活得以改善,更不应该忘记党的领导啊。"

"小时候,我们要压草席做草鞋,多少辛苦啊!人生的道路就是这么一步一步艰苦过来的,不是去偷去抢,是靠一点一点原始资本积累起来的,再省吃俭用,才会有今天的幸福安稳的生活啊!"

现在,我的爷爷已经退休吃"老保"了,土地也已经捐给国家,变成了工业用地。爷爷只剩下了一块土地用来种蔬菜。为了种出来的蔬菜品质好、长势好,爷爷发挥了他的创新精神。在别人还采用老的种植方法的时候,已经开始采用套种、间种这些先进的种植技术。爷爷一亩地的粮食产量也是其他农民的好几倍。别人的番薯二三斤已经很好了,但是爷爷的番薯普遍是七八斤,有的重达十几斤,最大的甚至达到了 24 斤左右。

爷爷一直有一个梦想,他希望他的农业技术经验可以传给其他农民,让所有的农户可以通过他的技术富起来。在采访途中，爷爷兴致勃勃地给我展示了他拍的视频，让我看他的巨型番薯。

"去年最大的一只番薯是 30 斤，今年争取 40 斤一只了。"爷爷谈起他的大番薯总是止不住的笑意。"你看这个装番薯的箩筐这么大，但是番薯更大，这个箩筐都装不下。套种间种的好处，是真正实践的结果，不像别人胡乱编造写数据。"爷爷充满自豪和骄傲地向我展示着他拍摄的视频和照片。

自爷爷退休以后，门前的一亩三分地成了他心心念念的寄托。当爷爷聊到他的番薯时，就像一个小孩子看到了心爱的糖果一样，两只眼睛放出了光芒，絮絮叨叨地跟我讲了 30 多分钟。当我说如果我的文章写得好，得到老师的肯定的话，就可以被印在书上出版，让更多的人学习到爷爷这种先进的种植技术时，爷爷笑得更开心了，表示我一定要好好写，让更多的人看到他的番薯。

"为国家多奉献，为祖国多去创造财富。我是从艰苦的年代过来的，我珍惜粮食，能够深切体会到大饥荒时农民的苦，可以感同身受，所以很想大家可以看到我的经验技术，这样农户都可以把产量提上去，大家都可以过上幸福生活、小康日子。"风风雨雨 70 多年，爷爷从未丢失过为人民服务的初心。

说起对青年一辈的期许，爷爷又像是打开了话匣子。"我觉得你们现在的年轻人缺乏一定的社会经验，你们成长的环境很好，没有过过苦的日子，所以你们这代人比较会享受，吃不了多少苦。我希望你们可以成为一个有积极正确的世界观，奋发图强，勤俭持家，在自己的岗位上兢兢业业的人，去为国家为人民多作贡献，创造美好生活。"

"现在生活好了，物质精神层面都丰富了。但国家还在抗击新冠病毒，希望大家都可以众志成城，万众一心，全国人民团结起来。希望我们的生活越来越好，国家越来越好，在国际上拥有更多的话语权。希望中国青年一代有朝气，有力量，有理想，有担当，努力发光发热！"

我想爷爷对国家的美好期许、对未来的憧憬也是那一代人普遍的愿望，那个时代的缩影吧。

这就是我爱的爷爷。

自下而上的口述

观察者 17：郭鉴，浙江万里学院副教授、博士

2020 年是小康社会建设收官之年，新中国成立 70 周年的重要历史时刻记忆犹新，建党百年明年就要到来。经过 70 多年的努力，贫穷落后的中国大地发生了翻天覆地的变化，GDP 总量从新中国成立初的 679 亿元上升到近 100 万亿元，增长了 1324 倍，人均 GDP 则从 119 元上升到 6.46 万元，增长了 542 倍，我国已经成为世界上第二大经济体。在中国经济高速发展的过程中，全面实现小康社会始终是党和国家追求的目标。刘建民老师带领学生用 3 年时间，以 00 后一代的视角挖掘出每个家庭奔小康的生命历程，这是在凭借每个家庭的口述史和集体记忆为小康社会建设的宏大画卷补齐一角，做了一件非常有意义的事情。

个体口述与历史的补白

从 2018 年以来，各类媒体有关全面建成小康社会的报道就已经开始丰富起来，但是多数是停留在自上而下看历史的历史大视野叙事，即使在报道中使用了某个家庭作为个案，即使新闻叙事手法使用了类口述的方式，但是我们仍能感受到这些努力的背后隐藏这一危险：在宏大的家国叙事之外，个体的鲜活生命和零星感悟并没有得到应有的重视，以致整个历史即使记录下来，我们也看不到内在的"纹理"给予我们的感动。虽然，我们不能草率地把这 25 个家庭奔小康的故事简单等同于个人的欲望和努力，但缺少了这些

芸芸众生的生命历程个体补白，终究是历史的缺憾。

在这些文章中，谈到车这个小康家庭重要标志的有近20篇。把车作为主体就有《小康路上60迈》《父亲的"破车"》《开向小康的五辆车》，文中提到家里买车、换车、开车奔上致富路的有14篇。《父亲的"破车"》一文中，最让我感动的是下面这几段文字：

"等你结婚了，我给你买一辆奔驰，再把楼下那辆车的车牌号给你。"父亲郑重地同我讲，是在托付重要的东西，他指的是尼桑的车牌号，6656N谐音为"六六我六牛"。

"总之，你这一辈子都在和车打交道。"我替他总结道。

他点点头，把烟蒂摁进烟灰缸。

这应该是很容易让人泪目的一段文字。当我们开着一辆辆车子驶向小康社会的时候，小康社会的历史车轮也正在每个个体的生命历程中碾过，痕迹或深或浅，由此埋下一个人、一个家庭未来人生走向的草蛇灰线。

何流同学在《开向小康的五辆车》一文谈到父亲买第一辆车时说：

"那辆一时冲动买的车是爸爸白手起家的开端，承载着爸爸最难忘怀的记忆，它驶过的每一条蜿蜒泥泞的村路，每一条城市笔直的柏油马路，都是一个青葱懵懂少年无畏打拼的印迹。"

生命不是你活过的样子，而是被人记住的样子。每个个体有主观性、不确定性和变动性，也更有生动性，站在建构立场上，由子看父，这是对自己没有经历过的一段历史的补白，也是为国家叙事"补白"。

作为新闻文本的生命鲜活感

岁月走过，我们坐着，静静地看。

在看宋好恬同学的《老宋一家》时，我在想这是怎么样的一家子，被作者调侃为没落"老艺术家"的爷爷和奶奶谈到恋爱史，她是想要借着爷爷奶奶的爱情故事，乘着时光机回溯到他们认识的那天。

"你爷爷那个时候穷的呀，30岁的人了房子也没一套，没有人要嫁给你爷爷了，也就我眼睛瞎了嘞。"

"你奶奶家也穷的呀,上面有个姐姐,下面还有两个弟弟,又没什么文化,就我娶娶她了。"

两个人字里行间都是对彼此的嫌弃,说着说着,我们一起笑了起来,配与不配,都已经走过了五十几载光阴,是真正的白头偕老了。

而潘盈盈同学的《沪漂之路》,让我们看到了依存在大时代之下的父母,从温州来到未知的上海,他们必须面对对环境的适应,必须好好经营这个家庭,支撑他们的是什么呢?

"这人世间的很多爱,都以长相守、不分离为目的。只有一种爱,送别于不断目送,成全于相互分离,那就是父母对子女的爱。"

父亲说,我们这一代是时代的幸运儿,脱离他们当时没钱读书的灰暗世界,九年义务教育就像盘古手里锋利的斧头,撕裂了幽深的绝望。送我去读书也是一个不容易的过程。

综观许多新闻作品,选择制度面、经济面、历史面来表达小康社会,很少有以上这样的表述,利用口述史的方式,倾听家人的声音,用有情感的语言文字,建构出未能从资料分析中见到的现场文本。虽然作为社会记忆,它所呈现的过去并非是全部的过去,而是选择性的过去,不是所有人的过去,而是部分人的过去,但是它的生命鲜活感十足,在一个不足几千字的新闻文本中,生命观照了过去、现在、未来的特性,让这些生活者独具生命力,在奔小康过程中彼此照看,延伸感受时空的格局。这种文本写作的好处是,具体情境与观点的探讨,除了谨慎的历程重建帮助理解小康建设这一议题之外,文本做为一种对话,研究者积极地理解与抛出问题,概念式的解说涉及关系位置、生命关怀的应答,更细微精致处必得在事件与生活中来把握。

非虚构写作与现代叙事

观察者 18：朱婧怡，浙大宁波理工学院网络与新媒体专业 2018 级学生

现代叙事新闻在发展与变革自身的过程中，逐渐与早期"新新闻主义"截然不同。非虚构写作与报告文学争夺话语权，在质疑其叙事伦理中不懈努力。由此，非虚构写作在纪实文学领域内塑造了独特的话语体系及叙事路径。此篇非虚构作品就带有鲜明的现代叙事下的写作理念与协调观照特质。

此文读来颇有身临其境之感，源于作者巧妙的对白运用。新闻叙事发展历程以来，记者们热衷使用真人真话，他们大多依赖于直接引用采访中的个人评论，再将其放入释义新闻报道中。20 世纪 60 年代，新新闻主义浪潮的涌动使得叙事性非虚构文学赢得飞跃，复杂的修辞技巧被带入叙事性非虚构文学之中，其中包含了重要的一项便是对白。对白一直是情节和人物发展必不可少的手法。虽然小说需要构造虚构场景并模拟创作出虚拟人物之间的对话，但新新闻记者们全然不同，他们报道记叙并重现日常生活中的真实对话，但是这并不表示非虚构写作中不能够使用对白。反之，汤姆·沃尔夫在《新新闻学》的导论《专题游戏》中，将对白列为新兴的非虚构文学的基本要素之一。

对白不是谈话而是动作，是人物彼此相互的行为。作者对于叙事的重要手段即言语对白，有着优良的把控能力。说话的方式能够体现人物的个性，运用得当可以比话语本身更加深刻。文中运用了大量言语引用，而言语本身就是身份的标志。人物开口，就立刻被定位到某一社会阶层上。从文中父亲的语言可以体会到他所提及的人生经历，也与他兢兢业业奋斗的价值观念相契合。

非虚构作家会让叙事人物自己发言，可以看到作者对这种直接塑造人物的方法的运用。作者偶尔会对人物发表看法，但是，为保证这种发言的客观性，非虚构作家往往会运用细节引导读者塑造人物形象。为达此种目的，非虚构写作必须进行详细的报道。有关人物的外貌、财产、行为、语言等方面的详情都将记录在案，作者所要做的是选择最能展现人物的细节。这时就需要间接塑造人物。而文章对于人物外表的阐述，就为展开细节、间接塑型提供了路径。

文中分散式的细节刻画既增添了非虚构色彩，又承接了叙事内容。这样的表述在文中多次出现，例如"双鬓斑白的、背脊佝偻的父亲""他的古铜色肌肤""左臂的短袖里一条张牙舞爪的青蛇若隐若现"等，可以发现作者多用短句，这样的人物外貌描写的另一个优势在于直奔主题，描写多为一笔带过，迅速而敏捷，不会影响故事线的展开。这里需要注意的是，口述形式的非虚构写作与新闻中要避免使用长篇大论的人物外表等描写，那会打破读者身临其境的氛围感，而作者在这里简洁的叙述可以不影响读者与正在发展的故事的共鸣感。如若要达到细化的目的，可以如文中这般，选择在叙述线中多处插入细节描写，而非大块集中。

对于细节与动作的描写，这里需要说明的是，虽然成熟的叙事报道应该展现细节，但细节叙述的目的是更好地表现行动中的人物。如果描写的动作没有意义，却打乱了故事的背景，或者打断了人物的对话，那将适得其反。在使用细节的时候，可以自省是否每一个词都有用意，每一个细节都能推动叙述的展开和人物的塑造。一味追求细节不可取，作者在写作时可以斟酌采写更能揭露人物性格隐秘的一面的细节。

叙事视角对于非虚构作品而言也应当谨慎选择。虽然文中提及了实物相机的存在："他是第一次被采访，开拍前还特意拉了拉衣服，就坐在家里的红木沙发上，相机对着他……"但实际上，作者基于"我"这一立足点放置的摄像机，存在于抽象的空间中，它向读者展示作者对待主题的方式。作者采用近距离的视角，采用了场景叙事，使人如身临其境。但优秀非虚构作品能够做到在抽象阶梯中自如地上下调整视角。作者要学会既会讲述，也会展示，在这方面还有可调整的余地。

现代叙事中，出于作者立场的想法、观念等主观信息与客观现实变得同等重要，这也是作者在非虚构叙事中应当警惕的部分。此文几乎通篇使用了第一人称叙事，这时应当注意，优秀叙事新闻作者能够在其文章中融入写作风格与技巧，但又攫取来自生活在真实事件中的人们的幻想而非自我臆造。虽然以"我"的视角写父亲，但在新新闻主义记者那里，故事写的是主题，而自我意识的表达需要第一人称，但是第一人称并不等同于声音。因此在访谈过程中，可以适度修改第一人称的引用范围，转化事实陈述方式，让读者更领会到身为作者立场的情景感。

以第一人称撰写非虚构叙事文章，那么，"我"也将是角色之一，因此，出于"我"之立场的对话非常重要。文中描述对话，摒弃了传统新闻采访中的直接引用，这种参照田野调查的方式更靠近现实生活中茶余饭后的自然交谈，对于叙述故事的发展大有裨益。由于这种叙述方式有别于采访，报道对话同时也应该包括在此过程中"我"的言行举止。因此，作者可以适当添加出于第一人称立场的言行，以构建双向互动。这种双向互动的环境下，主人公的回答与陈述才能够更加富有意义。

上述小问题无伤大雅，可借鉴的是作者将场景编入动作线，叙事的真实感顿增。非虚构作品为创造出逼真场景，挖掘再现生动的场景及氛围细节用于叙事。我们随着视角人物的移动目睹了采访的场景，又伴随着采访内容，途经了作者父辈打造小康之家的一幕幕场景。阅毕第一感，作者在这点上处理得可圈可点。"叙事并不是静止不动的，它是一部电影。"而在传播媒介中，字面信息的感官刺激是最式微的，非虚构写作要想还原非虚构场景，就必须对作品进行再创造与裁剪。这种写作技巧中，动作即故事。作者对于父亲的每一个动作描写，其实也展现着人物的个性与习性，通过这些朴素平常的描写，让人物贴近大众生活，而众多读者便能从小康家庭的人物身上读到自我,读到小康社会的生活气息。

从叙事深化到小康内核,我们可以挖掘到作者的立意和用心。文中父亲的形象只是一位普通城管,但在对于人物经历的描写中,有着千万普通人的影子。在生计上随着飞鸽牌自行车跃升到出租车,给领导开车与自己买车则都为孩子,而尼桑与后来的电瓶车又都为便利出行,这时讲述的对象似乎就是每个人。改革开放前,平民囿于生存,在新时代,我国社会主要矛盾已经由人民日益增长的物质文化需要同落后的社会生产之间的矛盾,转化为人民日益增长的美好生活需要和不平衡不充分的发展之间的矛盾,由此,人民开始谋求更高的生活质量与更好的小康。"文明就是一条河流。历史学家通常会记下这条河流中流淌着人们互相残杀的鲜血……在河岸之上,人们建设着家园,寻觅着爱情,养育着儿女,吟诗唱歌,甚至雕刻塑像。文明的故事就发生在河边。"多数人民就居住在河岸上,而我们在叙事非虚构作品再现普通小康家庭的纪实故事,只要在非虚构作品所描述的人物与事件中具备小康社会发展的普遍要素。

最后,从作者的叙事可见,自"父亲与我"开始,家庭的重心开始转移,小康家庭乃至小康社会形成后的维持与发展,都由着家庭及社会教育转移到了新时代年轻人的臂膀上。同时,媒介是人的延伸,考量非虚构作品中前辈们迈向小康的历程,需要作者及广大青年汲取前辈为家庭奋斗之经验,结合小康教育带来的知识武装,根据新时代的前进航向,注入具备新青年特质的进步力量。作者以非虚构及新新闻写作方式对小康家庭历史线中的"破车"的叙述,正是在小康社会的家庭教育下,当代青年承接了父辈的进步思想,所叙述的可鉴历史以知未来的篇章。

漂来的幸福小康

观察者 19：负馨怡，浙大宁波理工学院网络与新媒体专业 2018 级学生

《沪漂之路》一文以"沪漂创业""家有儿女"和"何以为家"三块内容，对家庭的小康之路展开了描绘。以父母相识相爱，组建家庭后不断奋斗，改善家庭条件的故事为主线，让读者切实地感受到了在过去的 20 多年间，人们的钱包渐渐鼓起来了，生活也更加幸福。而文中夹议夹叙所体现出来的子女教育、家庭情感故事，则更是人民生活质量大幅提升，全民奔小康的有力展现。

在我国的城市化进程中，"漂泊"逐渐成为了个人求发展、社会求进步的主题。相较于费孝通老先生笔下"以农为生的人，世代定居是常态，迁移是变态"的乡土社会，城市的常态是迁移。在中国城市化进程不断加速的过程中，城市劳动力短缺与农村劳动力剩余的问题同时出现，由此出现了人口大规模流动和迁徙的社会现象。大批乡下人脱离乡土进入城市务工谋生、有野心有冒险精神的人辞乡进城创业、有知识有文化的人亦想以学历为敲门砖，敲开繁华城市的大门。百余年的现代化进程不断冲击、瓦解着中国乡土社会原有的自在性、自然性和完整性，人口的流动更是把我们带到了现代化的大流动社会。在城市化进程中，一代又一代人进入城市漂泊的行动选择以及所经验的心路历程，成为当下社会与现代化关联的最有价值的命题所在。

从房屋变迁看漂泊者身份转型

潘盈盈笔下的"幸福小康"给我印象最深的,是漂泊而来的"房屋小康"。Choe(2001)在比较中国文化和西方文化的差异时,发现中国人和西方人在社会取向、对待义务和责任等方面存在差异,其中中国人更强调家庭责任和义务。中国人历来有房子情结,从一定意义上来讲,房子就是家的缩影。对于家庭观念很重的国人来说,有自己的房子,就有一个安身立命之所,有一个心灵的栖息之地。自改革开放以来,生活水平大幅提高,社会经济加速腾飞,人们对于住宅的要求也从最基本的遮风避雨走向舒适、宜居和能够实现多种功能,与之伴随而来的就是家庭房屋的不断变迁。

对于进入城市打拼的人群来说,建立对城市的认同感,完成身份转型至关重要。他们带着明确的城市梦想,远离父辈眷恋的土地和故园,努力用自己的力量闯出一片天地来,以便能够安家立业,减少无所不在的漂泊感。因此,对于"北漂""沪漂"等"漂泊一族"来说,房屋的变迁,便是对他们努力的最好回馈。

父亲憋着一口气离开了温州乡下的房子,自此开启了家庭的房屋变迁史。

初到上海的一家人,落脚在大伯家,睡在挤满机器的厂房里。在上海的第一年里,是没有"家"的。经过近一年的努力和积淀之后,父母商议开厂创业,租了上海闵行区莘庄附近的一个铁皮房,这才有了"小康之家"最开始的雏形。5年之后的2006年,"小康之家"再度升级,在上海奉贤区南汇镇找到了新的厂房,新厂房比以前大很多,直到2010年,在老家盖了新房子,距离离开家乡那年的大年初六,已经过去了近10年的时间。

从最初的一无所有,到后来的重建家乡小洋楼,潘盈盈的家庭用了10年的时光,而温州老家里房子变化的力量,却来自几百公里之外的上海。无论是家乡楼房的巨变,还是上海租赁的厂房、住宅的变迁,都是这一家人从期待美好生活到切实改善生活的历史见证。在上海的努力最终使得家庭重建了温州老家的房子,沪漂创业实现了温州小康,完成了从"创业者"到"小康之家"的身份转型。这是潘盈盈一家人努力奋斗的结果，更是时代给予漂泊者的馈赠。

从"借两万"到"借两百"看漂泊者的社会信任

在人际关系网络中，那些被信任者构成了个体的"信任圈"，信任圈的规模可以代表个体表现出的信任水平。在人际背景下，信任指个体预期与自己打交道的他人是善意的，与其交往没有太大风险。

这个定义有三层意思。首先，信任者需要估计他人的善意程度、行为动机和意图的性质，并且权衡信任他人可能产生的代价与收益。其次，信任通常与风险有关。如果一种行为是完全有把握的、没有风险的，也就无所谓信任的问题，可以说是"某种风险创造了信任的需要"。最后，信任者采取的行为往往是对他人善心和自身行为风险预期的结果。

借钱，是我们日常生活中也经常会遇到的事件，俗话说，"谈钱伤感情"，借钱行为本身就是一件与社会信任高度相关的事情，在借钱的场景下，不仅可以分析个体人际关系的状况，还可以对个体的发展状况有一定的了解。

《沪漂之路》一文中曾两次提到借钱的场景。一次，是"借两万"，一次，是"借两百"。

父亲谈及创业，说初期主要就是借钱。

父亲谈及汶川大地震学校组织捐款，去附近一个买我们家被子的老板那里借了200元凑齐了钱。

两次借钱，两个场景。

最初的时候，是在父母商议开厂创业的时候，为了谋生存求发展而向亲友借的，"父亲向姑姑借了1万多，二伯借了5000多，大伯借了2000多。母亲还是向外公借了钱。用借的钱买了机器，又向大伯借了棉花"。

后来，是向"附近一个买我们家被子的老板"借的200块钱。

前后两次借钱形成了鲜明的对比。初到上海时，在这片土地上并没有太多的人际关系，因此借钱的对象以亲友为主，而后来借钱，则是向自己的"客户"借的钱。这其中自然有所借金额大小的不同所带来的差异，但至少足以看出来,通过六七年的奋斗,这个小小的家庭逐渐在上海"打开了局面",拥有了一批客户的"社会信任",积累了一定的社会关系,也取得了一定的发展,使得这个漂泊的小家有了一定的根系。尽管只是一个小小的细节,但却流露出家庭在上海的生活日渐如意、日渐方便的变化。

漂来的幸福小康

改革开放以来,我国经济迅速发展,社会化进程亦不断加深。"漂泊",不仅成为了个体追求个人价值、实现阶级跨越的手段和途径,更成为推动城市化进程、助力社会发展的力量之源。人口流动和大规模劳动力转移是我国现代化发展的主体力量,人口再分布格局直接影响到了各地的持续性经济发展。

曾任上海市市长的韩正,在 2010 年全国两会的直播里,接受人民网的采访时说:上海本身是一个移民城市,真正说上海的"土著居民",也是打引号的。人口大普查以后,把大普查的报告一看,结果很有说服力,就是讲上海当时居住的叫户籍人口,还不是常住人口,户籍人口 1360 万,人口比例是什么呢?30%是浙江籍的人,30%是江苏籍的人,30%是非江苏、非浙江的来自全国各地的人。当时外国人在上海居住的并不是特别多,真正上海籍的人在户籍人口里占 9.2%。

人人向往的魔都——上海,它的发展不是天上掉下来的馅饼,也不是哪一个人的丰功伟绩,而是身处上海努力奋斗的一个又一个普通人共同撰写的华丽篇章。正如潘盈盈的父母离开温州老家前往上海,学习棉被技术进行创业,所成就的不仅是潘盈盈一家漂泊者的幸福小康,同时也成就了大都市上海的魔力。

研究发现,人口流入与代表城市发展动力的指标即金融机构各项存款余额有着极高的关联度,是城市发展的重要动力之一。以潘盈盈一家为代表的"漂泊一族",所带来的不仅仅是家庭的幸福小康,同样也是推动社会发展的重要力量。

城市是人类文明的结晶,是现代生活方式的发源地,亦是一个动态体,城市本身即是社会变迁的集中地。可以说,城市从产生那天起,就从未停止流动、更迭和变迁。当下,全国每年约 2.4 亿的流动人口,依然在中国社会的各个角落里发光发热,对中国的繁荣发展发挥着重要作用。看似无奈的漂泊,支撑了无数人的梦想,更编织了伟大的中国梦,实可谓"漂"来的幸福小康。

父亲的"破车"

叙述者 16：洪思懿，浙大宁波理工学院新闻学专业 2019 级学生

大木头今年 52 岁，是个 8 年的老城管，管辖的片区换了好几轮，小破电瓶车也换了几辆，风里雨里处理 96310 的投诉热线，抓过狗也赶过小贩。

他喜欢每天早上去那家地道的面店吃上一碗热气腾腾的片儿川，也喜欢每天晚上望着窗外来往车流小酌几杯携着醉意入睡。他的工资虽然微薄，但笑容常挂在他嘴边。

要不是他女儿在饭桌上提了一嘴那些证件和照片，他都快忘记了，漏雨的茅草房、逼仄的杂货铺、破旧的出租车……前 40 年的记忆这也才鼓鼓囊囊地重回他的脑中再次运转。

父亲年少时

"我是家里的老二，你的爷爷是个农民，你的奶奶在厂子里给工人烧饭，每天骑着那辆飞鸽牌自行车凌晨 3 点钟出门上班。"他是第一次被采访，开拍前还特意拉了拉衣服，就坐在家里的红木沙发上，相机对着他，华丽的灯饰将他略显局促不安的脸照亮。

"我读完初中就辍学了，进入杭州丝绸机械厂，做了 5 年的车工后，因为合同到期，1989 年就离厂了。我用那几年攒起来的钱开了家小卖铺，和家里一起经营，慢慢把外面欠的米和油还清了，也把驾照考了出来，那时候也就 20 出头。"

　　我看向年过半百的父亲，双鬓斑白的、背脊佝偻的父亲，可他讲到此处时话语里有掩盖不掉的神采和笑意，我这才意识到那时候的他比我大不了几岁。

年轻时候的父亲

父亲与出租车

　　"有了驾照我就出去帮人跑出租了，把小卖部交给你的爷爷奶奶打理，偶尔也会忙一忙进货上的事，就这样一直干了几年。有没有干过别的？跑出租之前在驾校当过一阵子的老师，带的8个学生只教出了1个，就没好意思继续干了。可能我就不是那块料吧。"

　　说到这里他自顾自下了定论，不好意思地抿了下嘴，嘴边旋起的酒窝与他的古铜色肌肤极不协调，显示出古怪的滑稽。

　　"跑出租印象深刻的事，"他重复道，沉默着进行思考，眼睛定定地望向茶几上的烟灰缸，手指似有似无地敲打着红木家具的扶手。

　　"有次开出租车把乘客送到上饶。那天上饶正好下着雪，飞机飞不了但乘客又急着走，于是找上了我。价格是提前商量的，2000元，要知道那个时候加的油也才1块多，于是我连夜把他送回去，但因为那边雪太大暂时回不来，就问旅馆的老板娘租了两床被子，在车上睡了两夜才回来——上饶不在

父亲的出租车

浙江,你说的是余姚。上饶在江西,那是我开车去过最远的地方啦。"

"出租车的起步价和油费的话,90年代是4公里8.4元的起步价,90号汽油是1.75元1升,差不多开下来1天油钱是40块,现在一天开下来的话差不多要300块。所以你想想看那时候的2000元有多少,撞大运了。"

"那几年里攒了点小钱,又向亲戚朋友借了点,在1997年花了10万买了辆出租车。这样好啊,自己给自己开车了。给老板开的话他是要拿20%的抽成的。"他不止一次念叨90年代初的"万元户"和"那个年代的10万和现在的10万不是一个概念",我也难以想象刨开每个月的抽成和油费不算究竟能净赚多少,我急于想把这个压抑的话题扯远。那些暗淡与苦涩,他究竟是怎么把这笔钱省出来的?到底是怎么一个一个去向亲戚借钱的?

父亲与母亲

"那你和妈妈是怎么认识的?"

"是别人介绍的。你不要小瞧她,你妈以前是开饭店的。和你妈谈恋爱那会儿就正好是买完出租车之后的事了,谈了两三年就结婚了,那年我记得是33岁,她才25岁。结了婚还不得有个正经住的地方,于是找了施工队在村里分配的宅基地上造起了自建房,是千禧年我记得。"那是我印象里的老房子,离公交车站不过几步路,房源紧俏得很。

"过了一年你出生了我就不跑出租了,把车交给别人打理。跑出租太远怕到时候离开家几天你就认不得我,而且家里的房子也收着租,没必要这么累。最后去杭州日报给领导开车了,对,就是办《都市快报》的那家。不过给领导开车外,我还会到无锡、苏州运杂志,因为那个时候杭州印刷厂的技术很先进,很多东西他们都要拿到这里来印。"

可是我不记得他口中的那段日子了,也就是我的童年,花园里种的橘子树、葡萄藤随着老房子翻下的墙砖消失殆尽了,他曾经和我说要把花园变成泳池的梦想也没能实现,我的记忆就被连根拔起,被挖土机永远掩埋在昨天。后来,我搬了家,离我就读的小学不过5分钟的步程。

父亲与我

"你记不记得当时带你去车展,定了一辆车?你小学四年级的时候,"他的眼睛眯了起来,翘起了二郎腿。那辆车20来万,是一笔巨款,"因为要送你去培训班才买的,你坐公交车老是头晕。"他含着笑说着,左臂的短袖里一条张牙舞爪的青蛇若隐若现,是我出生之后纹的。

"谁让那个时候就有小升初的压力了,青青啊,就是那六分,实在可惜了。"他懊丧地摇摇头,手往茶几上的烟盒一伸,打火机"咔嚓"一响,整张脸在烟雾中模模糊糊。他说的是那次小升初的生源考试,我是第3名,以6分之差与杭外失之交臂,那是所久负盛名的学校。父亲与母亲一直后悔当时给我报的补课班不够多。

"不过最后我也去了想去的初中,不是么?"

"学校是好的,就是太远要住校。"那所学校好在每年初三的前30%可以去杭外读高中,可惜我没有把握住,毕竟如云的强者大都奔着这个目标。最后初三那年他们说服我放弃中考,直升学校的高中部。那所学校,我待了6年。那6年的在校时间,比在家还要久,尽管每周他都会接我回家。

"所以说买的那辆尼桑多好,发动机用了这么久都没坏。"他口中的那辆尼桑陪我从童年走向成年,陪他从不惑驶向知天命,但他却不常开,或者说每次开都有我。

车从星期五下午开始工作,从城东开往城西,跨越整个杭州城在郊区的学校停下。接上我后,再开半个多小时到达数学老师家,进行长达两个小时的一对一辅导,这边我头昏脑胀地被迫输入各种数学知识,那边他在楼下等我一起回家。运气好的话是 7 点到家,高架上车不堵,运气差点就 8 点了,然后穿过一溜儿的电瓶车走上楼。

那里有一辆是他的,他在我刚读初中那会儿就换了工作,成为了一名城管。尽管我不知道他换工作是不是与我有关,但他每周固定周五和周日雷打不动地休假,尤其到了高三,星期天 6 点多就要起床送我去学校补课。

不过他工作上的事,我是不大了解的。他一般不讲,我也不过问,一是没时间,二是没兴趣。然而学习上的事,但凡任何风吹草动,他似乎都能嗅到。

他或许一直在遗憾,16 岁数一数二的成绩,却被迫辍学挣钱还债,他把他的大学梦寄托在我身上。

家

"所以家里的日子是越过越好了么?"

父亲睨了我一眼,黝黑的手指夹着烟,在厨房的母亲探出头来望向我没好气地说:"不然呢?过得越来越差你怎么上得起 6 年的外语学校,高三每个星期的一对一家教?"

"等你结婚了,我给你买一辆奔驰,再把楼下那辆车的车牌号给你。"父亲郑重地同我讲,是在托付重要的东西,他指的是尼桑的车牌号,6656N 谐音为"六六我六牛"。

"总之,你这一辈子都在和车打交道。"我替他总结道。

他点点头,把烟蒂摁进烟灰缸。

沪漂之路

叙述者17：潘盈盈，浙大宁波理工学院新闻学专业2019级学生

我的父亲出生于1980年，算是一位很年轻的父亲。我的爷爷奶奶都是温州土生土长的农民，共生育了六个子女，40年前这个多口之家的生活过得很拮据。爷爷奶奶并没有那么多钱供得起六个子女的学费，父亲12岁小学毕业之后就辍学了，开始给一些工地搬砖、盖房子，补给家用。

沪漂创业

我的父亲母亲相识于1998年的10月，父母的相识相恋就如同打工仔爱上了地主家的女儿，他们的爱情也遭到了他们父母的反对。在2000年初，我的母亲怀孕了，对于父母来说，意外远大于惊喜，那时候的父亲年仅20岁，但最终他们不顾身边人的劝说阻挠，决定结婚生下我，母亲也放弃了她的学业。

时代创造了机遇，2000年前后的温州，外出务工成了一种潮流。大伯和姑姑一家早些年都选择去了上海，再加上村里的年轻人也都选择了外出。父亲也承认当时的自己憋着一口气，他要证明给外公外婆看，他可以照顾好我和我母亲，他有他的尊严和傲气。我的父亲也成了那批"弄潮儿"。

2001年大年初六，买不起车票的父母"偷渡"在了朋友的车里，挤在一个7座的小车里，颠簸地晃了7个多小时到了上海。离开温州的时候是晚上，看着快速倒退的房子、稻田，一盏一盏的灯熄灭，对远方充满了期待。

上海是故事的开始

刚到上海,父母先在大伯家落脚,在大伯厂里学着怎么做被子、套被子,帮着送货。父亲说他对于这些陌生的机器就有种熟悉感,上手很快。因为没有钱,在挤满了机器的厂房,晚上只能将就睡在棉揉板上,从开始睡得腰酸背疼,渐渐就学会了习惯。

那片狭小的空间是锁不住父亲的野心与斗志的。生活的窘迫逼迫他选择背水一战。2001年冬天,父母商议之后决定自己开厂创业。第一件事就卡在了选址这个难题上。太贵的租不起,实在太小机器放不下。父亲帮大伯送完货,就开着电瓶车去上海的小村庄里找地方。最后在上海闵行区莘庄附近找到了一个铁皮房,据我父亲描述大概只有30多平方米,被机器装满后无从落脚,夏天的时候,加上机器运转,简直如同火炉。那个铁皮房是我们"小康之家"最开始的雏形。

父亲谈及创业,说初期主要就是借钱。父亲向姑姑借了1万多,向二伯借了5000多,向大伯借了2000多。母亲还向外公借了钱。用借的钱买了机器,又向大伯借了棉花。父亲描述:"那时候的机器很笨重,很多还是靠人力的,不像你现在看的我们厂里的都是电脑操作的。那时候每条被子都要亲力亲为,要把棉花弓、弓竹这些工具背在身上弹棉花,和你妈一起配合把红色和白色棉被线放在棉花上做成网状结构,拿摞盆按压棉被。"

为了把做好的被子卖出去,父亲会把被子绑在电瓶车的后座,骑到批发街道,进到每个店里,向别人介绍自己家的被子,父亲说:"那时候,不能直接让别人买自己的被子,需要先和别人寒暄,学会和陌生人打交道。那些批发商也都是外来务工的,都不容易,都会斤斤计较。一次,一个同行就为了竞争,说我父亲不识字,没文化,肯定只会贪图蝇头小利,质疑被子用的都是黑心棉,父亲当着老板面拆开被子给他看,但那个同行还是通过压低价格和会说话卖出了货。"因为没文化和不知道怎么推销,开始的时候父亲不止一次碰壁,最后还是一位温州同乡老板买了第一单。

一开始,卖出去的一条被子纯利润连5元都不到。父亲拿出第一单盈利的钱去购买原材料，但连一吨棉花也买不了。父亲请了大伯出面担保分期付款。拿到棉花后，父母每天忙到晚上11点多，早上5点多就醒了干活。父亲开着自己的电瓶车，后面绑的被子比自己人都要高，还需要来回很多趟。冬天的时候，风就像刀一样在脸上割。

尽管艰难，父母还是日复一日为小康之家打拼。2004年，我们家买了一辆二手的货车给父亲送货。

创业过程中，父亲也栽过很多跟头，受到很多磨难。有次，因为听说有家厂里卖的棉花比其他家便宜，父亲一开始还很精明地打算去厂里实地考察。那个厂长确实也带着父亲去了一家棉纺厂，父亲看到的棉花质量很好，不是黑心棉，于是心里就松懈了。那个厂长提出可以送货上门，父亲就贪了小便宜付了钱，可最后送上门的是黑心棉，老板收到钱后就跑了，后来才知道那个厂长带他去看的并不是他自己的厂。父亲回忆的时候还调侃自己："那真的是给我们温州人丢脸了，你爸爸还以为自己很精明，赚了，结果就打脸了。"

屋漏偏逢连阴雨，2004年，上海的梅雨特别严重，堆积在厂里的压在下面的被子就发霉了，有些底部的棉花也潮了，好不容易有点起色的生意又蒙上一层霜，很多单子都不能如期交付。

有时候厂里机器坏了，舍不得花钱请别人修，父亲已经习惯了去和这些机器打交道。有一次零件老化了，父亲仰身躺在机器下面给机器加润滑油，但有油漏了出来，有些流入躺在底下的父亲的眼睛里，幸亏去医院处理及时，父亲称那次就是九死一生。

2006年，母亲生下了我弟弟，因为月子没坐好，有点产后风湿。父亲心疼母亲，托人在贵州请了一个工人。因为闵行区开始建设发展，以前的厂房面临拆迁。几经辗转，父亲在上海奉贤区南汇镇找到了新的厂房，新厂房比以前大很多。父亲把以前厂里过时的机器卖了，加上自己的积蓄，又借了钱买了新的机器，省了很多人力。后来厂里生意越来越好了，家里生活也越来越好了。2008年，父亲买了新的大货车；2010年，在老家盖了新房子，买了私家车。

在老家建的房子

　　现在厂里的专业设备都是电脑操控,厂里还请了专门的工人,家里的生意也越来越广。

家有儿女

　　这人世间的很多爱,都以长相守、不分离为目的。只有一种爱,送别于不断目送,成全于相互分离,那就是父母对子女的爱。神奇的血缘不仅让我们俩继承了父母亲的生命,还占据了他们的生活重心。

　　2000年的中秋节,我出生了。这个小生命成了父亲身上最重的责任,父亲微薄的存款工资完全不够当时的开销,只能靠姑姑和奶奶救济。有人说,养不起就送人了吧。但父亲从来都没有动过这个念头,他说那是他的女儿。

　　2006年,父亲希望我到上海接受更好的教育,便把我骗去了上海。父亲说,我们这一代是时代的幸运儿,脱离他们当时没钱读书的灰暗世界,九年义务教育就像盘古手里锋利的斧头,撕裂了幽深的绝望。送我去读书也是一个不容易的过程。刚到上海的时候,我还没到法定的上学年纪。父亲为了我不落后,给我找了一个私立民办学校。因为没有人脉,父亲请了姑姑帮忙，想尽一切办法终于把我送进了学校。2007 年，在私立学校读完一年级，父亲希望我能去闵行区教学资源很好的公立学校。父亲和姑姑又想了很多办法。

父亲还给我讲了一件我已经忘记的趣事："2008 年，汶川大地震，学校组织捐款，送你去读书的时候，你硬要捐 500，不给就赖在车上说，同学都捐那么多，如果不给你钱，你就不去读书了。我出门没带够钱，就去附近一个买我们家被子的老板那里借了 200 元凑齐了钱给你。"就为了满足小小的我的自尊心。

上海的小学是五年制，六年级在初中读。那时候我家在我们的工厂附近，为的是方便父母去厂里。但我学校和家是两个区，为了方便读书，我们家就从工厂附近搬到了我学校附近。2013 年回老家读书，父亲又找了关系让我进了最好的私立学校，付着高昂的学费。

2017 年，弟弟读六年级。母亲说："你弟弟读书的时候制度改了，不能在上海读六年级了，但你爸在你身上栽了跟头，不舍得你弟太小就送回家。到处找人托关系进了嘉善那所私立学校，一个学期学费一万六，你爸眼睛都不眨一下。每个星期你爸就开两个多小时的车去接你弟回家。你爸就是铁汉柔情。"母亲讲的时候，父亲摸了摸我的头说："这可是我的宝贝女儿，就值得拥有最好的。"

何以为家

2007 年，父亲在商场上运行自如之后，有了公司的概念，就去工商管理部门注册了公司，公司的名字就是以我母亲的名字命名的。当初我的父亲还是个穷小伙，母亲陪着他扛过了最困难的日子，陪他白手起家。今年就是他们结婚 20 周年了，从相濡以沫走到了伉俪情深，见过对方最糟糕的样子，但依然爱对方，这就是爱情的力量，就是小康之家的力量。

2000 年底，父母去了上海，把我托付给了爷爷奶奶，我成了"留守儿童"。2006 年，父亲打算把我接去上海，在过去 6 年里父母忙于事业并没有回来看过我，父亲第一次回来接我出去，我哭着喊着不愿意。小姑姑受了我父亲的嘱托把我带出去,6 岁的我明明已经识字了,也认识"上海"两个字,但在小姑姑"花言巧语"下还是被"骗"了出去。为了弥补错过的时光,父母给了我成倍的爱,母亲说错过我的成长是他和父亲一辈子后悔的事情。

生了我弟弟之后,母亲就会偶感风湿。今年母亲节,我弟弟和我拿出了压岁钱给母亲买了关节骨质理疗仪器。收到礼物的母亲像个孩童般,发了朋友圈,字里行间全是感动。

我的小康之家是以父亲"海漂"创业为物质基础,以父母的爱情、父母对我们姐弟的爱、我们对父母感恩的爱为精神来源。家庭经济实力固然是衡量"小康"的标准,而我的小康之家的"小康"的立足点更是幸福感。

"家事"里的"国史"

观察者 20：李炜，浙大宁波理工学院宣传部副部长

夜深时候，读到茆同学的《下一站，叫幸福》，颇有触动。一方面，我有同她父母相仿的年龄，一些文字让我更有画面感，甚至说，在某些内在的理解上，我比作者更接近她的父母；另一方面，透过作者的文字，我自然而然地想到了自己的父母、自己的家庭，寥寥几千字，写不尽岁月蹉跎，但是心中的感触总是浪涌般地此起彼伏，一段段地把那些听到的、见到的、感受到的过往带到眼前，真实的仿佛昨天。

中国人有一种叫"乡愁"的天然基因，伴随着"天下兴亡、匹夫有责"的大情怀，共同建构起心中的"家国天下观"。在很多人的观念里，对"国是千万家、家是最小国"总体上有相近的认识。2001 年，我 19 岁那年，考上大学走出了乡村，很多人可能认为我是"穷窝窝里飞出的金凤凰"，但是我一直认为我是农民，我庆幸自己从祖辈那里继承了这份血统。近 20 年的城市生活，很多习惯没有改变，如果说有什么原因的话，或许就是心中的乡愁记忆，记忆里有很多时代共同的故事。

新安江水电站：集中力量办大事的时代注释

我的家乡在地处浙西北浙皖交界的淳安县王阜乡，是中共淳安县委的诞生地；现如今，"千岛湖"要比"淳安县"更让人耳熟能详，千岛湖其实是新安江大坝蓄水形成的水库。老家门口的云源溪蜿蜒 80 里后注入千岛湖，自

小我就向往着随溪漂流,去看山外的世界。我出生的时候新安江水电站已经发电 20 多年,我对大坝的了解,来自于我父亲曾经在毛竹源水上货运码头的"背帮"做脚力活。家里第一辆自行车就是父亲从码头上挣下的钱买的,虽然对当时父亲艰苦的工作条件有所耳闻,但是小时候对自行车的甜味冲淡了本该有的苦涩;成年以后回想那些过往,更能感受当时父亲肩上的担子,还有重担压出的厚厚肩膀。

新安江水电站是我国第一座自行设计、自制设备、自己施工建造的大型水利发电站,被人们誉为"长江三峡的试验田"。翻开新安江大坝的历史,就是一段可歌可泣、独立自主、自力更生的民族奋斗史。一方面,新安江水电站从选址到开始蓄水,比原计划提前了 15 个月。从 1957 年 4 月开始施工,到 1960 年 4 月开始发电,仅 3 年时间,创造了大型水电站高速度施工的典范和榜样。这背后是在经验不足、设备不全的情况下,党中央一声令下,数以万计工人夜以继日付出的辛劳与汗水。历史难以言说和描述,但是当时的境况是可以想象的。另一方面,为建设新安江水电站,同样是党中央一声令下,淳安、遂安两县人民群起响应,自觉地作出了重大牺牲,累计近 30 万人离别故土大移民。无论从哪个角度来观察,都鲜明地彰显了社会主义制度的无比优越性,是集中力量办大事最好的时代注释。

包产到户:社会分工演进的推进器

包产到户是农村对家庭联产承包责任制的通俗说法。我出生那年,中国共产党历史上第一个关于农村工作的一号文件正式出台,明确指出包产到户、包干到户都是社会主义集体经济的生产责任制。在农村,包产到户并不是政策出来后立马就能彻底实现的,涉及很多具体的集体所有财产,需要一个过程去消化与吸收。在我记事时,田地山林已经到户,但是有一方面还在延续、没有彻底,那就是"耕地的牛"。包产到户之前,牛作为重要的生产力,属于集体所有、集体供养、集体使用;包产到户后,牛的现实需要性和不可分割性,促使原来同属于一个大队的家庭继续共同供养,只是其方式已经发生根本性的变化,采用的是一种因需供养、轮流养护、轮流耕作的方式;一般是根据每个家庭所耕田亩的多少确定所需供养的天数，由各家庭轮流养护，待到春耕时节，因需轮流耕田，谁耕谁喂养。

可以说，包产到户极大激发了农村活力，调动了农民参与农业生产的积极性，多劳多得的观念成为现实。这种生产关系的变化助推了生产力的发展，加上中国农民的勤劳与智慧，农村家庭富余劳动力日益增多，家庭分工出现新的演进。也正是农村富余劳动力的流动，促进了城市的建设与发展，也推动了经济产业、社会行业的细分。就如我们一家三口，包产到户后，母亲主要在家耕种，闲暇时间发展经济作物、养桑蚕补贴家用；父亲除了农忙时节返家帮忙外，大多时间在外"搞副业"，这是当时农村普遍的情况；至于前面提到的那头牛，很多时候是像我这样小孩子的事，不过可以肯定地说，父母对小孩接受学校教育的重视，在包产到户后得到了明显的改善，学习成了我最主要的事，这是我们这一代人的幸运。

取消农业税：人民当家做主得实惠

包产到户解决了家里人吃饭问题，但是农业税是以货币方式缴纳；每年留足口粮和种粮后，能够卖出去的还是有限。在我的印象中，虽然父母在劳动换取货币的问题上不遗余力，但是借钱交农业税的时候也是常有。一方面，交农业税碰到青黄不接或是其他大额支出的时候，只能周转；另一方面，当时农村里从农业税衍生出来需要缴纳的税费也不在少数，加大了家庭的货币负担。农民是质朴的，父母对缴纳农业税从来都认为是天经地义的事，"是党和国家让我们有田种、有粮收，交农业税是本分"。

记得是2005年下半年，我大学毕业走上工作岗位不久，当时家里还没有安装固定电话，手机在农村的使用率更是极低，母亲借用邻居家的座机给我打了一个电话，非常兴奋又有些疑惑地告诉我："听说明年开始就不用再交农业税了，今年的税已经交过了。"因为当时通信并不算发达，平时跟家里联系本来就少，母亲主动来电更是极少，我能通过电波感受到母亲对取消农业税内心的激动。或许，父辈们对农村、农业、农民有更透彻、更直接、更真切的感觉与认知，当时，我能感受到母亲有一种破除枷锁束缚的释怀感觉，却很难让自己感同身受。后来,我多方了解了信息,回电母亲告知国家正在推进农业体制改革,确实要取消农业税,以后都不用交了。母亲说:"国家现在是会越改越好,农民多得实惠啦。"

新农保:健康是奔小康的基石

站在 14 年前的历史节点上,我对农村医疗体制改革了解不多;但是从现在回溯过去,我能清晰地看到医疗体制在农村的改革与发展,也能更加深刻领会到党和国家对老百姓生命与健康的重视,党的"病有所医""防止因病致贫"是承诺,不是空言。

父母常说的"新农保",就是在 2002 年前后开始探索施行新型农村合作医疗制度。这是以大病统筹为主,个人缴纳和政府补贴相结合的一种互助型医疗保险制度。初期,父母在要不要投保、交多少钱、怎么交的问题上,常要跟我商量,听我的意见。我的总体原则是,政府主导推动的都应该积极参加。虽然家里经济一直比较紧张,父母还是省吃俭用每年参保。2006 年,父亲肺癌入院手术,加上后期治疗,不仅掏空了家底,还在亲戚处有很多借款。父亲的病痛令我和母亲感到极度不幸,让我们不断得到慰藉的是,父亲通过手术治疗日渐恢复;同时,因为新农保逐年的积累,通过大病统筹和专项补助申领,很大程度上缓解了家庭经济压力,为父亲后期更好康复提供了有利条件。14 年来,父亲要定期检查、用药不断,新农保依然保驾护航。"没有全民健康,就没有全面小康!"从家庭的真实里,我更加体会到这句话的含义与分量。

像千千万万个普通家庭一样,都是国家发展投射下的影子,记录下国家历史最细微、最具体、最末梢,也是最生动的图景,每个人、每个家庭,在参与、推动、体会自身变迁的同时,也在写下国家和民族的历史。写好每一个人的故事,共同叙述一个美丽中国。

法治为小康通途保驾护航

观察者 21：韩小梅，浙大宁波理工学院传媒与法学院讲师、博士

我国改革开放 40 多年，党的十九大提出 2020 年全面建成小康社会。浙大宁波理工学院学生社会实践的品牌项目"行走的新闻"2020 年的年度著作是《我的小康之家——行走的新闻：00 后眼中的中国小康之家样本观察》。这是一部活的中国小康社会奋斗史，是青年学子眼中的一部真切的中国当代史。以青年学生视角呈现家庭纪实影像，以"行走的新闻"2018—2020 三个年度 400 余篇田野调查近 100 万字做为基础案例与数据来源，提炼出 40 余篇小康家庭样本。

我满怀好奇地仔细观察，在这些小康家庭样本中看到了中国人最初简朴的生活样貌；看到了随着改革开放的历史机遇，一个个小人物、小家庭几十年来生活水准的显著改善和提升；看到了当初的少年成长为如今的中年，时光没有白白流走，他们勇于探索、努力奋斗、成家立业、生儿育女。每个个体就和我们的国家一样，从一穷二白的起点开始，不是等靠要，而是迎难而上，靠行动和双手、勇气和智慧去创造生活。一个家庭是沧海一粟，而 40 余个小康家庭 40 多年的奋斗发展样本展现在我们面前，就会有画面感，珍贵的历史和社会就像一幅画卷在面前徐徐展开。

在这幅画卷中，我又留心观察，这其中有没有我所关注的那个点呢？几十篇文章细细读下来，真的有所发现。在《下一站，叫幸福》这篇文章中，就记录了这个小康家庭的"一道坎儿"。

简单讲就是一笔31万元左右的单子,有17万元多的欠款收不回来,而且已经垫付了20多万元的材料费。但如果仔细考虑这个小家庭的处境我们会发现,这时夫妻双方年近40岁,他们创业15年,养着两个孩子,贷款买了车和房子,养着店面和工人。有一点积累,生意正开始进入上升期。这时的这一道坎儿,使得原本压力就不小的家庭一下子陷入了困境。那段时期家里的艰难程度,不亚于创业伊始经历的任何种种。一年半的官司,"几乎就是挺加熬过来的!"那一年的春节过得也是格外冷清……正是这些最真实的感受,让我们理解了一个"小小"的经济纠纷为什么被称为一个家庭奔小康过程中的"一道坎儿"。回望来路,无论是当事人还是旁观者,仍然会有一种惊心动魄之感。如果当时没有有效运用法律这个救济手段维护合法权益,这个家庭会怎样? 当时之脆弱,如今之强大,均来之不易。

小康路上的这道坎儿,最后是通过诉讼途径解决的,胜诉后,这个家庭的日子越来越好,又新修了洋房、新买了汽车。从法律的角度分析,这个案件可能远远称不上什么疑难复杂,只是一起最简单常见的经济纠纷。作为一个法律人,我从这个案件深深体会到了法律的价值和意义,司法为民真的让群众有获得感,社会主义法治为小康通途保驾护航。

改革开放以来,国家综合实力增强和人民生活水平提高的同时,中国法治建设也逐步驶入快车道。40年风雨征程,回首新中国法治建设进程,法治对经济社会发展的保障和促进作用日益明显。改革开放之初,我国的法律制度还不健全,法治建设首先要有法可依。党的十一届三中全会以后,全面的立法工作加紧展开,国家的宪法和法律制度逐步完善。现已形成中国特色社会主义法律体系,国家经济社会生活的各个方面实现了有法可依。党的十八报告鲜明提出,法治是治国理政的基本方式。党的十八届四中全会提出在党的领导下推进全面依法治国。深化司法体制改革实现公正司法,是推进法治中国建设的司法保障。改革开放40年,中国司法为改革保了驾护了航。

多年的法治宣传和法治实践使得群众法治意识大大提升。上述家庭奔小康的征途上,遇到经济纠纷,不再是无助愤怒地质问"他凭啥不给我工钱"，而是能够想到："还能怎么办？打官司呗！"可见法治深入人心。而最终"这场官司的结果当然是胜诉"更是令人欣慰。如果没有法治保驾护航，仅凭"挺着"和"熬着"是不会解决任何问题的。迈过这道坎儿才好再出发，有法治保驾护航，人们追求幸福生活的路上才会有尊严有保障，才会多了一份从容。一些基层法律工作者有更深的体会："现在群众遇到劳动合同纠纷都是'没签劳动合同，我有转账截屏算不算证据'之类的专业咨询。"

　　当今中国，正处于实现历史性一跃的关键节点，全面建成小康社会进入倒计时。改革开放40年的历史实践证明，经济社会的发展需要法治的护航和守卫。法者，治之端也。2020年的疫情防控国家也提出依法防控，"疫情防控越是到最吃劲的时候，越要坚持依法防控，在法治轨道上统筹推进各项防控工作"。依法行政，建设服务型政府、法治型政府成为新时代我们党执政兴国的又一关键词。在2020年全面建成小康社会的收官之年，一个小康家庭的微观样本，让我们看到了法治为小康通途保驾护航的样子。宏观上，我们已有健全的法律制度，全面推行依法治国，法治观念深入人心，司法为民让群众有获得感。这一切是党带领人民砥砺奋斗的宝贵成果，也是实现中华民族伟大复兴的有力保障。

下一站,叫幸福

叙述者 18:茆肖肖,浙大宁波理工学院新闻学专业 2019 级学生

"屋檐洒雨滴,炊烟袅袅起。"不知不觉,江南的梅雨季又到了。巧的是,19 年前的这个季节,这个家庭的第一个宝贝也正好降生了。往后,初为人父母的他和她带着牙牙学语的她开启了这段小康之家的奋斗史。蹉跎辗转间,由父母之遇展开的一段段旅程,勾画出了一幅又一幅的幸福画卷。

老派浪漫

父亲总调侃母亲当年看上他是因为自己过于帅气了。而每每这时候母亲总是不屑一顾地说:"也不知道是谁当年说非我不娶的……"

一条长长的绿皮火车,仿佛载起了满满的回忆碎片。时光一倒流,那一个个在老胶片机里埋藏着的故事,随着火车在轨道上驶过的声音,扑面而来了。

一头是从北方开往南方绿皮火车上的男青年,另一头是从南方的一头到另一头的姑娘。熙熙攘攘的广州火车站,姑娘的头埋在胳膊肘里、蹲坐在台阶上、肩一耸一耸地小声啜泣。路过的人最多只低头瞅她一眼,没有人在意。夜灯把姑娘瘦弱的影子越拉越长,男生踩着这个影子轻轻问了句:"需要帮忙吗?"……

如果不是同一节绿皮车厢的巧合,如果不是当年母亲在火车上被偷走了那只包,如果不是父亲恰巧路过了那个台阶,如果不是上帝比划的这一幕

幕机缘奇遇，故事就不会开始。

由于时间和地域的关系

1998 年，一个神奇的年份。

就在这一年，长江流域发了特大洪水。但巧的是，那时 20 出头的父母就是躲过了那场洪水，并且在珠江流域相遇了。在广州的日子，平淡中又增添了几丝甜蜜——尽管是在破旧的出租屋里，尽管是给厂长做最廉价的劳动力，尽管男青年给不了姑娘玫瑰与碎花裙，但在早茶摊儿的路边依然可以手挽着手散步，也可以相互依偎着在电视机前看着春晚的《相约 98》……

在广州打工的这两年恋爱光阴是爸妈至今回味起来还能荡漾在嘴角的微笑。

可青年贵在志气。23 岁的男青年不满于这样单调低收入的日子，再加上身边有了这样一个想要照顾一辈子的姑娘……

于是千禧之年，父母又做了一个重大决定——辞工广州，来浙江打拼。

虽说万事开头难，但由于是母亲的出生地，因而刚到浙江时的一切安顿在母亲的帮助下也并没有像父亲想象得那么困难。再加上有之前在广州打工租房的经验，小俩口在浙江的生活还是依然平淡安逸。

可即使是阵徐徐的清风，也还是有些许的泥沙夹杂着而来的啊。日子怎会一帆风顺？妈妈的家人极力反对他们在一起，他们总觉得女儿不应该跟这样的穷小子一块儿受苦。因为这件事情，妈妈跟外婆都不知道翻了多少次脸了……我最佩服妈妈的一点也正是在这里——她明知道要和爸爸一起走的之后这条路会有多艰难，也明知道没有了家人的帮助后会多产生出多少的麻烦出来，可她就是倔，一旦认定了就要跟他一块儿好好地把日子给过下去……确实，后来这 20 年的时间也证明了她的选择是正确的，她认定的这个男人最终也还是给到了她想要的生活。

2000 年 12 月 26 日在浙江，爸妈领了结婚证，正式结为了夫妻。他们的小康奋斗史由此展开。

父亲:这是你想要的生活吗?

我降生前,母亲的日子就是在两点一线间单调地搅拌——因为没有什么高学历,也就只能打一些零工勉强维持生计。父亲倒是在做油漆工时遇上了自己的伯乐——有位郭师傅带着他学起了一门叫"快涂美"(主要就是墙面装修设计)的手艺。都说兴趣是最好的老师,自那起,父亲对这门手艺的热爱一发不可收拾。

听母亲的描述,那会儿父亲只要一听到是郭师傅要找他去帮忙了,就两眼放光。家里摆置的艺术涂料、滚筒刷子之类的工具在他眼里就是宝贝中的宝贝。不管每次去郭师傅家的那段路再怎么泥泞磕绊,父亲总能把自行车蹬得贼带劲儿!仿佛每去一次就是赚到一次机会。

就这样,半年过去了。父亲的不懈努力也让他粗粗地掌握了这门手艺。五月,不热但也还闷着的天气,在这个还沉醉于自己热爱事物的大男孩儿耳边,他的妻子呢喃了一句"你快要真正当爸爸了",父亲这才猛然意识到:老婆的肚子已经这么大了啊!那一瞬,责任和担当瞬间涌上了这个大男孩儿的心头,他不禁反复问自己:"这是你想要的生活吗?"

没过多久,父亲开始独立做起"快涂美"——拼凑借省一万块钱买了摩托车,订货,考虑租店面,开始家家户户跑业务……

在忙碌之中,我的诞生让这个家庭完整了。父亲至今还记得初为人父时的欣喜若狂,还能回忆起用笨拙的双手托起一个新生命时的新奇感。"要更努力啊!我是这个家的顶梁柱呢!我要让老婆孩子都过上想要的生活!"他在心底里这样给自己加油打气道。

往后的日子,似乎越过越顺了。父亲找到了合资伙伴,扩大了店面的经营范围。我也在一步一踉跄中被爸妈拉着小手从破旧的出租屋里搬了出来——粗糙硬实的水泥地变成了光滑好看的大理石,摆放不齐的红绿热水瓶过渡到了轻巧便捷的电热水壶,再从之前拧开的水龙头、公共洗衣池的搓衣板到洗衣机、热水器……爸爸也去考了驾照,从摩托车开到了面包车,驶向了他眼中发着光的未来。

母亲：从南方姑娘到硬气女人

如今的小康之家，除了父亲的支撑外，母亲的贡献也不得不提。

虽说母亲总把各种嫌弃爸爸的话挂嘴边，但若是真的嫌弃，也不可能跟着他一块儿20年如一日，这样奋斗到今天。20年前的她，典型的南方姑娘——刘海儿小辫、碎花长裙，笑起来的那一刹，阳光融在了微风中；如今的她，已然是一位硬气干练的女人——踩着高跟鞋、直筒黑裤，照片里的她依然微笑，但笑容中多出来的不只是些许岁月的磨合纹路，更多的是几分自信与从容。前者与后者都有说不出的魅力所在，而这一切的转变都是在小康之家的演进过程中悄然发生的。

妈妈年轻时就有一群从事化妆品销售的好姐妹。2007年，有个姐妹想来找妈妈一起合资开店做"玫琳凯"（一款化妆品牌子）旗下产品的销售工作。也才二十八九的年纪，谁不想从事自己喜欢的行业呢？那个姐妹找到妈妈时，她的内心是痒的！她向往这个工作、向往这个行业、向往自己独立接单做销售的感觉……可时机不合适啊！那时父亲的店需要人脉帮忙一起扶持，我也年幼。若是她分散精力去做销售，那父亲的生意就会难做很多，我也只能丢给外婆带了。这样的难局之下，母亲最终的选择还是后者——顾家。问起母亲当初花了多久考虑，她坦然一笑："也就几天功夫吧。"这一笑的背后又藏着这个坚毅女人多少的隐忍与心酸。

"只有一家人好好地为了一个目标努力前进，这个家才完整嘛！"她看了眼父亲，又看了眼她的孩子们，再一次笑了。或许母亲眼里对小康的定义不在于现在家里有多富，更在于这个家的幸福美满程度吧。即使再回首10多年前做的这个决定，她也依然不后悔。在她看来，那时候的咱家，就已经步入小康的门槛了。

如今，不仅是父亲的事业，家里的状态也基本稳定。母亲在去年我高考结束之后，还是重新拾起了以前的"玫琳凯"销售梦。现在当上了老板娘的她，眉眼间的自信与干练，让我不得不对这样一位硬气女人竖起大拇指。

这道坎儿的下一站，叫幸福

2011 年，妹妹出生了。家也从原先的老社区搬到了市区较为高档的小区，当年的面包车早被换成了一辆黑色的途观。那两年的日子可以说是蒸蒸日上——店面雇起了工人，一年到头父母亲的生活都是在忙碌的生意单和与客户的交接中度过的。但忙碌带来的充实与赚到钱的踏实也都只是浮于要面临的坎儿之上罢了。

2015 年，父亲接了笔大单。一位安徽的客户与父亲商谈了一笔 31 万元左右的单子，并在最开始说好分两期工程付清，但在付完前期的 14 万之后，这位客户便开始拖欠逃债了。那时的父亲作为这个项目的负责人，已经垫付了前后价值 20 多万元的材料费，又怎能允许这样始料未及的情况发生？再加上那时家中每月都要还房贷、车贷，压力着实不小。偏偏这时，母亲又因为常年累积的腰间盘的一些毛病住了院。家里一下子陷入了困境。

还能怎么办？打官司呗！父亲说起那段时期家里的艰难程度，不亚于创业伊始经历的任何种种。一年半的官司，"几乎就是挺加熬过来的！"——那一年的春节过得也是格外冷清，几乎每一餐的饭桌上都是被沉默吞噬的氛围。记得偶然一天早上去父母床头柜拿东西时，母亲枕头上那一大块浸湿的泪痕至今还烙印在我心头，一想起便是涌上心头的酸。

但还有什么是咬着牙还挺不过去的呢？这场官司的结果当然是胜诉。毫无疑问，那道坎儿带给这个家庭的是更为凝聚的勇气与毅力！

最艰难的时期熬过去了，接下来不就只剩开往康庄大道上的沿途美丽风景了？这两年，父亲不仅靠着积攒了 20 年的信誉与人脉基础，还依托着新兴发展起来的电商平台，将自己的生意面越做越广了。刚好在 2019 年年初，咱家又重新装修了下房子：两层的北欧小阁楼式风格，搬进悠闲舒适的新家时，心里又是一阵感慨。家里人在新家一起吃的第一顿饭上，我问父亲："这样的 40 岁，还满意吗？"父亲给自己又满上了一小盅酒，举起它细嗫的那一刹，他看着我笑了。母亲随即也笑着应了句："你爹幸福着哩！"整个客厅的灯光闪着暖色调，映衬着两位不惑之年之人脸上的纹路，荡漾出了幸福。

　　2020年，家里又添置了一辆新的轿车。这次清明假期老爹开着车载咱们一家野外踏青时，驶过了一片片的油菜花田。我看着车窗外朦胧未尽的雨景，知道这条小康之路的下一站，叫幸福。

我七八岁时家里爸妈舅姨们一块儿的合影

13岁时我给爸妈和弟弟妹妹拍的照片

做为"讲故事"者的采访对象

观察者 22：刘亚娟，浙大宁波理工学院传媒与法学院讲师、博士

当今社会，自媒体平台纷繁涌现，看似热闹又喧嚣。我们能在快手抖音里看见生活的嬉笑怒骂，也能在西瓜、B 站里看到爱好，柴米油盐与诗和远方仿佛都可以信手拈来。作为新闻专业教育者，我时常自问："为什么人们还要接受记者的采访？"

从学术角度讲，被访者接受采访与拒绝采访的理由可以有很多；作为记者想要挖掘更深入的采访技巧也比比皆是。但从这本《我的小康之家》中，我却看到了另一面——启发和肯定着"讲故事"这一人类古老而又传统形式在当今媒体洪流中的独特作用。不同于那些三年五分钟的短视频，这里每一篇文字的背后，都凝聚了至少 20 年的社会缩影，有的甚至更长。在漫长而又短暂的单向时间通道里，为读者搭建了一个可以停下来回看、思考和再出发的驿站。例如，《"老底子们"的故事》中，作者屠夏锋主要是发掘了"老底子的人"来讲述宁波的发展故事。

从平等的角度看，我们每个人的生活，放在改革开放的社会背景中都是一个个时代的光点，正是这些光点，汇聚成了小康社会的盏盏明灯。那些劳动模范、科技工作者当然值得被肯定与赞扬，但那些在平凡世界中，永远以不屈不挠姿态认真生活的人们，同样值得被记录。他们经历了计划经济时代，经历了有计划的商品经济时代，经历了社会主义市场经济的深化改革时代。他们中有深圳制造业工厂变迁的亲历者，有电子商务的第一代弄潮儿，

有下岗人员自谋职业的实践者,他们是不同的,他们或主动或被动地被时代改变着,或许成功或许平凡甚至失败,或许走了弯路或许乘风直上,但相同的是,他们一直都在与改革开放跳动的脉搏共振,当然值得被记录。

从真实的角度看,讲述者直面生活,真实讲述悲欢的勇气值得敬佩,他们的真诚值得喝彩。每个人在回想人生历程时,伴随着明朗的旧日时光记忆,也可能会有灰暗和阴霾。从这套图书中,我们能看到一个个朴实、真诚的"讲故事者",他们的故事不畏惧讲述儿时的穷困,不畏惧讲述生活中的坎坷挫折,也不对突如其来的下岗再就业怨天尤人。既不粉饰,也不遮掩,就这样将生活的本真展现给读者。这样平凡的真实反而最具有穿透人心的力量,让人不禁为之眼含热泪。

回到最初的问题,采访对象为何要讲述故事,这一切因何可能?

因为表达是人类最基本的情感之一。即使他们的年龄和阅历让其在新媒体使用上与年轻人有着巨大差异,但回忆、讲述的过程中间,讲述人本身也收获了心理的慰藉与满足。他们的故事,得以用文字的形式在每个关键的瞬间定格,让他们的青春记忆,在一个快速更迭的时代留下永恒的烙印。他们口述的不仅仅是回忆,也是历史。

更因为采访对象对面坐着的是承载了他们20年的付出与希望的未来一代。《海岛小镇的故事》里卢佳朦的父母讲述着他们迈向新生活的那一张张旧船票的故事,我能清晰地看到,父母是孩子的第一个老师,父母传授给孩子的,不仅是知识和常识,还有对世界的看法与认知。讲故事的方式,也成为了亲子交流的一架桥。有人认为,父母总说"我们是为了你"这句话是一种过度心理控制。这套采访的故事里,或许我们能找到另外一种思路,代替"我们所做的一切都是为了你"这一"结果",通过讲故事的手段,回顾整个家族经历的风风雨雨、酸甜苦辣,在讲述和对话中,青年一代能够收获的不仅仅是一篇记录文字。我相信,那些善于思考和感恩的孩子,那些能够写出这些文字的孩子,能从中真正体会到什么是"为了你"以及什么是"爱"。

公平、公开、真实、准确是新闻专业学生的第一课,也是我作为专业教师反复在课上强调的内容,00后眼中的小康之家,给了我们一个很好的切入口,怎么才能做到公平、做到真实? 从微观看,是采访者与故事讲述者的情感共鸣和彼此的能量交换;从宏观看,是采访者通过父母、祖父母辈的讲述,体会到课本中描述的改革开放变迁。采访将此前很有可能被忽略的细微改变与感受认真记录,也将由个体、家庭甚至家族共同构成的时代予以描绘呈现。在这些故事中,学生与长辈的青春年华携手共舞,与长辈的艰苦奋斗、努力向上惺惺相惜,与长辈的坎坷与欢乐深度共情。而故事的讲述者,也能够从倾听者那里汲取到能量,为这些独一无二的故事找到最完美的落脚点。

　　当然,对青年们而言,理解"讲故事"的采访对象,理解家庭和亲情只是第一步。更重要的是他们在记录的过程中去理解社会的流动与复杂性、人世的变迁与坚持,对公平、真实有更深入和更宽范围的理解,在他们未来的人生路上,为自己、为家人和为社会努力拼搏,忠实记录,无愧于心。

小康图景的县域视角考察

观察者 23：包静昇，浙大宁波理工学院商学院团委书记、硕士

一说到浙江，很多人会把她和"水"联系在一起。一方面，因为"浙江"二字都与"水"结缘；另一方面也因为新安江、富春江、钱塘江等几条大水系在浙江大地贯穿形成"之"型，也有多个城市滨海而成、向海而生，海岸线总长6400多公里，居我国首位。佳朦同学《海岛小镇的故事》就发生在沿海而居的舟山群岛，从轮渡到跨海大桥，用一张张船票与车票串联起三代人的奋斗故事，从"家"的视角感受地区的日益变迁，给人描绘了海边小镇走向繁荣的生动的图景。

山水两相依。浙江水资源相对丰富，很重要的因素是这里有延绵的山脉，为各水系提供源源不断的储备。所以，改革开放以来的浙江发展，也面临着"七山一水两分田"的资源局限，据统计，浙江山地丘陵就占到了74%。在如此资源禀赋不佳的条件下，浙江的发展有目共睹。这份有目共睹中，不仅有海岛的景致，也有像我老家丽水松阳这样"山沟沟"里的别样风采。

松阳建县已有1800多年历史，乡村散布着形态古朴、风貌依旧的众多古村，至今仍保留着百余个格局完整的传统村落，是中国历史文化名城名镇名村体系保留最完整、乡土文化传承最好的地区之一，有"最后的江南秘境"雅称。其实，松阳的地理位置和自然资源并不好，周边群山环抱，是"八山一水一分田"的地方。在发展浪潮中，松阳化劣势为优势，在传承中发展，以"中医调理""针灸式点位法"，走出了一条"千年古县"的特色发展之路，实现

了"文化引领的乡村复兴",以最不经意的方式建设着美丽乡村。

一、留住乡愁

过去,松阳面临的困扰和中国大多数县域并无二致,在城市化浪潮中,年轻人纷纷去了城市,无人居住的老屋渐渐衰败毁坏,传统村落生机渐失。

改变源自 2016 年,几乎湮没在岁月中的老屋迎来了转机。在国家文物局倡导下,中国文物保护基金会在松阳发起"拯救老屋行动"项目,两年内投入 4000 万元,对老屋进行修缮、保护和活化利用。

45 岁的包加理是松阳县横樟村第一个"吃螃蟹"的人。他所在的老屋有 760 平方米,由 17 位户主共有。包加理一开始对"拯救老屋行动"也不理解,"费钱费力又不讨好,修老屋干吗?"工作人员反复和他解释,老屋是保护性修缮,而且以后村子的旅游业发展起来,屋子还能改造为民宿,他才答应试试。"这是祖辈留下的财产,是我们自己的家,如果能保护好,我肯定也是愿意的。"

在"拯救老屋行动"中,一个差一点就要在地图上消失的古村落如今正大放异彩。陈家铺村,原本是一座悬崖上的"空心村",与"网红书店"先锋书店达成协议后,由先锋书店来参与老屋改造,并在改造基础上在当地设立"平民书局"。

开业后,很快就成了游客必去的打卡胜地。村里开了"最美书店",最高兴的莫过于村民了。"我们村的书店真有腔调。"在村里当过 24 年老支书的鲍根余一马当先来应聘书局店员,他说:"我们当地有句谚语,三都笔杆子,四都泥腿子,这回书店可给乡里争光了,咱村也走文化发展的路咧。"

就这样,到 2018 年 9 月初,"拯救老屋行动"一期项目 142 幢老屋全面完工验收,并在实践中大胆创新,初步探索出了一条社会组织与地方政府合作推动、群众自发参与的私人产权文物建筑保护利用的新路子。

二、唤醒乡村活力

过去,我们很多人都认为那些在深山里的黄泥房的下场只能是推倒重建,但在现代化进程中,它们也可以成为优质的资源。例如民宿业的兴起正是把劣势转为优势的生动印证。

民宿让农村焕发新的活力,村民自制的萝卜片、番薯条等高山土货也成了客人抢购的美食。这也让不少在外打工的村民陆续返乡创业就业,带动了乡村复兴。

2018年,浙江松阳与德国Aedes国际建筑论坛合作,共同举办首届浙江松阳·乡村振兴论坛,邀请了德国Aedes国际建筑论坛馆长克里斯汀·费莱斯等17个国家近60名国际嘉宾。青年建筑师徐甜甜为松阳设计的一系列以"乡村变迁:松阳故事"为主题的建筑作品在论坛上进行了展示。

徐甜甜提出的"建筑针灸",以公共建筑作为"针灸疗法"的乡村策略,针对不同村庄特定情况,通过公共建筑重塑乡村的身份标识,点位激活文化经济发展,形成县域的城乡系统关联。松阳故事就这样开始了,红糖工坊、契约博物馆、王景纪念堂等,通过深入调研分析各个村庄的历史传统工艺业态和生活需求,选取当地最具代表性的文化或产业元素,以村庄公共功能为载体,用类似中医"针灸"的方式介入乡村。

论坛总监、展览主要发起者汉斯·尤尔根·科莫瑞尔看到作品后大为赞赏:"农村的发展关乎人类未来,松阳以文化建筑为切入点进行建设,松阳实践不仅对德国,对欧洲乃至世界都有借鉴意义。能够寻找到松阳故事,我们由衷地高兴和骄傲。"

三、文化引领乡村振兴

中国文化起源于农耕文明,中国人和乡村在根源上有着不可分割的联系。过去在大家的认知里,乡村的作用是居住与生产,例如种植、养猪、制作红糖等等,而现在文化和旅游成为了中国乡村发展速度最快的两个产业。除了经济形式以外,乡村的文化、旅游、居住等产业都获得了人们越来越多的关注,而对于乡村振兴,更重要的是乡村文化社会结构的解构与重建。

比如松阳的红糖工坊传承了村庄内核的文化传统元素,兼具红糖生产厂房、村民活动和文化展示功能,是衔接村庄和田园的一处重要场所。石仓契约博物馆以石仓古契约研究成果为基础,以"契约精神"为灵感,以当地石材为主材,以传统技术建造,激发了人们对规则的尊重和敬畏。豆腐工坊是集油豆腐加工、参观、体验于一体的豆腐产业发展项目。改变了家家户户单纯制作油豆腐的单一产业,豆腐生产过程中的豆腐水可以加工成护肤品等,豆腐渣则成为猪的饲料,猪粪成为种黄豆的养料。这些集功能性、艺术性、思想性为一体的建筑,成为引导一种业态发展、激活一个片区复兴的很好载体,它们是乡村文化社会结构的重建。

　　松阳在乡村振兴中提倡"中医调理、针灸激活",就是不希望对乡村进行大动干戈的建设,那样最后所有乡村都会变得一模一样,毫无生命力,而是通过点位上的适度刺激,慢慢恢复乡村的活力。近几年的生动实践证明,艺术建筑以这样的方式在乡村见微知著,提取和诠释各个村庄的特色,形成一系列小而精的文化空间、生产空间,重现文化的力量和乡村的价值,给松阳乡村振兴带来了深刻的意义。

　　习近平 2020 年 3 月 6 日在决战决胜脱贫攻坚座谈会上提到:"接续推进全面脱贫与乡村振兴有效衔接。脱贫摘帽不是终点,而是新生活、新奋斗的起点。要针对主要矛盾的变化,理清工作思路,推动减贫战略和工作体系平稳转型,统筹纳入乡村振兴战略,建立长短结合、标本兼治的体制机制。"

　　当历史的指针划向 21 世纪第 20 个年头,中国全面建成惠及 14 亿多人的小康社会,第一个百年奋斗目标即将成功实现。我们党用"小康"来诠释"中国式现代化",乡村的振兴和发展诠释了"小康生活"。松阳以它的方式诠释了"松阳小康",以独特的面貌走上了国际舞台。这也不难怪这座大山里的小城火了,也希望这样的松阳实践能够辐射到更多的地方,以特色的方式唤醒乡村活力,留住乡愁。

"老底子们"的故事

叙述者 19：屠夏锋，浙大宁波理工学院新闻学专业 2019 级学生

多年以后，映着满窗绿竹，卧在病榻上，贝老师傅对着他的孙子辈们，讲起了寺院背后的一汪碧绿的泉，还有那个在中山公园撞见心上人的清晨。

我是土生土长的宁波人，我的祖辈也都扎根宁波。所谓"老底子"在宁波老话（方言）里可以解释为"老旧的、曾经的"。

掉了漆的铁皮箱子在墙角一个垒着一个，深褐色的缝纫机上盖了一层布，布上堆了一层薄薄的灰，午后的阳光照在外婆和外公的合照上，厚重的窗帘微微摆动，屋子里明明灭灭。

或许，以物为参考系，透过这沉淀了几十载岁月的物什，听它们无声的诉说，我们得以一窥我们的祖父辈的生活面貌，了解"小康社会"之"小康"。

这天，我去探访外婆。

外婆正在屋外的小院子里摆弄水缸里的莲花，屋里的电视机传出雄厚的解说音——海曙五套正在播"老宁波路名变迁"节目。

我便一面和外婆聊天，一面帮着外婆打理起小院子里的花花草草。

说起宁波老底子的鼓楼。外婆说，鼓楼那可是她那个时候的"119"，从那上面往下眺望，可以尽收整个宁波城于眼底，那时候电话是个稀罕物，全城拉响警报也有些费时费力，所以鼓楼上的钟楼就从古时候的瞭望台转变为那时候的火灾情报处，但凡哪里有恙，就敲响铜钟，通知全城。

不过，更确切地说，应该是在外婆童年那时候，宁波的市中心还不像现

在这样大厦林立,车水马龙。那时候的房子矮小,多用木材,也有用白石和青瓦的,房子与房子之间挨得很近,一幢一幢,夹着歪歪扭扭的小巷子。此外,当时还有许多大院式的居所,所以,那时候大家住得近,亲得很。

我和外婆摆弄着院子里的竹子。这院里的植物诉说着斑驳岁月里的变迁。

不知是否老爷爷们的情趣相仿,在外公外婆所住的老旧小区(汪弄小区)里,有着许许多多的爷爷们都热衷于在自家的房前门后种上一株红花或是一丛小树。更有大好栽培植物的老家伙们,他们自家的院子里,东一簇野果,西一排绿植,我的外公正是这热衷弄花摆草的老家伙们中的一员,这里的植物全是外公情趣爱好的结果。

如今,外公已经故去,而它们则长得愈发葱郁繁盛。古有归有光在《项脊轩志》里缅怀过去:"庭有枇杷树,吾妻死之年所手植也,今已亭亭如盖矣。"望着这满目的绿色,我好像体会到了归有光的那份心情。

这院子里有绿竹,竹子高而茂密,竹叶青翠欲滴,窗前的一小片绿林,使人觉得非常舒服。近看,就能看清竹节上长有许多的枝条,要是把它折断来打人是很痛的。一阵风吹过,竹叶发出一阵阵"沙沙"的响声,好似轻抚琴弦;有十足可爱的绣球花,从初夏开始,细密的小花团簇在一起,形成一只只圆滚滚的绣球,外公外婆都很喜欢摩挲小"绣球",从6月到9月,由白变绿,又由绿变红,最后在风中飘逝为一个个孤零零的茎秆;门墙上还攀着从小院里绵延出去的爬山虎,有时,近旁的花猫还会跳上这面墙,来院子里做客,或是踩着爬山虎,沿着墙探险,从外婆家的这头走到邻居们那边的墙头。

外婆家的屋子里摆着一架颇有些年头的缝纫机。它诉说着当年的辛劳困苦。

外公外婆搬了几回家,每搬一次,家里的旧物什就会少一些,而唯独那台老式缝纫机一直跟随着外婆,如今静静地摆放在窗前。

每个时代都有自己的明星产品,每个时代的人也都有属于自己的独特记忆。上世纪六七十年代,是个物质匮乏的年代,家家户户都在为填饱肚子而奋斗。上世纪六七十年代想要买缝纫机是件不容易的事——要想得到一台缝纫机有两条途径，一是凭计划供应票购买，二是用"工业券"购买。

当时，人们把"三转一响一'咔嚓'"当作"小康"的幸福生活的标志。何谓"三转一响"呢？三转指的是自行车、手表与缝纫机，一响指的是收音机，一"咔嚓"是照相机。这些都是当时普通老百姓所希望拥有，也比较稀有的家庭物品，一般都需要凭票购买。

"做衣服从来都是先给大孩子做，小孩子捡大孩子的旧衣服穿，男孩女孩穿的都一样。"外婆说，"新三年旧三年，缝缝补补又三年"是那个年代的真实写照。

由于需要抚养家里的三个孩子，从四明眼镜厂退休后，外婆做起了散工，在家里替别人缝缝补补、裁剪衣裳，以此补贴家用。不过后来随着传统裁缝行当的式微，家里的缝纫机也不再是工作的工具，而成了偶尔缝补破洞的家具。当时，市面上卖的都是涤纶等化纤面料，不仅看着美观而且穿着舒适，越来越多的人直接买成衣，而且开始有好赶时髦的人追随流行款式做衣服。

关于这台缝纫机，我的妈妈还有一段让她有些咬牙切齿的记忆：当年，我那年轻的妈妈在百货商店淘来一条时髦的破洞牛仔裤，据说那个破洞的大小不比如今的破洞牛仔裤，只有小半个拳头那么大。然而，她还没来得及穿上到人前显摆，就被保守的外婆恶狠狠地夺过，"卡嚓卡嚓"，在缝纫机上一过，成了一条看着有些别扭的普通牛仔裤。

外婆信佛，每天"早课""晚课"都要诵经念佛，书架上一排一排的经书已经被翻阅了几十年。还有古旧柜子上的香灰和放经书用的架子……

所有的物什静静地躺着，在白驹过隙间无声地诉说着往事。

老底子的人

随着我采访的深入，外婆回忆着过往，窗外偶尔传来小贩的吆喝，太阳西沉，外婆的眼神若有光，仿佛重返年轻。

"啊，我的故事很平常的，没什么可说的，"外婆淡淡地笑着，一面摇着头一面走向一个绿色的铁皮小箱子——里面装着一封古旧的介绍信，"这个啊,你可以看看,有年头了,当时的单位让我写的自我介绍。"

"你瞧这张,这是我当年学太极拳时候的师父。"

"那时候似乎干什么都讲究一个师徒关系啊,我爸在船厂做工程师时也有个师父。"

"哈哈,是的,是的,当时做手艺活啊,做木匠、裁缝这种,尤其还有做生意的也很讲究要有个师父带你。像我有个弟弟就是,那个爷爷你还见过哩。那时候条件差嘛,没读上书。就跟着师父跑生意,帮师父运货跑腿,慢慢地认识认识。后来师父也看好他,就慢慢放心把一些东西交给他。"

"所以那个爷爷后来就生意越做越大咯?"

"嗯,后来那个爷爷生意越来越大,那个时候宁波商人很有名的嘛,都往上海那边跑。"

"哈哈哈,你快看,这是你小时候。"

"住在三市那边的时候嘛?"

"嗯。"

"上海牌手表、飞鸽牌自行车、飞人牌缝纫机在那时候都是大件紧俏商品,要买到它们很不容易。"外婆望着眼前的电视机,不免有些唏嘘。

老底子的事

如若要将外婆她老人家说与我听的诸多过往和趣事罗列于前,那怕是需要好多页,满满当当。

所以,我姑且从宗教信仰和生活两个方面来概括他们这一辈的生活图景,并试图挑一两件有趣的小事与诸位分享。

宗教信仰。打我小时候起,我对外公外婆二人的印象就是——天天摸黑起早,在一团"云遮雾绕"的熏香里诵经,穿着黑色僧衣的两个唠叨鬼。他们诵经时讲宁波话,讲得很快,我几乎听不懂,像一串串《哈利·波特》里的咒语似的。

外公外婆都信奉佛教,用佛教的话来说,他们两个都算是没出家的"居士"。外公是被外婆影响而皈依佛门的,而外婆的信奉佛教的开端则有些年头了。

外婆和外公几十年如一日地吃斋念佛、跪拜诵经,也曾在宁波的保国寺留住。

在生活上,我的外婆是个"运动员",我的外公是个"艺术家"。外婆年轻时候是个干练利落的酷女孩,她爱好太极拳,为此还拜了一位老先生为师,有将近十年的拳龄。常常是在清晨时分,在上班前去中山公园里打拳。年老之后,外婆打拳少了,不过做起念佛时候的一些跪拜仪式仍是十分精神,足见外婆体力之好。

外公上学的时间虽然不长,但是却有着相当的学习精神,从年轻时就喜欢舞文弄墨,有着一股十足的文艺范,如今在屋中悬挂的菩萨的画像便是出自外公之手。到晚年,则像不少同年岁的老爷爷一样,下棋、泡茶、养花鸟,一样都没落下。

十几年前,改革开放的成就还没有当下那么繁盛,城市建设还没那么完善,城郊范围还是很大,乡下范围也很大。90 年代初到 21 世纪,老三区即海曙区、江东区(鄞州区)和江北区。其中的江东区之所以整合并改名为鄞州区,是因为经济发展所带来的城市扩大。而这个过程,是宁波优秀的劳动人民不断勤劳工作和新时代青少年一起建设而成的。

我记事以来他们搬了三次家,第一次是从乡下搬到海曙区,之后在城市

十几年前,外公的一次庆生宴上,三世同堂,一大家十几号人汇聚一桌,其乐融融

里搬到离市中心更近的地方,最后又搬回了山清水秀的乡下。这样的搬家如果用社科的眼光来看,那就是经济发展导致的,而其中的逆城市化更是社会发展的趋势。这是一个社会变迁带来的变化。

旧时钟在滴滴答答,外婆还在诉说着。

谨以此文献给我最好的家人们。

海岛小镇的故事

叙述者 20：卢佳朦,浙大宁波理工学院新闻学专业 2019 级学生

1939 年,我的爷爷生在台州三门的一个小山村里。爷爷的名字中有一个"学"字,可他却从未读过一天书,因此,在教育自己的孩子时,爷爷纵使不会事无巨细地过问,也会对他们的学业十分关心,每每看到逃学回来或是课业不做的父亲与叔叔,爷爷便会抄起洗衣的棒槌对他们进行思想教育。

"别看你爷爷现在坐那脾气很好的样子,每次都把那棒槌放在最容易拿到的地方,打起人来可疼了。"父亲每次春节带我回去看望爷爷奶奶总会这么说。这其中的原因大约是父亲有一次带着叔叔和姑姑一起逃课去水库游泳,结果被路过赶羊回家的爷爷抓了个正着,回去就挨了个"棒槌教育"吧。

每天早上大概五点爷爷便会起床将羊舍里的羊全部赶出来,走过一条长长的泥路将羊引到山上去,羊群便排成一条直线走过那树木丛生的山林,慢慢地向上盘旋前进,大约一刻钟才消失不见。幸运的是 2010 年冬天过年回家时,我远远地看到一群羊整齐划一地从山头下来,直到最后一只羊也出现在山脚,爷爷才握着手中的木棍向我走来,那一瞬间脑子里却不合时宜地想起了父亲口中的棒槌。我想父亲如果去做营销一定是个不可多得的人才,以致我对棒槌实在是印象深刻。

"其实养羊也是没有办法,我没什么文化,以前是跟着生产队按工时算酬劳日子勉强还过得去,可是有了孩子以后就越来越困难了,那些粮票、肉票每家都有固定的数量,孩子又小,你奶奶一个人带四个,根本就忙不过来,

家里的担子一下子就到了我的身上。"这样的场面并没有持续很久,1978 年之后,有了包产到户的制度,爷爷也因此分得了相应的土地,在吃的方面家里确实改善了不少,毕竟在那个年代,能将每个孩子抚养长大便是一件很不容易的事。

提到孩子,有一个人是爷爷奶奶内心的伤痛,那便是他们的第一个孩子,我的姑姑。姑姑生下来便是个聋哑人,没办法像正常人一样生活,然而那个年代没有很好的条件去检查姑姑的病因,也基本没有手语这个概念,除了生病时的呻吟,没有人听得懂她发出的声音。爷爷奶奶好不容易将姑姑抚养至 20 多岁,那时,同龄的女子大多已经结婚甚至有了孩子,然而姑姑的婚事依旧没有着落。后来请村里的媒人帮忙介绍才找到了一位合适的年轻人,之后便顺利结婚,不久之后生了我的表哥。我很少听到关于姑父的消息,只能从父亲口中大概了解到姑父身体也不是很好,腿脚不好,走起路不太顺畅,但好在村中的干部对他十分关心,害怕他没有办法谋生,于是便让普通话不错的姑父当了村里小学的语文老师。因此,虽然是两位身体残疾的人组成的家庭,过得依然很幸福。

可不幸最终还是发生了,在表哥 18 岁高考完的那个夏天,姑姑由于尿毒症去世了,只留下了一个腿脚不便的丈夫和等着上大学的孩子。生活一朝回到了从前,巨额的负担让这个家庭变得十分艰难,在亲朋好友的帮助下,表哥勉强完成了学业。可惜面对感兴趣的专业,他却没有办法继续学习,生活的重担已经由自己父亲担了太久,表哥只能选择一毕业就参加工作。

这件事也在我父母的心里埋下了种子,原本他们只想去城市打工,这样孩子的教育起码不成问题,可是后来才发现在教育方面的花销是很大的,就算到了大学,万一孩子还想继续读下去呢?这个问题出现在了父母心中,他们决定不再简单地满足生存所需,而是要作长远打算。

于是,1998 年,29 岁的父亲和 27 岁的母亲拎着两个老式皮制行李箱坐上了前往舟山的渡轮。舟山群岛地理位置独特,需要坐船才能到达。那是父母第一次坐渡轮,"船一开就感觉身体开始晃,里面还有卖各种吃的,这些

父母与姐姐的合照（1997年）

味道和飘过来的腥味混在一起，外面的甲板我根本不敢去，没吐在船上就已经很不错了。"半小时的渡轮之后是一小时的客车，就这样一直换乘，终于到了早先联系好的出租屋中。那是一个大约20平方米的小屋子，舅舅原本就在舟山的朱家尖岛种西瓜，后来做了供游客参观或采摘的西瓜园区，于是便帮父母租下了这间屋子。

　　房子虽小，却困不住父母决定奋斗的心。没有什么特长，便从最简单的体力劳动开始。他们租下了5亩地，研究了当地适合种且不容易坏的蔬菜，之后便开始了两年的农民生涯。

　　舟山是个海岛城市，每年的6月至10月是台风肆虐的时间段。或许现在我们觉得台风对自己的生活并没有什么影响，甚至还会为能够放假而庆幸，但是，对于农民来说却是一场灾难，台风本身对于农业并不会造成很大的损失，但是台风期间包括过后的暴雨足以淹没大部分的农作物，即使有一小部分作物存活下来也很难正常长大。父亲那两年的日记本里寥寥几句话，一眼便能看见"1999年10月，台风，暴雨"这样一句话。即使只有几个字，也能想象出半年心血淹没在眼前的无助与绝望。

　　这样的生活过了两年，父母决定改变方向。他们搬了家，从原先的靠近市中心的小镇搬到了偏远的小村庄——黄雉村,也就是在那里,父母开始实施心里真正的想法。他们先用前两年攒下的钱租下了将近 10 亩的果园,开始搭建草莓棚,联系当地的蜂农,从选种到最后放入蜜蜂为以后授粉做准备才算完成了第一阶段。

可是,做完这一切,钱却不多了。于是父亲打算求助于当地的大队部(现在应该是改名成村民居委会了),告诉了工作人员自己的规划以及发展全新的经济模式——利用已有的果园吸引附近的游客或者居民自费采摘,从而直接解决草莓的后续采摘以及销售问题。听完父亲的计划后,他们大概觉得这是一个可行的方案,于是给了父亲临时居住的房子还有 3000 元的补助。在这之后,父母的创业想法才得以继续下去。

2001 年,父母的果园经济模式开始走上正轨。同年,我出生了。

然而,对于事业才刚刚开始的父母来说,他们并没有过多的时间放在我身上。于是,在我 1 岁时,便将我带回了台州,交给了爷爷奶奶。我和当时已经 7 岁的姐姐一起,等着每年的春节和父母团聚。这样平静的生活过了两年,然而这一切都被我的一场病打破了。3 岁时,我发了一次烧,虽然最后退了烧,但是不知道是什么原因,吃不下任何东西,去了当地所有的医院都没有办法,只能依靠葡萄糖吊瓶维持着。听到这个消息,妈妈第二天就买了最早的船票回了家,把我带到了舟山,直奔当时的沈家门医院(现在已改名为普陀医院)于是,我从只能喝一点点的米汤变好到可以喝下粥。

由于害怕这种事情以后还会发生,父母决定把我带在身边。考虑到姐姐的入学问题,并且农村的教育实在是跟不上新的教育水平,在第二年,姐姐也来到了舟山。

就这样,2006 年,一家人终于聚在了一起。

2009 年,舟山跨海大桥建成投入使用,往返于台州与舟山之间从此少了一张船票。

与此同时,父母的果园已经不再是最开始的规模,不仅扩大了种植范围,还打算加入一些游戏设施来吸引更多游客和学生组织去参观消费。可是联系相应的旅游社来获得推广不是一件容易的事。白天,我被送到托儿所由专门的老师看管，而姐姐则是最省心的，只要按时上下学就可以，遇到双休日我甚至还需要姐姐来照顾我。安顿好了两个孩子，父母开始在各个旅游社和相熟的学生家长之间奔波，向他们介绍自己的亲子采摘活动以及旅游观光的项目。在几个月的奔走后，迎来了一批批学生和旅游团，有的是春游活动，有的是亲子踏青，还有的是旅客体验当地生活。之后越来越多人知道了有这样一个采摘园，每到双休日或者节假日便会有许多人过来体验一次果农的生活。这样我们不仅获得了免费劳动力还收入不菲。

母亲年轻时的照片（右）

　　家里从最初的20平方米的出租屋到临时房最后是现在的小区住宅，并且还在台州的农村宅基地上建了一栋新的房子，出租给附近的外来人员，每年收取租金。20多年来，父母的身份一直在改变，从农民到个体户，从租客到房东。

　　时钟指向2019年，爷爷家墙上不再挂上新的年历，当全国人民欢庆新中国成立70周年观看阅兵时，爷爷住进了医院，同年10月底，爷爷望着床头的军装永远闭上了双眼。我想爷爷大概回想起了自己当炮兵的时光，与他的战友团聚了吧。

　　1939年到2020年，81年的时间，我们一家从农村走向了城市，没有了渡轮，却有了一家人团聚的快乐，那一张张船票见证了20年来的奋斗时光。最初的那两个皮制行李箱依旧摆放在家中，随着时间流逝，它已经暗淡无光，可是在那样一段艰苦岁月中它却闪着耀眼的光芒。

中国梦征程中的女性光芒

观察者 24：夏千如，浙大宁波理工学院新闻学专业 2018 级学生

在中华民族悠长的历史路程中，女性的个人价值大多来自在家庭中所担当的角色，"贤良淑德"是最高级别的形容词。人们歌颂女性为家庭作出的牺牲和贡献，赞美无私的母爱，肯定她们照料子女的辛劳。见其一未见其二，这种赞美无形中加深着刻板的性别印象，并带来了我们对于女性力量的探究：家庭到底是女性的避风港还是枷锁？如果走出家庭，她们是否能够做得同样出色？在《她们的生意经》《江南水乡的"铿锵玫瑰"》中，作者给出了肯定的答案。前者讲述的是外婆和大姨两个女性的"敢"字，后者讲述的是一个单亲妈妈的奋斗史。两篇文章让读者看到了女性群体所富有的更加多元的性格特质。

《她们的生意经》以一段母女卖菜的场景描写作为开头，徐徐展开了对于外婆和大姨的叙述。文章活用了大量的对白，以第一视角"我"参与到采访过程中，给予读者身临其境之感。通过采访者的眼睛和无数个时间片段，我们看到了平淡朴实的文字后所展露的女性光辉：坚毅，敢想敢做，智慧，坚守原则……本文用鲜活的事例证明了一个观点：走出了家庭的女性依然能在社会上站稳脚跟，靠自己的力量开创一片新天地。古早的性别认知被打破，新时代的女性已经站上了经济舞台，在中国梦的构筑中，她们同样是主力队伍。

显而易见，在商界，"男女平等"这一理想的实现远比在政界来得好。这

与国家和党对妇女在经济领域的支持紧密相关。

新中国成立初期,广大妇女积极投身恢复国民经济和发展社会生产热潮,成为了新中国工业化建设的重要力量。新中国成立以来,中国制定实施《劳动法》《就业促进法》《劳动合同法》《农村土地承包法》等法律法规,这些政策的贯彻落实充分保障了女性的经济权益特别是平等就业权利,实行男女同工同酬,消除就业性别歧视。从1988年颁布《女职工劳动保护规定》到2012年《女职工劳动保护特别规定》出台,女职工劳动保护程度不断提高。女子能够同男子一样,平等地参与社会经济活动,从而获得平等的经济收入;在家庭中,她们也能够独立决策,获得支配收入、继承财产的经济权力,从而逐步提高自己在家庭和社会中的经济地位。

改革开放40多年来,随着国家经济社会快速发展,妇女的职业选择更加多元,创业之路更加宽广,就业和创业人数大幅增加。文章中的大姨就是这个时代的个体户女性最真实的创业写照:她做过早餐店、面馆、食堂,经历过水管店的失败,也曾经营了象山当时最好的奶茶店,最后和女儿一起在上海站稳脚跟,安享晚年。中国发展研究基金会发布的《中国女性创业:释放增长新机遇》报告称,女性创业会带来显著的经济回报即性别红利。考虑到巨大的潜在收益,推动女性创业应该成为中国当下的一个战略性选择,在中国经济转向中高速增长、经济结构发生深刻转变以及经济更加依赖创新驱动的新常态下,其意义更为重大。在这样的大环境下,我国政府实施鼓励妇女就业创业的小额担保贷款财政贴息政策,2009-2018年全国累计发放3837.7亿元,中央及地方落实财政贴息资金408.6亿元,获贷妇女656.9万人次,用实际行动支持着女性的创业。2017年,全国妇联举办中国妇女创业创新大赛,吸引了56万女性参与,此举更激发了广大女性的创业精神和创新活力。如文章中的外婆和大姨一般,无数女性绽放光芒,在经济领域闯出了一片天,用自己的事业打破了世俗的种种偏见。她们走出家庭,依然能够靠自己的双手打拼,分到属于自己的那一块蛋糕。

新世纪带来的是一个用知识和头脑说话的时代。性别差异从来都不是成功的条件和壁垒,刻板印象已趋于模糊。在商界,女性和男性同台竞技:

据 CTR 市场研究 2006 年的调查数据显示,大约每 3 位企业中高层管理者中就有一位是女性,每 4 位女性当中就有一位具有大专以上学历。中欧国际工商学院的李秀娟教授提供了一个数字,在全球的企业家中,女性企业家的比例已经从 20 世纪 80 年代的 10％发展到 2000 年的 20％,目前在中国商界女性也占 20％左右,而且大有上升的趋势;同时在《中国企业家》推出的商界木兰榜单中,女性亦不再是被动的消费者形象——相反,她们都是卓越的领导者、勇敢的担当者,女性群体已经成为中国市场不可忽视的"她力量"。

　　而面对金融领域的危机时,商界女性身上多被诟病的谨慎、温和等特质成为了无可代替的优点。在 2009 年"两会"上,超过 100 名全国政协委员共同提出一个提案:"倡导女性精神应对经济危机、加大发挥女性社会优势。"这并不是一种奉承,更是一种心声的表露——知名女企业家董明珠,在 2008 年实现了格力电器 50％的利润涨幅,是业界知名的"铁娘子",面对席卷全球的金融危机也未露出难色。对于女性在商界的现状,她坦言道:"都说男性刚强,女性柔弱,刚易折,柔克刚。也确有研究表示,女性更趋向看到事物好的一面,容易保持乐观的心态对待问题,抗压能力也比男性更强,面对困境时女性所表现出的柔韧特质,更具有吃苦精神和耐心。"的确,在大浪当头的时刻,比起一味地冒险,女性领导大多表现得更加沉着冷静。她们尽力在大浪淘沙中保全所有人,趋向于看到事物更好的一面,用不那么具有侵略性的方式解决问题,并维持着对未来的信心。这些都证明了女性的力量,以及她们发挥的不可或缺的作用。

　　在本文的两个典型人物身上,我们看到了新时代女性的缩影。女性的价值不应该被刻板的性别印象局限在一屋之内、炉灶之间。"以柔克刚,安全感"可以成为经济领域缺少的特质,而"果敢,坚韧,吃苦耐劳"等必需品质更在无数的女性榜样身上凸显了出来。作者的外婆和大姨凭借着自己的聪明智慧,牢牢抓住了生活中的商机,支撑起了一个小家,实现了自我价值,闪耀着属于女性的人物光辉;个人梦想与国家命运息息相关,千万个小家汇聚成一个大家,中国的女性群体在各行各业为祖国事业发展添砖加瓦,朝着中国梦的目标不懈奋斗。

　　在乐观的表象背后，我们仍能够看到种种不平等的情况在涌动着，但对比 2006—2019 年的政治赋权情况就会发现，进入政治领域的女性越来越多，在劳动力市场上担任高级职位的女性也日益增多。榜样的力量是无限的，对于未来女性在政治、经济、教育等社会事务领域的参与度，我们都应抱有积极的态度。新的历史征程，两个一百年的奋斗目标需要每个中华儿女不懈努力，笔者相信在实现中国梦的道路上，还会有无数个如同文章中的两位女性一样的榜样出现，她们闪烁着属于自己的光辉，将巾帼的精神永远地传递下去。

她们的生意经

叙述者21:张司育,浙大宁波理工学院新闻学专业2019级学生

太阳还躲在山后梳洗,天空微微为他亮着灯,凹凸不平的泥路上一大一小两个身影格外醒目。小女孩的脸热得红扑扑的,认真推着面前堆着比她还高的蔬菜的手推车。"马上就到了,现在去还有摊位,再坚持一下!"前面拉着手推车的大人目光坚定又为小女孩打着气,心里盘算着今天这么多菜可以卖多少钱。终于到了摆摊的地方,找着合适的摊位后,小女孩一件件地穿上一路上脱掉的衣服,开始和母亲一起卖菜。

这是我的外婆和大姨,那年外婆30多岁,大姨十二三岁。

这里是浙江省宁波市象山县丹西街道的洋心村。

敢

外婆一直是一个极有智慧的人,在邻里的口中总是能听到对她的赞叹,直到今天我才知道,教会她做人的那些道理,教会她正直善良和坚守原则的,是生活。用一个字来形容外婆的一生,我想是"敢"。

"那是天翻地覆的变化了",当我问及从小时候到现在的生活,发生了多少变化时,外婆发出了深深的感叹,"我们每天吃都吃不饱,那时候连电灯都没有的,什么都没有,就点一盏油灯。房子也是老房子,瓦片房、茅草房……后来就越来越好了,电灯电话,楼上楼下……"

外婆是一个生意人,"以前是大公社,后来就是生产队了,生产队后面就

外公、外婆和表姐在百货店

是分到户了，后来从邓小平领导开始，我们就翻身了、开放了，可以做生意了，钱就随你赚了，他不是说'让一部分人先富起来'嘛，那些有头脑的人就富起来了。"在她们村，她们就是最先几户找到致富道路的人家。60年代末，一个并不富裕的新家庭构建了起来，为了生计，外婆和外公开始找寻各种赚钱的法子。

"放开了之后我们就开始做生意了，我和你外公就做馒头、养鱼卖鱼、种田卖菜、做生意……捣年糕什么的都做过！"外婆慢慢升高的声音让我一时分不清是自豪还是抱怨，"就是从杀猪那会儿开始就没从事别的行业了，那时候30出头一点，你外公杀猪，我开店，就越来越好了，别人都赶不上我们了！"那时候，只要是能够赚到钱，让家里的孩子吃饱饭的活，他们都愿意去尝试一下，也有着现在想起还有点骄傲的事迹，"当时有做一个手拉车的生意，就是一块五一天把手拉车租给别人，从当时一个庙里的阿婆那里借来钱买的手拉车，这个想法是我们村的第一个！"

也是因为这么多年的辛苦劳作，外婆的身体一年不如一年，那个时候外婆要去送货，挑着很重的担子，从洋心一路走到爵溪，那时候还没有这么平的路，要走坑坑洼洼的泥路，因为象山满是丘陵，所以还要翻过一座小山。

外婆天还没亮就起床出发了，从清晨一直走到烈日当空，太阳升到头顶了才到，那个时候开始外婆的腰就出现了问题，疼痛到现在一直伴随着她。

正是因为有着这一股闯劲，外婆和外公就逐渐闯出了自己的一片天地，收入也慢慢理想了，"一天能赚 50 呢，那时候能赚 50 就已经是非常不错的了，要知道当年在生产队做工作，四五角一天，饭都吃不饱，那生活真是好了不知道多少。"外婆说起的时候脸上满是笑意。一切就都在往好的方向去了，敢闯敢干的优势也逐渐体现出来，外婆外公成为了村里最早几个造起新房子、装起抽水马桶的人家。就算家里有 4 个孩子，也比一些只有 2 个孩子的家庭更加宽裕一些，日子越来越朝着小康水平发展了。

2020 年 3 月 29 日，外婆终于舍弃了她的老年机，换上了触屏的智能手机。虽然到现在外婆还用得不太熟练，但看到她终于可以随时和家人视频，可以看到各种图片的时候，我们家里的每一个人都很开心。

莫问前程

外婆家在街边，从洋心村那个桥头进来，就可以走到外婆家门口，那是一个拥有先天优势的做生意的场所。大姨 10 岁那年，外公从外面学了做麦糕、馒头，凌晨 1 点多外婆外公就起来发面，大姨 3 点多起来烧火，一起做家务。等到天亮了，再由大姨来卖。那时还没分田到户，大人们都要去生产队挣工分的，外公外婆告诉大姨零钱在哪里，就干活去了，大姨就和她大妹也就是我妈妈开始做生意，说到这儿，大姨感慨了一下："我还深深记得那时候 5 分一个红糖馒头，3 分一个甜麦糕。"也就是那个时候开始，外婆在家时大姨可以去上学，外婆没空了大姨就卖麦糕。就这样，这个生意做了三四年，外婆说太辛苦了，大人苦也就算了，连小孩都这么苦。

后来外婆改卖蔬菜了，大姨也跟着改卖蔬菜，那时大姨已经上了五年的学，也没有了继续学的兴趣，就开始了早上赶集下午田里干活的生活。那个时候还没有车子，蔬菜多的时候，外婆在前面拉，大姨在后面推。像西红柿这种不太多的，大姨就挑着去赶集，两篮子番茄可以卖 10 元。大姨笑着说："回家的路上看着两个空空的篮子，摸摸口袋里的十几块钱，别提有多高兴了,一路蹦着跳着回家。"

　　到1975年,接近要改革开放了,就已经可以个体经营了,外公改行开始卖猪肉。那时候卖猪肉是要剥皮的,外婆一家六口3点多起来,四姊妹一人拉住一个猪脚,方便外公来剥皮,皮剥得好也可以卖一个好价钱。到了后来,可以用电来杀猪了,全家都轻松了好多,再后来就统一屠宰了,外公也一直卖肉直到退休。

　　1985年后,如雨后春笋般生长、繁荣的不仅仅是电器和百货,还有一群极具商业头脑的人,他们通过自己的打拼,成为了一个个万元户。象山虽然只是宁波下面的小县城,但毕竟也是沿海地区,进出的信息和货物也都新鲜、时尚,那些有想法有魄力的人开始做投机、开厂、做房地产,甚至走出了小县城,去到大城市发展,也是在那几年,大姨第一次听到了普通话,看到了外地人。

　　终于大姨也到了成家的年纪,奈何大姨遇人不淑。鼠目寸光、只想不劳而获的人生不是大姨追求的,道不同不相为谋,也是那个时候大姨清醒了,人要学会独立,踏实做人、认真做事才是正道。于是大姨带着女儿开始出去打拼。

　　1997年的时候开了早餐店,1998年开了面馆,一开就是6年,也让大姨赚来了第一套属于自己的房子。

　　"虽然我不争气,没有文化又没有能力,失去了选择生活的权利,但是我不会就此屈服,我不能让我的女儿重蹈覆辙,我要让她走出这个小县城,去到更大的城市,可以有能力来选择自己的生活。"

　　2004年大姨开了食堂。2008年经朋友推荐,大姨开了当时象山最好的奶茶店,那时她的女儿也开始了大学生涯,娘俩的合作也从那时候开始了——大姨在老家管理店铺,女儿在上海寻找市场和产品,有什么好吃的小吃、甜品、水果茶等都告诉大姨,告诉大姨怎么做,在哪里进货。"那时候尤其是双皮奶和布丁市场特别好,深受中学生的喜爱,也让他们感受到了甜品的美味,那几年,累并快乐着。"我现在都还记得大姨忆及过去兴隆生意的欣慰与脸上的笑意。

　　几年后,随着互联网时代的到来,新产品的出现和周围越来越多店的开张,大姨的压力日益增加。直到 2014 年年底,外公的突然离世,让大姨瞬间清醒过来,"我突然明白了生命和金钱孰轻孰重,年轻时为钱卖命,年老时为命卖钱,于是我决定把店面转让了。"2015 年大姨和女儿一起到上海,跟着她们一起过起了上课学习的生活,"大都市的压力很大,但蛋糕也大,看你怎么去啃。"大姨从一开始的懵懂与莽撞,慢慢成长到拥有后来的阅历与经验。女儿也经过这么多年的磨练,圆滑了很多,现在拥有了自己的圈子,也终于在上海安了家、站稳了脚跟。

　　当我问及有没有现在想起来感到后悔可惜的工作,大姨苦笑着说:"最难忘的是 1995 年的水管店,没有坚持做下来,还把它给放弃了,现在回想起挺可惜的! 那时的房地产刚崛起,做的都是工地的生意,还都是欠款的,那时还都是三角债,自己欠进货商的不好意思拖,客户欠我们的要不回来,到后来自己的资金紧急,房租和利息也上涨,不得不转让了! 也因自己的经验不足和猪队友合作不靠谱! 过了几年,装修兴起,随着生活条件和品味的改变,装修成了每家的必需品了! 有时路过陶瓷或卫浴店,看着各色各样的砖、水管、花样百出的水龙头我都会停下来看看,想要是那时候能扛过来,现在我也有这样一家店了。"

大姨在扎尕那

　　"走过的路、做错过的事也都是人生的经历。"我想，大姨是释怀了的。

　　如果没有当年的过错与错过，就不会有现在真正属于自己的生活，从贫困到小康到将来的富裕都不会是凭空出现的，是一代代人的奋斗，是过去吃过的苦，才造就了今天的幸福与安稳。或许是过去为了物质奋斗的时光让大姨感到疲惫，从而想要寻求内心的升华，来到上海、有了外孙以后，看书和旅游成了大姨的日常，精神世界的充实或许才真正是奔向了小康甚至迈向了富裕之路吧，奋斗还在继续，小康之路也还在延伸。

江南水乡的"铿锵玫瑰"

叙述者 22：陆俊玮，浙大宁波理工学院新闻学专业 2018 级学生

"也不看看现在都几点了？一天天的晚上不睡觉在干嘛？之前不是说要对我进行个采访嘛，老妈今天难得有空，你倒好，还在这睡懒觉……"早上七点半，老妈拿着拖把开始对我的房间进行"大扫除"，同时手机外放着极富节奏感的"个人 BGM"。

每天早上的絮絮叨叨，是不是全国每一个妈妈的"标准设置"？却也就是这位絮絮叨叨的女人，我家的"铿锵玫瑰"，凭一己之力撑起了我们的家。

不知不觉，我与这位 1974 年出生的"大姑娘"已经相处了 21 个年头了，但对于她的过往，对于我们家的过往，我知晓的并不多，随着老妈的娓娓道来，我的思绪第一次飘向了上世纪七八十年代的时光。

"我也曾是个爱花爱漂亮的小女孩"

1974 年，浙江省德清县解放村，在浙北这片水网密布的"江南水乡"，老妈就出生在这里。在这清贫的家庭，一家人每日的辛勤劳作只为了能让自己吃得饱一点。

"老妈 8 岁开始在村口读小学，读到了 16 岁初中毕业，爷爷就不让读下去了，先开始爷爷让老妈去学着做裁缝，他们认为女孩子嘛，适合这类活，可我对这种并不感兴趣，因此也没有学成。第二年(1990)年初，老妈就跑去杭州学理发了，而后碰到了杏仙姐，两个人一块在村口开了家理发店，这算是

拿剪子的时光

老妈的第一份工作吧。"

　　老妈说罢便开始翻阅起相册来，看到自己年轻时候的照片，这位年逾不惑的女子，嘴角是抑制不住的笑意。

　　"我们家以前的破房子中间有个天井，天井里头有一面矮墙！"老妈即刻又在那厚厚的一堆相册中翻找起来，"对，就是这张照片，那是老妈17岁的时候，那个时候老妈真的好胖。这矮墙边上被老妈种满了凤仙花，这个花碾碎了可以用来染指甲的！"看得出来，照片中的老妈在照相前有经过自己的一番精心打扮，老妈用手在照片上摩挲了几下接着说："可那时候是真的穷啊，在那段时间我们唯一想的就是能吃饱，所以老妈虽然喜欢花，年轻的姑娘嘛，谁不喜欢花，可终究留不住它们，你爷爷总说这些花啊草的是'中看不中用的东西'，在照了这照片后没多久，这块地就变成菜园子了……"

　　上世纪七八十年代，在那白粥和咸菜的日子里，在一年中最大的盼头是过年时候那一块猪肉的时代，在自家温饱还是大问题的年代，年轻的老妈内心所期盼的一切美好事物终究只能存在于自己的脑海之中，而这对未来美好生活的向往，也成为日后老妈拼搏的精神动力。

　　以往的艰难岁月或许能在人们的口述或者照片中得以保留，但对于个人来说，影响最为深远的是那段岁月给人的"时代记忆"。上世纪七八十年

17 岁的老妈

代的生活我无法去切身感受,但如今,窗外一旦有空的土地,就会被爷爷种满了蔬果,而老妈最钟情的"花",现如今也只能委屈地蜷缩在墙角的花盆里。

黑、白"桑塔纳"跑出来的"好日子"

当理发匠的日子平平淡淡,家中基本上是收支相抵,用通俗的话来说就是"不至于饿死,但也就仅此而已"。

1994 年,眼见运输业发展迅速,这位 20 岁的"丫头"拿着爷爷辛苦上班攒下的 6000 元前往安徽学车。半年后,拿到驾照的老妈经过爷爷的介绍开始在村头的建材厂开始了她的"车轮子上的工作"。

"这段时间是老妈最'潇洒'的时候了,当年镇上一共两辆桑塔纳,一辆是政府的,一辆是村口的建材厂的,一辆白色的(桑塔纳),当时桑塔纳新的要 20 来万一辆嘞,真的是'高档货',老妈先是给建材厂跑生意以及接送一下领导什么的,第 2 年(1997 年)就把车租下来自己跑生意,应该是 2 万一年,那个时候生意很好的呀,跑趟杭州就要 100 多块了,而当时一般上班的话一个月也就几百块钱。随后我看着自己开车赚的还可以的就去自己买了一辆二手的黑色桑塔纳,花了 8 万吧大概,其中 5 万是借来的,不过老妈一年下来也就给还上了，还能自己存点钱下来。开出租的日子把周围玩遍了，钱也赚了，生活也过得越来越好了。"谈起这些，老妈是一脸的自豪。在这段车轮子上的时光，老妈也认识了她的"兵哥哥"，两人于1998年结婚，次年（1999年），我出生了。

冰箱、彩电、洗衣机……一件件当时农村的稀罕物在这段时期经由老妈桑塔纳的后备箱搬回了家。车轮子转呀转，转出了一张张钞票，也转出了我家越来越好的生活。

兜兜转转的时光

2003年，老妈靠着车轮子上的工作攒下的20万元投资了舅舅的铸钢厂，并成为铸钢厂的股东之一。为了让自己能稍作休整，也为了能有更多的时间来陪陪她亲爱的儿子，老妈于同年卖掉了陪伴自己3年的"小黑"并在舅舅的厂里当会计，可是对于只有初中毕业文凭的老妈来说，会计这份职业也是一个巨大的挑战，她需要从零基础开始自学并拿到相应的证书，那一年，老妈每天捧着那几本关于会计的书，以至于有一次忘了接正在上幼儿园的我回家，"那一次你哭的啊，不过要不是幼儿园打电话来我真就要把自己儿子给忘掉了。"老妈打着趣儿说。功夫不负有心人，第二年，老妈成功考出了"会计资格证书"和"初级会计师"，并正式开始了她的会计生涯。

生活总会在你不经意间给你一记耳光。在老妈当会计的几年中，老爸却迷上了赌博，脾气也愈发暴躁。老爸越欠越多的债以及越来越差的脾气让这段婚姻终止在了2007年7月，老妈也在同年12月离开了舅舅的工厂。

婚姻、事业的重创，一个带着儿子的单亲妈妈，要么堕落，要么拼搏。为了儿子的未来，为了这个家庭的未来，她开始了自己的众多尝试。

2008年，老妈前往杭州一家钢材厂担任会计一职，但会计每个月的工资根本无法承担这个家庭的日常开销。2009年，老妈在县城的贵和街盘下一家店面开始了她与"衣服"的交道，贵和街卖衣服的工作虽说盈利尚可，但"起早贪黑"的日子让老妈疲惫不堪。衣物的进货需要前往杭州的"四季青"市场，凌晨三四点是市场最忙碌的时间，杭州及其周边的服装店店主云集于此,同时还有众多面包车等着装货,当年的老妈也是这市场中等着进货的一员。听老妈讲起进货的过程,夏天是泡在汗水中的,而一到冬天,手上脸上的冻疮就是进货过程的"见证者"。装货时候,一个个大黑袋子都需要自己从店中扛上车,瘦小的老妈每次都只能举着货物晃晃荡荡地慢慢挪向装货的面包车。老妈曲着手臂亮了亮她的肌肉笑着说:"这都是当年'锻炼'的成果噢!"

在贵和路开店两年,老妈也有了些许积蓄,这些积蓄让我们在武康这个不大的县城中拥有了第一套自己的房子,130来平米,不算大却温馨。房子的整体设计由小姨负责,家具什么的也是经由家人精心的挑选、采购。2011年,我们搬进了县城的新家,"10幢1001",从此成了我家在县城的"落脚点"与"港湾"。

在忙着搬新家的同时,老妈心里还在筹划着另一项"创业计划",此时老妈已经38岁了。2011年6月,"尚云服装有限公司"成立,老妈与另一位大学毕业生惠芬姐共同经营,主要负责童装销售。由于是初次创业,在这次创业经历中不论是营业资格证书的审批还是销售渠道的拓展,老妈他们都走了很多的弯路,因而此次创业经历并不成功,公司于2013年停止经营。在公司停止经营后,虽说并没有留下债务,但满仓库的童装却让老妈愁坏了。

"衣服放在仓库就只是一件东西,需要把衣服变成钱呀,怎么变呢,只能去努力销库存,去卖。"说起这些,老妈的语气中透着一丝无奈。

这段销库存的经历,对于当年正在上初中的我来说记忆还是挺深的。2013年,我读初中,晚自修20:50结束,我回到家大概21:10,但在这个点,我打开家门平均只有1/3的概率可以看到家中的灯光,在放学后走进家门的多数时候,拥抱我的只有黑夜的黑。在我写作业的过程中,约莫21:40,我的房门悄悄地挪开一条缝,老妈会透过缝隙看一眼正在写作业的我,其实每次我的余光总能察觉到老妈的"偷瞄",但想到四处奔走了一天的老妈,那种既替老妈心酸却又无能为力的复杂心情让我选择继续埋头写作业。即使那时的生活并不宽裕,但每天早上楼下的一杯牛奶,傍晚书桌旁的一盘水果,两者的交替构成了我的初中岁月记忆。

2014年年初，清库存的经历让老妈再不敢接触服装行业，而此时老妈正巧碰到在寻找商铺准备开足浴店的叔叔，两人一拍即合。足浴店的生意红火，盈利也不错，家里新房子开始物色起来，奔驰汽车也买了起来，但殊不知这看似越过越好的日子背后却潜伏着危机。

"喂，你好，我们是中介过来说看一下房子的。"这句话出现在我高考前100天的晚上，放学后见家里没人，正当我打算坐下来写作业时却被一阵敲门声惊扰。"哦，来看房子的是吧，好的，直接进来吧，不用脱鞋了……"我顿时愣了一下，17岁的我此刻才意识到，这套陪着我度过了初高中的房子，即将变成别人的"家"。

2016年，老妈被与自己有着20多年情谊的闺蜜欺骗，投资失败。2017年，为了资金能正常周转，老妈卖掉了房子并变卖了临平的足浴店。妈妈此前一直怕影响我高考而瞒着我，但却也没想到会以这样一种方式告诉我要"卖房"的事实。那天晚上我陪着几个"买房者"仔仔细细地看了这套房子，可以说住了6年的我从未如此仔细地观察过它，也从未意识到原来我对它还有如此深切的感情……

"珍惜当下"——以往的我只会"饭来张口，衣来伸手"，衣食无忧的生活让我对于"钱"以及我所拥有的一切毫无概念，于是在高考前，生活用这样一种方式教会了我这个词。

"风雨彩虹铿锵玫瑰"

在历经投资失败后，我们家的经济状况可以说是"一落千丈"，老妈用部分房款还清了帮闺蜜担保的银行贷款并用另外一部分资金在杭州新开了一家足浴店。

"当时得知投资的钱打水漂时整个脑子都嗡嗡的，但老妈已然不是当年那个还有些'芊'的女孩子了，有困难了就要想法设法去克服嘛，钱没了还可以再赚，这损失的钱啊，就当得了一场大病，但最终起码人还活着嘛。"

2020年，这位水乡走出来的"姑娘"已不再年轻，出人意料，现如今老妈谈起这些坎坷，并没有我想象中的哀叹或者说感慨，在她眼中我看到的是历经众多风雨后的一种平静,一种平和。岁月的磨砺并没有击垮她,反而令她愈挫愈勇。

如今,老妈在杭州经营的足浴店生意不错,一家人的生活也在各种风波之后趋于平静,"平平淡淡才是真",踏踏实实地走进我们家的"小康生活"。

《风雨彩虹铿锵玫瑰》是老妈非常喜欢的一首歌,历经过风雨方知人生百味。在奔小康的路上,咱家可以说很不容易,一路上有太多的"磕磕绊绊",万事又哪有个"圆圆满满",只求个一家人的"平平安安"。这位"女强人",是家中的"顶梁柱",也是城市中数以万计的打拼者中的一员,在老妈的这几十年光阴里头,她的"奋斗史"也是咱家这几十年来的"小康之路"。

"风雨彩虹,铿锵玫瑰,纵横四海,笑傲天涯,永不后退……"

中国道路的家庭映像

观察者 25:丁六申,浙大宁波理工学院传媒与法学院思政辅导员

习近平总书记曾说:一个国家,一个民族,只有找到适合自己条件的道路,才能实现自己的发展目标。在探索中国道路的过程中,家庭作为构成社会的最小单元,是最具有中国特性的本源性传统,是国家发展、民族进步、社会和谐的重要基点。《我的小康之家——行走的新闻:00 后眼中的中国小康之家样本观察》见微知著。我们翻开家的奋斗史,观察中国历史的一隅,看到了一个个鲜活的家庭变迁故事,见证了基层百姓接力奋斗、百年追梦小康的历程,也让我们深刻地理解了中国特色社会主义道路的本质和内涵。

普通百姓之家的奋斗进取之路。书中许多同学的作品都采用了时间轴的方式展示历史事件,还原事件的发展过程。以顾欣怡的《爷爷的小秘诀》为例,文章叙述了爷爷关于中国解放、三年自然灾害、文化大革命、改革开放等重要时间节点的真实记忆,结尾则引用爷爷所说的"一切的发展,都靠中国共产党领导好",传递出坚持党的领导、坚持自我革命引领社会革命的重要性。这与客观实际相吻合——实现历史巨变的掌舵者是中国共产党,航路则是从新民主主义革命、社会主义革命,到改革开放开辟中国特色社会主义道路。毛诗情也在《我家的小康印记》中通过外公的时代、父母的拼搏岁月、我家的小康生活三部分对此做了生动的诠释。到了 21 世纪初,改革开放已经取得了阶段性的成果,经济快速增长,中国共产党也在不断发展壮大,不断强化社会号召力和凝聚力,诸如毛诗情妈妈这样的年轻人积极要求

入党为人民服务。总的来说,在一次次的尝试中,中国共产党的理论创新与中国特色社会主义实践创新形成良性互动,彰显出自我革命和社会革命的意义,增强了坚定走中国特色社会主义道路的决心和信心。

其次,这些生动的案例以"民生"为基点展开脉络,展现了我国独立自主、艰辛探索、苦尽甘来的自立自强之路。"以人为本"是历史唯物主义的重要内容,是全面建成小康社会的必然要求。我们从学生的作品中看到小我在社会浪潮中有了更多的自主选择权,这得益于"中国道路"依据基本国情,坚持以人为本,助推了中华民族的自立自强。书中每个家庭样本都是社会在全面建设小康征程中不同阶段的缩影,但每个家庭又相对独立,有着各自鲜明特色的奋斗史,具体囊括了农业、工业和服务业等各个领域。谢一鸣的家人过去几十年都以种植水稻为生,经历了人民公社、家庭联产承包责任制和农业现代化等;洪蕾的父母20多年从事纺织业工作,创造"纺出来的幸福";严子泳的父亲凭借理发技术开拓市场,走上致富路⋯⋯其实,同学们的作品从标题便直观向我们诉说了逐梦小康是艰苦探索"中国道路"苦尽甘来的过程,如俞俊妍的《磕磕绊绊奔小康》、俞林月的《守得云开见月明》等。在这过程中,1978年召开的十一届三中全会是一个重要的历史节点,这也能从书中寻找到相应的家庭映像,从那时开始,越来越多的家庭主要经济来源从农业转变成工业,人口跨区域流动更加频繁,生活向好发展于食物、房子、车子方面都有体现,进一步标志着中国进入了社会主义现代化建设的新时期。

最后,这些故事讲在一起引深思,美好的生活,幸福的生活,全面小康的生活,要靠劳动来创造。2020是全面建成小康社会的收官之年,举世瞩目的中国超大规模减贫斗争进入最后阶段。从"解决温饱"到"小康水平",从"总体小康"到"全面小康",从"全面建设"到"全面建成",小康社会奋斗目标不断明晰,中国社会主义现代化不断发展。从空间维度看,书中的家庭大都集中于浙江地区,沿海区位优势明显,民营经济起步早,人们自主创业意识强,诸如"打拼到非洲"的程卓一父亲、"远赴西安经营酒店"的赵一蒙家人等浙商们也拥有艰苦奋斗的品质。众多因素决定了浙江在百年逐梦小康征程中处于领先位置，积累了"浙江经验"，成为了样板。当下，我国的主要矛盾已转变为人民日益增长的美好生活需要和不平衡不充分的发展之间的矛盾，在中国特色社会主义道路中也强调了先富带后富，实现共同富裕的现实意义。《我的小康之家》基于浙江经验，号召大家齐心协力创造美好生活；传达胸怀人类命运，追求平等互利、合作共赢的和平发展理念。脱贫攻坚战越到最后时刻，越要响鼓重槌，特别是在细节方面下功夫。作为马克思主义基本理论与中国实际、时代特征相结合的产物，中国特色社会主义道路也对当今国际社会主义产生了颇多启示。

古有言"家齐而后国治"，当下人们也常说"国是最大家，家是最小国"。百年逐梦小康征程中，作为社会、家庭的一份子，我们都是亲历者、见证者，我也通过阅读《我的小康之家》重新梳理了那些自己脑海中逐渐模糊的家庭变迁、近现代中国历史的记忆碎片，更为重要的是引发了我对"中国道路为什么行"的深度思考。我相信：沿着这条处于不断调整状态的中国特色社会主义道路，中华民族披荆斩棘、开拓前进走到今天，也将坚定不移地继续砥砺前行，为增加世界人民福祉、构建人类命运共同体作出更大的贡献。

最后，用陆俊玮妈妈所说的那句"平平淡淡才是真，踏踏实实走进我们家的小康生活"作为文章的收尾。愿中国人民打赢脱贫攻坚战，全面建成小康社会！

我家的小康印记

叙述者 23：毛诗情，浙大宁波理工学院新闻学专业 2019 级学生

4 月的午后，外公搬了把小凳子坐在院里，手里的蒲扇悠悠地摇着，屋梁上的燕子叽叽喳喳地叫唤着，外公嘴里还轻声哼着姚剧的曲儿。

"阿公，你给我讲讲之前的事吧。""嗯，那侬问吧。"

没有多余的弯绕，我家的故事，就这样开始了……

外公的时代

当打开乡下老家杂物间门的那一刹那，积蓄已久的烟尘如蒸汽般骤然升腾，我下意识往外退了一步，在朦胧中窥见了一个影影绰绰的轮廓。

一辆黑色的上海永久牌 28 式老自行车。

在外公印象里，六七十年代的生活充斥着灰与黑两色。家里黑色的炉灶升起灰烟，通过烟囱飘向村子的其他角落；黑色的碳屑煤灰粘在手上，油腻腻的洗不干净，就往皱巴巴的灰衣服上一抹；造房子时没钱漆墙，墙壁一直以来呈现着水泥原本的灰色……

如今的外公已年逾古稀，头发也变得灰白。他记不清很多事，甚至会认错外孙外孙女儿，唯独提起自行车的时候，外公的记忆却复苏了。"那时候啊，买自行车是我心里头一块大疙瘩啊。"老人家感慨万分。

年轻时的外公读过几年书，识得几个字，因此参加工作后被分配到丰北电厂做会计。只是工作单位在余姚城区，而外公家住丰北旗山村，两地相距

将近 20 里,步行要花大约 2 个多小时。每天早上天还灰蒙蒙的,外公就得准备出门。上下班途中粗糙的布鞋被磨出洞、脚趾被擦出血泡也是常有的事。"那时候还没修路,阿拉村子偏得很,每天上班走路走得腿脚不灵便了。"为了减轻负担,外公萌生出要买自行车的念头。

上世纪六七十年代,国家实行计划经济,买东西需要票证,买自行车也不例外。外公解释说,当时最头疼的是购车票发放数量十分有限,如何尽快拿到购车票是一大难题。他向同事打听,向亲朋好友询问,想尽办法求人帮忙拿张票,可惜最后都石沉大海。一次次的挫败给外公心上蒙了乌云。1976 年 10 月,经过前后 6 个月的等待与努力,他终于得到了一张来之不易的购车票。"当时去上海商场里看过的,自行车一辆要两百多,将近现在的十几万的钱呢。"面对这样的高价,外公暂时无法负担。他只好默默回到了村里,打算攒够钱再买。

"攒了差不多 10 个月吧。那段时间真的很苦,要打两份工。每天白天去电厂做工,晚上跟着人做木匠功夫,这样多赚点钱,每天的钱就放进一个布包里。夜里房间里黑漆漆的,点个煤油灯就开始做东西了。我手艺不好,只能帮忙打打柜子,修修床板。有一次,头晕眼花的没拿住榔头,还把手指敲伤了。"外公伸出手,在小拇指上比划了一下。我凑上去仔细观察,只看到一道道深刻的皱纹,昔年伤口早已愈合,而岁月的刻刀却毫不留情地在外公手上划出更深的裂缝。

所有吃过的苦最后都能化作收获的喜悦。当外公拿出布包仔细清数厚厚一叠毛票的时候,他知道时机已成熟了。1977 年 8 月,外公再一次踏上了去上海的火车。这一次,他终于买到了梦寐以求的自行车。那一年,外公已经 30 岁了。

"自行车簇新簇新的,一看就很结实很好!"外公显得有些激动,眼里闪着光,就如同看见了曾经崭新的车梁上银白色的闪着光的"上海自行车"几个大字。外公视自行车如珍宝一般,极为上心。买回来之后拿着抹布一遍一遍仔仔细细地擦拭着,从把手到车胎,上上下下不沾一丝灰;为了骑行方便,外公手制了一个小铃铛安在把手旁;为了不弄脏锃亮的黑皮坐垫,外婆还连夜赶织了一个布套出来……"你阿公当时怕我们贪玩，把自行车弄坏了，小时候没少说教我呢。"妈妈捧着搪瓷杯站在外公身旁，轻声开口补充道。

"买完自行车，大家又犯了难，没人会骑啊，哈哈哈哈。"外公挠了挠头皮，回忆起尴尬的往事时忍不住笑出了声。为了尽快学会这门"技术"，而立之年的外公除了上班，每天一有空就推着车在小道上或院子里琢磨。起初，外公把控不好平衡，经常骑到田埂里去，落得个"人仰车翻"，蹭了一脸灰尘泥土。过了一段时间，外公能够骑着上路了。虽然像小孩子般骑得歪歪扭扭，但每天外公骑着车按着铃回家的路上，总有许多村民向外公投以羡慕的眼光。

"后来啊，我骑着车带你妈你小姨上学，带你外婆去集市买东西，要么卖卖自家的蔬菜水果……家里的日子慢慢过得好喽。"如今，头发花白的外公眯着眼靠在椅子上，惬意得像活神仙。

父母的拼搏岁月

1995年，20岁的爸爸进入余姚梨洲街道，成为一名普通的驾驶员。"小时候不喜欢念书，初中毕业就没继续读下去啦。"爸爸边说边拿起杯子喝了口烧酒，咂了咂嘴。"你爷爷奶奶也不管我，就把我送进驾校学开车了呗。之后我进了街道，一直干到现在。"爸爸又喝了口酒，语气里满满的无奈。

与追求安稳的爸爸不同，妈妈的工作之路并不顺遂。她先后做过裁缝、工厂产品检验员、会计。1997年，她曾进入余姚舜宇集团，做安装镜片的工作。"当时公司给每个人都发了一套蓝色的衬衫，当我们的工作服。我挺喜欢那套衣服的，可惜现在都丢了。"妈妈有些遗憾地说。直到2006年5月，她成为了一名社区工作者。进入社区之后，妈妈就申请入党。"我要安心为居民为老百姓服务呀，于是就做了14年，一直到现在。"妈妈讲到此处，不由得挺直了身子，很是自豪。

2000年11月，妈妈怀上了我。为了给我过上更舒适的生活，父母打算买套房子。妈妈告诉我："怀你之前我和你爸一直和爷爷奶奶一起住在乡下。当时我们手头有8万存款吧，我和你爸考虑了很久，最后选定了余姚西城区德发花园，毕竟那是学区房，附近幼儿园、小学、初中都有。"然而房子价格不菲，父母手头所有存款加起来还无法支付10万首付，只好又向亲戚借了两万，才勉强交了首付。

"房奴"的生活不得不过得清贫拮据。一边要还亲戚的钱，一边又得还银行贷款，一边还得顾及未出生的我，父母的生活工作压力极为沉重，他们经常为还贷而发愁，每个月只能守着工资紧巴巴地过日子。当时，两人的月薪加起来不过2000，每个月一半的钱都得用来还贷，生活费已所剩无几。于是，厨房里蓝色的方便面盒子堆得老高，饭桌上几乎看不见大鱼大肉的影子，衣柜里许久都没有添置新衣服。爸爸没日没夜地在外开车赚钱，妈妈挺着肚子还得去厂里上班。"那岂不是很危险？"我诧异地问。"我也想在家好好休养啊，可是当时没有产假，况且我要是不上班那家里就只能全靠你爸撑着了，这不更没钱了。"妈妈斜睨了我一眼，低下头微微地叹了口气。"你还不知道更危险的呢。我记得有天刚加完夜班，骑着电瓶车就打算回家，结果路上昏暗昏暗的，在一个路口我正要转弯的时候和一辆三轮车相撞。"

"然后呢然后呢？"我瞪大了眼睛，急切地追问。

"当时我一下被撞到地上，肚子特别痛，还磕到了两颗牙齿。然后那个骑三轮车的估计也慌了，跑过来看我怎么样。我强撑着让他带我赶紧去附近的医院检查，幸好最后你没事……"妈妈用手揉了揉眼睛，用最平静的语气说完了最惊心动魄的故事。

我家的小康生活

2001年7月，我平安出生；2002年1月，父母带着我住进了独属我们自己的家。两室一厅一卫，90平米的空间见证了我的16年成长。2006年，经过5年的拼搏，爸爸的工资翻了一倍，妈妈从社区新手升职为书记。银行贷款顺利还清，家里还新添一辆红色轿车。这辆车每天载着我从家开往学校，成了专属于我的"校车"。

2016年，经过10年的积攒，父母银行卡中的余额渐渐多了起来，我家

年轻时候的父亲

的日子过得越来越红火。在我中考前一个月,父母在某个晚上吃饭时突然问我:"诗诗,你想换套新房子住吗?"他们说得很随意,像是开玩笑似的打趣一般。"好啊。"我嚼着米饭,没多想,也随意回应道。

　　但我不知道的是,父母真的下定了决心。他们曾注意过每一则广告中的新小区的开业,曾在周末跑遍余姚各地的新楼盘,仔仔细细地比较过哪套房子的性价比最高。不同于之前被经济条件死死束缚着,我家此次买房多了几分从容和谨慎,少了之前的忧愁与困窘。"买新房当然也向银行借了贷款,但是现在我和你爸工资都高了,这点贷款没有之前那么难负担啦。"妈妈挑了挑眉,相当轻松地回答。

　　午后的阳光依旧如此和煦,印照在地上的身影被拉得很长,正如我家脱贫奔小康的路。不知不觉,数十年的时光如同河里的鱼儿般一尾一尾轻快地游走了,但光影中的小康印记却在记忆中永存。

磕磕绊绊奔小康

叙述者 24：俞俊妍，浙大宁波理工学院新闻学专业 2019 级学生

自在如风的童年

1973 年，我的爸爸出生在浙江省宁波市鄞县(现鄞州区)的南翼辖镇横溪镇，镶嵌于鄞东平原与金峨山麓之间，属山区半山区。所谓靠山吃山，理所当然的爷爷奶奶是靠干农活赚钱养家的，而爷爷掌握的一技之长——开拖拉机，在那个清贫的年代给了爸爸一个相对富足的童年。

我的爷爷是 22 岁的时候在县里的农科院学会开拖拉机的，那时候的手扶拖拉机只有七匹马力，但并不妨碍爷爷之后的吃香。1979 年的横溪公社名为"幸福大队"，徒有一辆 24 型拖拉机却无人会开，唯一掌握拖拉机通行技能的爷爷立马成为它的"掌舵人"。给队里工作，每年固定的基础工资是 800 元，主要任务是耕地和充当抽水机的动力。在非农忙的时节爷爷会去运输沙土石头等建材，这部分会有额外工资，队里分一部分，爷爷拿一部分，称为补贴。

"你是不能想象那时候拖拉机的威风，用比喻来说 70 年代的拖拉机就是现在的奔驰宝马，你爷爷开着拖拉机运货去隔壁村的时候能让一群人围观欢呼，宁波大饭店、状元楼那也都随便停。不像现在你连拖拉机都见不着，更别提停车了。"爸爸说，"虽然我们家情况还行，但我们那一代的小孩儿都还是要吃苦干活的。"

　　横溪镇是在1983年下半年开始实行分田到户的,那时候爸爸还在读小学,农忙期间学校会组织学生去田里拾稻穗,除此之外爸爸也会在课余时间和伙伴自行前往农田帮忙。拾下来的稻穗会被用于喂鸡、喂鸭、喂猪……

　　爸爸的零嘴也是靠自己赚的,想吃糖,就得拿东西换,废金属、废塑料都是换糖客(方言翻译)青睐的对象。于是爸爸就会在周末喊上同伴去捡破烂,从煤堆、垃圾堆里找废铜烂铁,用这样的方式换糖吃。除了糖,还有"爆米花"。"爆米花"的生产方式与现在不同,跟我们熟知的样子也大不相同,它是用一种被爸爸他们戏称为"粮食扩大机"(方言翻译)的机器制造的,机器不能依靠电力自主发电,因此需要用柴生火。小孩子如果想吃"爆米花",就得靠自己的能力收集木柴。除此之外,制作"爆米花"的原料比如米、豌豆、玉米、年糕干、糖精等也得自己提供。以上材料都具备后,再向售卖的师傅交上一笔加工费,方可得到成品"爆米花"。"那时候哪有像你现在这么随便就能花钱出去吃喝玩乐的,没有那条件的。"爸爸说。

　　1992年之前,爸爸的日子都是相对快活且有趣的。一群对学习不上心的小孩没有课业压力,加之父母工作忙碌疏于管教,早晚餐都是给钱自行解决,爸爸和他的6个兄弟往往能省下钱来,在周六下午一节课后从东钱湖412医院那儿的码头租船,到东海舰队司令部的溜冰场溜冰。爸爸虽然像个混世魔王,但在老师面前表现得很老实,竟就这样自在又体面地度过了高中生涯。当然高考是公平且现实的,高中结束,没有大学上,但日子还是要过。就这样,爸爸开始了他的工作生涯。

今成一丈夫,坎坷愁风尘

　　混出来的高中学历并不能让爸爸找到一份好工作。他的第一份工作是去铝材厂当普通工人,实习期的工资仅78块一个月,而高中时期的生活费都有10块一星期,巨大的落差让爸爸头一次体验到生活的不容易。

　　但更大的难题还在后头,爸爸工作仅8个月后,所在的工厂便因某种原因倒闭了。这就意味着爸爸又得重新找工作,再次就业。

　　第二份工作是半学半做性质的,爸爸跟着老师傅学习修理电路,也就是当电工，并在此期间考取了中级技师职称。然而好景不长，两年八个月后，爸爸工作的那个车间被取缔了，新的车间需要新的技术，爸爸只得另谋出路。

第三次就业，也以工厂老板闹矛盾分厂而告终。

爸爸就这样波折地度过了4年，这4年里，由于政策的改变，爸爸的工资也由最先在乡镇企业时的78元一月到最后私人企业的700元一月，三次失业的遭遇及工资的变化让爸爸在第四次就业中做出了改变。那时候的他并不知道这份工作会让他走遍中国各地，也不知道会让他与妈妈相遇。

1996年初，在同学父母的介绍下，爸爸进入一家邮电公司上班。初来乍到的他被派去打杂，之后变成送货发货。一段时间后，才被老资历的销售员带着开始慢慢熟悉公司业务。跑销售是一件很辛苦的事，出差是家常便饭，经常与长途客车为伴。"我一般出去一趟都得至少半个月到一个月，一星期算很短了。而回来最多呆一星期，又得出门了。"爸爸这么形容他的出差情况。

提及工作内容，爸爸表示主要是有目的地找相关电信公司和电信局谈合同，出售公司的产品。电信局是一块难啃的硬骨头，想进电信局谈合作首先得得到有关部门批准的电信设备进网许可证，不同地方的电信局对许可证的要求也大不相同，有的要省级有的要国家级，对于这种许可证的办理也是费时费力的，爸爸曾经为了拿下一些许可证，奔波北京大半年，但即使如此，电信局方面的业务状况依旧不容乐观，爸爸拿着六七种型号的有许可证的产品在安徽呆了3个月仅仅拿下两种产品的合同。电信公司的合同则是相对好谈的，也是爸爸主要负责的对象，通过几年的积累，全国各地的业务都有条不紊地发展着，公司的规模和财富也日益积累。经过几年的历练，爸爸甚至也能以老员工的身份去带新业务员熟悉业务，并在不久后转入生产部担任经理。

爸爸之所以不再跑销售的原因之一就是，他与妈妈要结婚了。他们的故事要从1997年2月的某一天说起，这一天不是他们第一次相遇，但是认识的开端。妈妈的家在甲村，离横溪不远也不近，妈妈工作的地方离爷爷家很近,每天上班都会从爷爷家路过,因此与爸爸有过几面之缘。然而在那次相遇之后的一段时间里妈妈却能频繁在自家门口碰到爸爸,说是巧合偶遇,是没有说服力的。就在这样被创造的"偶遇"里,爸爸妈妈相恋了。由于爸爸工作的性质,他们的恋爱时光总归是聚少离多的,但这并不妨碍他们的甜蜜。妈妈喜滋滋地跟我分享说:"你爸出差回来都是先来我家,放下一堆特产才回去,还被你奶奶笑骂。"以及诸如"你爸不知道啥毛病跟他兄弟出去吃个饭都得非拉我一起"此类的假抱怨。

终成家有业

两年半的恋爱,在一通通腻歪的电话煲、一份份精心挑选的地方特产、一朵朵用心折叠的纸玫瑰里修成正果。1999 年 10 月 1 日,妈妈穿着雪白的婚纱,在人群的簇拥下,嫁给了爸爸。他们也在一年后,迎接了我的到来。

爸爸妈妈结婚时拍摄的照片

然而好景不长,在生产部当了 4 年经理后,由于之后销售人员的疲软,公司业务一落千丈,老板希望爸爸重新回到销售岗位跑业务。"这我肯定不乐意了,"爸爸说,"那家厂的老板根本不会用人,很多有能力的销售员都跑光了,我们之前好不容易打下来的基础就这么没了,还让我再回去跑,我是不愿意的。"最终,爸爸在失望与无奈中离职了。

我一周岁时与爸爸的合影

　　三番不如意的就业经历让爸爸义无反顾地走上了创业之路。爸爸选择开办的是一家五金厂，跑销售时期的高收入让爸爸有了一定的积蓄，再加上妈妈的资金，数十万人民币投入到创业中。爸爸拿着这些钱很快完成了前期的筹备工作，包括租厂房、买机器以及招聘员工。同时，爸爸凭借其长期的人脉积累，顺利谈下了一些合作。

　　然而五金厂的生产并不顺利，属于徒有生意却交不出好产品的情况。爸爸请来的师傅不够专业，制作出来的产品无法达到销售标准，想着去招些好师傅，人家却都嫌厂子规模太小，不愿意来。爸爸也想过亲力亲为，然而隔行如隔山，从未学习接触过五金生产的他对此也是束手无策。日子就这么在边尝试自己研究边到处请师傅中度过。产品由于屡屡不达标，只能被当成废品处理，废品的价格本就较原材料低，加上付给工人的工资，爸爸的本钱被无限消耗，原本宽裕舒坦的家也在这一次次打击之下跌入谷底。

　　那时候的我并不懂大人赚钱的事也并不被允许过问，只是发现那段时间我的衣柜没有像从前那样自动更新衣服了，小孩子一年一个模样，妈妈又特愿意打扮孩子，衣服的变化是能让我稍稍有点感觉的。因为爸爸的入不敷出，妈妈几乎成为了家里的顶梁柱，不仅用自己的工资养着全家，还一直无条件信任爸爸,妈妈那一句"就无条件相信你爸呗"让我听了特别感动。

爸爸在五金厂不如意的情况下,也在积极寻找别的出路,萌生了与陈叔叔合作回收废品的想法。他们原本的期望是从别处低价进废料然后在本地按市场价卖出去,以赚取其中的差价获利。一笔交易单很快"飞"到他们手中,在电话里,对方给出的价格远低于本地的市价,是一笔收益相当可观的交易。于是爸爸和陈叔叔连夜赶往外地与对方谈合同,到了之后才发现其实是对方在耍心机,他们根本不认电话里的价格,真正给出的售价只比本地市价低一点点,就算全部顺利卖出也只够赚个车费,而且卖得不好还会亏。爸爸与陈叔叔只得灰溜溜地回家了。这样的尝试在爸爸创业的那两年里有过很多次,但都没能让爸爸找到出路,爸爸的五金厂自然也没有了生存下去的可能,创业之路以失败告终。

2006年9月,再度成为求职工的爸爸正巧赶上了镇里招村级后备干部,爸爸便报了名,开始了在镇里挂职锻炼的日子,其中一项培训内容是在2007年上半年到浙大宁波理工学院进修。功夫不负有心人,一年半的挂职锻炼之后,爸爸在2008年的村换届选举中当选村党支部书记,开始了他的新农村建设生涯。自此,我家也步入了平淡而踏实的生活。

2019年,我阴差阳错地也考入浙大宁波理工学院。录取通知书到来那天,爸爸比我还心急地拆开快件,眉飞色舞地反复翻看,等终于看够了才移交到我手上,轻飘飘地说:"我也上过,没啥了不起。"但我知道,他其实开心坏了。

从始至终,我们家都是普普通通的一个小家,是千万家中微不足道的一小点,但它却曾承载过无数磕磕绊绊、无数爸爸妈妈为之奋斗的印记,并最终给了我一个充满快乐、无忧无虑的童年以及自在快活的青年时光。

非虚构写作视角下离异家庭的小康图景

观察者 26：陈雪军，浙大宁波理工学院传媒与法学院教授、博士

　　非虚构作品具有虚构作品难以具备的天然质感，而其内在的逻辑性必须承载作者的判断，如此才可能以真情实感打动读者。本文之所以扣人心弦，归根结底在于作者为我们呈现了真实而积极的离异家庭的小康图景，而此情境下的小康，与其家庭所具备的基础条件密不可分，非虚构写作的优势在于，作者能够将这些条件于朴素日常中向读者真实体现。

　　从家庭成员心理恢复条件来说，作者并没有详述父母离异的生活让孩子承受的压力，而是重在陈述所得到的外在的、恢复资源的保护，如父母双方的关心与爱护，或是自我调节，如积极再定义、转移注意力、接受现实等应对策略的运用，更好地恢复，形成更加独立、坚强、乐观和优秀的人格，使得这篇非虚构作品起到了引导社会离异家庭子女心理成长的指导作用。文中提到"8 岁的我不太明白离婚意味着什么"，而妹妹"在比我更小的时候父母就离异了"，可见在父母离异时，儿童正处于智力、个性、社会性发展的重要阶段，社会应该关注离异家庭儿童的基本情况及父母离婚后的适应情况，文中作者的家庭以其小康水平的素养，在此方面处理得当。

　　离异家庭孩子的素养也是离异家庭的小康图景下的核心因素。离异家庭儿童的心理发展过程具有明显的阶段性，从巨变期到适应期作者并没有做详细的阐述，较多笔墨用于基本适应后的定型期。从作者对于家庭的看待方式及态度可见，她能够正确对待这一冲击，发展出良好且独特的心理特

征,比如"偏心总是会存在一点,实话说也是人之常情""彼此都开始新生活或许更好"等,表现了其自立成熟、富有同情心和责任感、体谅家人的特点。这种心态不仅与作者自身的素质有关,也与家庭的小康程度、社会的小康之路息息相关。

再者,一些量化研究指出,离异对儿童心理及适应度的影响,与离异后经济状况改变情况密不可分。一方面,离异家庭中父母的教育水平和教养方式对子女情绪的影响甚大,作者的爷爷是受人尊敬的"宋老师",可见家庭教育氛围是良好的,虽然父亲没有高学历,但生意场游刃有余可见其头脑灵活,也会为家人从沉默寡言转变为活跃气氛,教养方式也是从优的。

另一方面,家庭外社会资本、教育指数和物质资源指数都与积极情绪呈显著的正相关,说明离异家庭与外界联系越是紧密,家庭与社会的教育资源越是丰富,家庭经济资源越是充足,离异家庭子女越有积极乐观的可能。从文中对老宋的当前状况描述可见,虽然再婚者面临着心理、人际关系、家庭经济等方面的问题和压力,但良好的教育环境、理财规划等也能保障再婚家庭与原生家庭同等的温情与融洽。究其根本,优质的教育、优良的物质条件,都来源于家庭的经济资源。老宋作为"宋总",其经济资源从社会的经济发展蛋糕中分割,这是驱动作者的小康之家形成的根源,小康社会的繁荣经济不仅为再婚家庭带来教育及物质,同时也补偿了离异家庭的心理缺失,塑造出了作者文末所体现的积极心态。

对社会或个人的真实记录是非虚构写作的核心意义,在此本文尚有进步空间。众多的非虚构作品的真实性并不完全来源于素材的真实,只有具备足够理性的作者,才能叙述有内在真实性的非虚构作品。本文既然以第一人称陈述,那么该如何呈现家庭历史及离异经历,让读者更能够感知呢?我们认为,细节中的历史真实极为重要。对读者来说,了解不熟悉的时代背景、家庭情景下的生活,宏观的叙述是远远不够的。感同身受来源于细节,作者既然选择了以自己的视角来描述,也运用了较为主观的描述,就应当更细致地剖析小康之家下发生事件的种种因果,譬如以老宋为了"我"而不去广州工作体现父爱,真切动人,然而"我当初总是哪哪看她不顺眼她大概也是，随着两个人都在成长，关系越来越好，没有什么好埋怨的"就显得略为生硬了。作者对家庭各阶段的认知等叙述得比较模糊，如果对于与自身情感、经历有关的内容有更真实而详尽的描写，可能更真挚动人。

目前非虚构写作的普遍缺陷在文中也表现得比较明显，即基于大量采访、素材搜集以提升作品深度的内容还有所不足。非虚构写作兴起之时，传统媒体正式微。因此中国的非虚构写作有着个人写作的特性，民间讲述的UGC模式繁荣之下，作者的个性特征被强调。此文就带有作者的鲜明个人经历与感受，在文章的后半段即父母离异后尤其显著。虽然非虚构写作的内核仍是媒体写作，但非虚构作者需要更深入挖掘和丰富人物的形象与故事。作者对家庭描述的开始，对爷爷"落魄才子"的刻画比较鲜明，但是对于家庭的境遇阐述可能不足，同理，1100元升至7000元的退休工资，乃至走向小康生活，这期间的现实生活变化并没有明显对比，如果能通过当时的政治和社会情况深化细节描写可能会有更好的表达效果。父亲频繁更换工作的心态及原因的阐述有所欠缺，可能是对父亲的采访不够细致，可能有意隐之，或许可以具体描述父亲成为家庭顶梁柱后家庭及社会环境的变化。诸如此类，若有更深入真实的细节描述，而非笼统概括，可以增强非虚构的情境感，也更能凸显小康家庭背后社会的状况和力量。即便是宏大叙事，也需要众多局部的微观呈现，要做到这些，需要更细致的采访、调查及描写。

但从作者时有概括、跳跃的文字中，还是可以读出复杂、矛盾的心理变化，因此文章打动人心。作者呈现出的人性，积极且光明，使得重组后的小康家庭显得尤其珍贵而令人感动。作者并不只是在叙述自己家庭的故事，也体现了新闻职业对社会现状及问题的敏感度的要求。文章写的是离异、重组家庭的小康故事，而离异家庭往往被视为非主流的群体。所谓的"边缘人群"，正是非虚构写作需要格外关注的。如此的内容往往更有冲突性与张力，而新时代中，一个理想社会、小康社会之下，一个少数群体更应当有发声的权利与机遇。

文末作者表达了她"始终对生活，对一切都保有感激之心"，并以"幸福的一家"作结，可以看到小康之家中家庭成员对自己的信心，小康之家对自己家庭的信心,而这些都来源于对于小康社会建成的信心。另外,除了主人公老宋,作者对于爷爷、奶奶、弟弟、妹妹等家人的描述,可以视为运用集体细节来塑造集体形象,每一个在离异情感冲突下战胜困难、重组幸福的非虚构人物,共同构建了一个离异家庭走入小康的场景,而非虚构写作赋予这种场景以代表性,作者在此为我们看待离异问题提供了积极的视角与对策方式,也让我们看到非虚构写作在关切社会群体上的力量。

小康密码:非虚构细节

观察者 27:朱婧怡,浙大宁波理工学院网络与新媒体专业 2018 级学生

全面小康最鲜明的意义体现在社会中每个人身上,落实在每个家庭的生活的每个细节上,而此篇非虚构作品,可管中窥豹地解读出小康生活在细节中的多方表现。

从叙事主体来看,现代叙事非虚构作品利用人物及其动作、场景之于动机等接替了传统新闻中的诸要素。5W 模式仍然存在,却以隐秘的形式,使得现实人物更为突出。文中将人物放在主导地位上,掌控整篇叙事,让人物层层剥开自身展现给读者,这种重心的转移值得借鉴。

文中大段第三人称的设置能够扩宽视野,使整个故事的发展脉络被完整地铺陈在读者面前。这种叙事方式虽然不如第一人称来得亲切自如,但运用得当也是大有裨益的。首先,第三人称的作者可以成为记录者与摄影师,场景和人物的外部形象塑造都通过其描绘展现出来,但这种描述是建立在保有事实的基础上的。其次,第三人称的叙述可以打破第二人称的局限性,呈现人物的内心,而此文中,采访者与叙述者出于父子的特殊关系,受访时可以更无所顾忌地坦诚内心活动,而于作者,基于对父亲的既有认识,对父亲的心理变化更感同身受。最后,第三人称突破了场景的时空限制,可以报道历史与已逝去的故事。

作者从动作场景中后撤,使用概括叙事,所提供的远远超过了原始内容信息,并且通过再现当年父亲的生活来揭示小康生活变革的意义。同时作

者强调过程，即改换车辆、困境重重、阴霾渐散的历程，而结果仅仅以"生活也将开始新的篇章"一笔顺过，此处强调的则是关乎个人的戏剧性价值的立场，对于读者来说是更合理的选择，文中通过自身长大成人、家庭走向小康来推进情节，这也是非虚构写作与追求及时性和就近性等新闻价值观来博取社会关注的传统新闻写作的不同之处。

当语言作为细节点缀在小康家庭的承前启后历程当中时，人物说话的方式最能揭露隐情，"爸爸跟妈妈商量了很久，妈妈说：'这么多年我都跟你过来了，什么日子没过过，我肯定支持你的。'""爷爷对奶奶的离去有些无法接受，妈妈一直安慰他：'不管出什么事，至少我们这一大家子人都还在。'"朴素的两句语言，出现在全篇中成为最亲切的存在，这种人物个性的细节刻画，有效地塑造了母亲的形象，也是作者在描述小康之家中父亲角色的奋斗历程的同时，没有忽略同为小康家庭成员的母亲的付出与包容，不仅仅起到了打动读者的效果，同时也推动了故事进程脉络的发展。可以说缺少了母亲的这些刻画，便失去了这一小康之家奋斗史的完整性。

施特劳斯将隐喻作为语言表层的最后要素，而隐喻在声音风格中举足轻重。叙述的结尾，作者以不似非虚构写作风格的句子引入最后一章的内容。"阴霾之后，浅淡的阳光刺破了乌云。"修辞即隐喻，作者用阴霾、阳光、乌云等意象来表现与描述困境过后突出重围的小康新起步，这种引用小说叙事的手法对于构造现实世界人物的崛起有着巧妙的衔接作用，若是手法上更加适于非虚构作品的总体风格、描述上更成熟些则更胜。

谈及修辞这一细节对于小康生活的展现，相较于暗喻，看似更浅显的明喻并不是总带有字面的像，用法在于比较。"它驶过的每一条蜿蜒泥泞的村路，每一条城市笔直的柏油马路，都是一个青葱懵懂少年无畏打拼的印迹。"作者明喻少年，又暗比父亲年轻时驾驶着重庆长安工具车的闯荡与拥有家庭后沉淀下来的奋斗。这里糅合了道路、汽车、人物、生活与时间，简单的句子实际上概括了全文的中心轴线。

物质文化的兴起与发展渐趋成熟，大众展现自己的方式多样化，其中通过消费品来表达是最为直观且易于描述的细节之一。在文中可见一斑，作者通过品牌命名章节,利用品牌在家庭中的更迭预示小康之家的转变,而其背后是整个中国的消费浪潮和改革开放的大背景。表面上看,是从"重庆长安工具车"到"沃尔沃"的五步转变,细细读来,作者并不限于使用汽车的迭代来展示小康。与一汽佳宝面包车的到来同步的是父亲成为销售代理;由着总代理之职迎来了桑塔纳3000型;当沃尔沃到来,毛坯别墅也建造起来,父亲的企业被评上浙江省高新科技企业。作者通过家庭拥有的房产车辆、家庭成员的工作变动等细节,揭示他们在小康之家建成过程中不断提升的社会地位,合乎耶鲁大学的哲学博士沃尔夫所倡导的身份标记作为理解当代文化的关键,他在《新新闻学》导论中阐述到,现代叙事性非虚构文学的力量可以说依赖于"记录行为的完整模式和人们用来表明其社会地位的财产"。作者注意到了人的社会结构和动机的相关性,因此以"身份标记"作为小康道路上的证明。

　　家庭纪实的非虚构创作不单单讲述家庭与国家的变迁,也传授小康的秘诀,这在文中有着直观体现。怎样的价值观可以带来富足,如何的态度来迎接艰涩曲折,确立了这些基本价值观念,小康的进步历程才会更清晰。不能把握的不可预见、不可避免事件众多,作者在皮卡车的小节中以悲伤的基调描述了奶奶逝世、大伯伤残的困苦阶段,但"一大家子人都还在"的信念立住了这一段叙述,也支撑住了这一阶段的小康家庭。非虚构作家在探索人性时,性格理论的形成不可或缺,并利用其指导写作,这段突破困境的描述告诉读者,在可控的范围内,小康目标进取的力量正是在人物的理想之中。而人物的理想,也正代表了所有人民之理想。

　　叙事性非虚构文学构建了真实的历史与当下的环境,也教授读者以处世方式。通过非虚构的描述,了解同胞是如何突出重围、共享小康,这便是叙事作品的力量。作品的启示或洞见隐含其中,为所有经历的困苦动荡的辩护和自愈是倔强的争取,它为定义我们共同经历的年代提供了一种方式。通过描写父亲白手起家、后作为"村里的杰出人物"带领家庭步入小康的经历,真实记录了普通民众生活的艰难,达到了真实记录所具有的、虚构作品难以匹敌的震撼力。文中的父母从农村走入城市迈向小康,为各方面切实重视农村贡献了一份力量，而中国农村在当下巨变的小康进程里理应得到关注。

最后，通过细节呈现，我们不仅要注意到中国农村的小康之家是怎样建成的，我们还应当看到文中父亲作为企业家以及其企业为小康社会创造的价值。母亲进入教师编制，为社会创造教育资源；父亲作为机械手制造商，开发机械手，设计机器人，成立科技公司，在科技领域贡献了一臂之力；其公司扩大生产、引进人才，则是供给社会以就业途径，并创造了一定的生产资本、流通资本。作者点到父亲的公司被评选为浙江省高新科技企业，背后实则是国家在新时代对于科学技术创新这种社会发展的内在推动力的重视与日俱增。从作者对于家庭方方面面的优化与进步的描述，可见小康社会的建成是综合的、全面协调的。此处我们回到非虚构写作，它虽然有别于探索社会环境、文化价值和个人身份的叙事新闻报道，但推敲阅读，这些要素都隐含其中，而人物行为背后细节性的心理状态及行为动因，就是解密小康之家创生的内在条件以及社会背景的钥匙。

老宋一家

叙述者 25：宋妤恬，浙大宁波理工学院新闻学专业 2019 级学生

"你爷爷有时候真的烦，一天到晚在那画画剪纸也不帮忙干活。"

"你爷爷又忘记插电饭煲的插头了，真的越老越没用了。"

"那个时候也就我肯嫁给你爷爷，30 多岁还没讨老婆。"

......

"你爸爸 40 岁也总算熬出头了。"

"要是你爸还跟以前一样赚一点点，你现在还能这么大手大脚吗？"

"以后爸爸老了一定要对他好啊，他现在对你这么好。"

......

这都是奶奶跟我念叨的话，我随口都能背出一串来。在我出生以前，爷爷是一个家庭——他、奶奶和爸爸的家庭的顶梁柱；我出生后，父亲成为了我们一整个大家庭——爷爷奶奶，他和妈妈还有我的家庭的顶梁柱。两个家庭的传承，像是一种约定俗成的制度，一种默认的交接仪式。现在，我们一家三代住在一起，那我就来讲讲老宋的父亲、老宋自己还有老宋和我的故事吧。

老宋的父亲

我喜欢调侃爷爷是没落的"老艺术家"。

爷爷很喜欢讲他读书时的经历，每次讲起来都是自豪的表情，声音也愈

来愈响。"那个时候的初中也都是要考的,当时我考的是全绍兴最好的初中,一中。高中我也考得很好的。但是考大学不是光看成绩了,还要查家庭背景,你太爷爷的爸爸是地主,背景调查起来成分不太好的,没办法就只能去温州读大学了,本来我的成绩还能读更好的……"

1962 年,21 岁的爷爷大学毕业了。

作为当时还比较稀少的大学生,本该前途一片光明,现实却并非如此。

21~28 岁,爷爷在他人生中最好的年华只能自己在家中学画画,靠卖画和给别人画画为生,"赚不了什么钱的,就是闲在家里,没地方要你这个人的",50 多年过去,爷爷早就放下了曾经的命运不公,可以平淡地讲述那段艰辛岁月了。我不禁唏嘘,觉得他当年颇有些"落难才子"的感觉。

1969 年,28 岁的爷爷作为知识青年下乡务农,去到兴塘大队(现在在绍兴袍江),也就是在这个时候认识了比他小 8 岁的奶奶,两个人结了婚。谈到这里,爷爷奶奶都有话说。

"你爷爷那个时候穷的呀,30 岁的人了房子也没一套,没有人要嫁给你爷爷了,也就我眼睛瞎了嘞。"

"你奶奶家也穷的呀,上面有个姐姐,下面还有两个弟弟,又没什么文化,就我娶娶她了。"

两个人字里行间都是对彼此的嫌弃,说着说着,我们一起笑了起来,配与不配,都已经走过了五十几载光阴,是真正的白头偕老了。

1973 年,爷爷和别人合办了合作公社民间工艺厂,终于分配到了一间小小的安置房。1978 年,爷爷被调到合作公社安城中学成为了一名老师,后调到马山中学担任美术老师和实验室管理员,从此开始了他长达 20 多年的教学生涯。"我那个时候什么都教一下的,本来么教画画,后来让我同时去管实验室,我想着化学知识也总要懂一点,就学学化学、学学数学",想来确实,到初中毕业前,我还总是会请教爷爷数学题,他总是用着绍兴话混杂着几句绍普给我卖力地讲着,后来说是我的题目越来越难他脑子也转不动了。我初二初学化学,寒假学着背元素表时,他可还比我顺多了。

2003 年,62 岁的爷爷退休了,30 年的教学生涯,认识他的人都叫他一声"宋老师"。我从小到大的印象中，爷爷似乎一直都是受人尊敬的形象，在家就是被奶奶嫌弃的存在。爷爷刚退休时的退休金是每月1100，国家福利好，教师的退休金年年都在涨，现在已经涨到了7000多，我们一家的生活水平也都在提高。

爷爷现在闲着就喜欢剪纸、做纸灯笼、画画，五六年前眼睛还比较好的时候还喜欢绣十字绣，花大半年绣了一幅很大的《花开富贵》悬挂在客厅里。

人，总是要在生活有了保障后才会发展自己的闲情逸致，老宋的父亲就是这样，小康之家里的热爱生活选手。

右一、二为年轻时的祖父和小时候的父亲

老宋其人

"你爸爸以前读书不太认真，你爷爷自己是老师也不知道多管管的"，又是来自唠叨奶奶的抱怨，"你还是多遗传点你爷爷，读书要好一点。""我以前英语最差，考试就是扔骰子填的，但其实我数学还可以的，怎么你数学这么差？"这是高中时来自老宋的"嘲笑"。但无妨，虽说时代不同，我当然还是要比他会读书一些的。

老宋高中毕业后就开始工作了,他去了我们这里最大的酒店咸亨大酒店当服务员,这酒店是当时绍兴唯一的五星级酒店,在这期间认识了我的妈妈,两人结了婚。据两人的说辞,仿佛当时都是看上了对方的长相,我妈妈觉得我爸爸长得帅,爸爸又觉得妈妈长得好看,好吧,大概建立在外貌上的感情都不会长久?当然这是后话了。

后来他辞去了工作,去了风光大酒店,干到餐饮部部长。可惜好景不长,两年后酒店倒闭了。然后,老宋去了派出所干了一年的协警,处理一些琐事。

"怎么还干过协警,这出入也太大了吧?"我感到疑惑。

"当时找不到什么工作嘛,说的好听点是协警,其实就是鸡跑了抓抓鸡,也没干什么事。"

后来,老宋进了一家服装商标厂,干得也不久,工资也不太高。接着,他进了中国电信工作,虽然稳定,但他不满足于这份看不见未来变化且工资不太高的工作。从这里开始,我又重新有了印象,他会带我去工作的地方,他有一件蓝色的印着"中国电信"的工作服,他总是能拿新的座机电话回家,他下班很准时……"其实要是你爸爸一直呆在电信局,也很稳定很好的",老年人大概很多都有"求稳"的想法吧,但我应该会做和老宋一样的选择——辞职。一眼看得到头的不会有什么大发展的未来不是我想要的,老宋也不想要。于是他又回到了当初的服装商标厂。

但收益也并不如预想中的好,工资也一直不上不下,这一段时间大概是我五六年级的时候,只感觉他话也少,不知道心里在想着什么,奶奶也会说他没有辞职该多好。这样的生活显然也不是他想要的,于是他再次辞职,进入一家大型有机硅公司当销售。这是他职业生涯的转折点,也是我们家庭变富裕的转折点。

他开始频繁地出差,他的酒量越来越好,他开始买几千块的衣服,他几乎跑遍了大半个中国。他的性格也因为这份职业改变了很多,从以前的沉默寡言内向到现在酒局上的能说会道掌控局面,这点我真的感受太深了。

他从前采取的解决问题的方法就是冷战,不管是曾经对我母亲,还是之后对我。不说话是他一贯的态度,沉默、倔强、隐忍,我无法设身处地地去感受一个中年男子所承受的压力,但和他相处的时候我确实不太自在,可能曾经的母亲也是这样觉得吧。他的职业为他带来的改变,是他之幸,亦是作为他的家人之幸,他开始学会和我交谈,我们再没有使用过冷战这一伤人的解决方式,他开始会和我们一起开开玩笑,甚至主动活跃饭桌气氛,我是真的真的真的为他也为我,为爷爷奶奶为我们一家人都感到开心。

老宋换了这么多职业终于在40岁时找到了自己满意的职业道路,所有曾经的经历都是值得的,于是他一直干到现在,和他的朋友一起成立了一个与化材销售有关的公司,老宋,那我像别人一样叫你一声"宋总"也不过分吧哈哈哈!

老宋呀,他作为我们一家的顶梁柱,随着他的职业变化、收入变化,我们家庭的条件也在改变。他终于也算"守得云开见月明"了,40岁,不算晚,带着我们一整个家庭奔向富裕的新生活。

老宋和小宋的家

2008年,我记得清楚,那是我们家庭发生转折的时间。

那个寒假我突然得知父亲母亲要离婚,8岁的我不太明白离婚意味着什么,只知道奶奶跟我说妈妈要离开这个家,我没有哭没有闹因为实在没有什么概念,印象中的8岁前的时光一直是爷爷奶奶在带我,好像关于父母记忆实在太少,离开便离开吧。

听奶奶的话去挽留妈妈,"妈妈可以不走吗?"她说:"长大了你就知道了。"那个冬天,她只拿着自己的衣服,没要一分财产,还是离开了。

我现在长大了,也大概明白了,没有什么激烈的争吵,没有什么导火索,大概是两个人本来就不合适的性格在10年的婚姻生活中逐渐暴露,实在做不到包容了,再在一起只是互相折磨吧,于是便"和平离婚"了。正如上面我所说,老宋解决问题的方式曾经就是一味冷战,设身处地如果我是母亲,可能也会做同样的决定,彼此都开始新生活或许更好。

　　邻居总是觉得我挺可怜,我真的并不觉得,妈妈几乎还是每个月会来看我一次,我知道她真的依然很爱我啊。爸爸也很爱我,不是骄纵,他们一直很严格地对我,尤其是在行为习惯和品德上。我长大后,清楚知道了老宋有多爱多爱我,我初中的时候他本来想去广州做生意打拼,但他没有去,因为他说我是最重要的,他要好好监督我的学习、照顾我的生活。奶奶说的什么"等你爸爸老了要对他好"其实根本不必再讲,我的心里都记得清清楚楚,对我的好对我的关心,努力想要弥补一部分缺失母爱的他,隐忍内敛的他,很爱很爱我的他。

母亲和小时候的我的合照

　　当然,两个人都再婚啦,新生活总是要继续的。父亲跟别人介绍的一个阿姨结了婚,阿姨带来一个比我小 3 岁的妹妹,我当初总是看她哪哪都不顺眼,她大概也是。随着两个人都在成长,关系越来越好,没有什么好埋怨的。她在比我更小的时候父母就离异了,还来到了我的家和我们一起生活,爷爷奶奶是很善良很好的老人,但偏心总是会存在一点,实话说也是人之常情。既然她叫我一声"姐姐"当然我也要对她好呀。我们已经一起生活 11 年了,我跟继母还有妹妹都相处得挺好。而母亲那边跟一个叔叔结婚生了一个小弟弟,比我小 10 岁,我也很喜欢他,小小的一个乖乖地叫我"姐姐",我居然有一天也可以"弟妹双全"! 当姐姐的感觉真的很不错! 他们一开始做服装生意,跟上了电商崛起的浪潮,生意做得挺大,但后面由于一些原因不做服装了，现在改开刺身店，开了好几家分店，生意也很好，生活条件也不错，我也会去她那里小住。虽然分开了，但两个新家庭都在变得越来越好，朝着富裕的道路越走越远，这是我们奋斗出来的，也是社会提供的条件。

我始终对生活、对一切都保有感激之心。我真的很爱我的家，很爱我的父亲母亲，即使他们分开了，但他们对我的爱一直都在，我对他们也是。我的爷爷奶奶也是，继母、妹妹、弟弟都是，都是我爱的亲人，我们所有人，两个家庭都用自己的奋斗努力奔小康，过上越来越好的生活。

老宋一家啊，是幸福的一家。

开向小康的五辆车

叙述者26：何流，浙大宁波理工学院新闻学专业2019级学生

小时候，爸爸开着面包车带我兜风时，我问他为什么我们家的车不能放碟片听歌，爸爸就定下了奋斗目标——买一辆能放CD的车。

第一辆车：重庆长安工具车

爸爸原本是一个成绩不错的人，高中和英语老师的一次吵架后，英语成绩一落千丈，最终没考上大学。

1993年，18岁的爸爸决定去杭州闯荡，经过二姑介绍，爸爸选择了学习修理空调，二姑父认为空调行业不景气，一直劝他当司机，可爸爸坚持了3年。爸爸是高中学文科的，没有物理的基础，白天跟着空调师傅学习，下班后就步行去新华书店看理论知识，空调师傅看到他的努力，觉得跟着自己屈才了，便推荐他去了另一个有规模的空调维修部。

3年后，爸爸学成归来，开了富阳第一家空调修理部，当时的空调用户寥寥无几，生意平淡，爸爸便去富阳最大的商场谈合作，帮他们免费修一个月空调，再由他们决定要不要合作。一个月后，凭借过硬的技术，爸爸开始从百货大楼接订单了，这时的生意才略有起色。

妈妈是外公家里最小的女儿，因为家里太过宠爱，高中无心学习，没考上大学。高中毕业的妈妈到处打工，当了两年房地产公司的介绍员后，妈妈不甘于现在的生活，正好遇上幼儿园招聘临时老师，她便辞了职去三联幼儿

妈妈在家时努力学习应考

园上班了。临时老师工资低，也不稳定，妈妈决定边上班边读函授大专，期间考出了教师资格证，成为正式教师，3年后大专毕业继续读函授本科。

爸爸妈妈是同一个村的，小学开始便是同学，谁也没想到，两个直到高中毕业都没说过话的人共建了幸福的家庭。妈妈刚工作时借宿在身为初中教师的二阿姨家里，爸爸的空调店就开在小区外的店面房。有一次妈妈去码头接从老家来富阳的外婆，正好遇上了迷路的奶奶，妈妈便带着奶奶去了爸爸店里，当时爸爸十分感动，之后爸爸妈妈便相恋了。

23岁的爸爸贷款买了人生中第一辆车——重庆长安工具车，那辆车的车牌号现在依然清晰地印在他的脑海中。当年爸爸还加购了一台座机，正当他觉得事业将步步高升的时候，却因为投资力度过大，周转资金出现了问题，生活一下陷入了窘境。最穷苦的日子，每天的菜都是简单的炒青菜。爸爸压力大时喜欢喝点酒，可那段时间他滴酒未沾，爸爸没有听别人的建议转行，而是坚持做好每一个订单。过了半年，爸爸的修理部快要倒闭了，他不得已卖掉了那辆车，虽说亏了好多钱，但保住了店面，之后去客户家里装空调都是租的车。

那辆一时冲动买的车是爸爸白手起家的开端，承载着爸爸最难忘怀的记忆,它驶过的每一条蜿蜒泥泞的村路,每一条城市笔直的柏油马路,都是一个青葱懵懂少年无畏打拼的印迹。

因为经济的原因,爸爸妈妈一直没有钱买房,也就没有结婚,直到1999年,大姨夫担任海军军官期满转业,和当老师的大阿姨一起从九江回到富阳,大阿姨得知父母因为没有房子一直拖着不结婚,二话不说把自己和同为老师的舅舅一起买的学校分配房给了爸爸妈妈,"这间房子是空的,你们自己装修,总之先把婚结了。"

爸爸妈妈花了一年时间装修,2000年才结了婚。

第二辆车:一汽佳宝面包车

2001年,我出生了,爸爸为了给我一个好的家庭环境,接了更多的订单,在还清债后买了一汽佳宝的面包车。

每个夏天,空调使用的旺季一到,爸爸的工作就格外忙碌。每天7点,店铺的卷闸门缓缓拉起,阳光下飞扬着尘埃,整理好设备和工具,爸爸和伙计就开着面包车去装空调,或是商场,或是人家,爸爸记不得装过多少台空调,记不得多少次在高高的窗外作业,只记得每次爬在窗外装室外机时,脑海里浮现的,是家里做好一桌饭菜等他吃饭的妻子和刚出生牙牙学语的儿子。

随着我的长大,家里的开销也比之前更多了,小时候的我从来没有缠着爸爸妈妈要求买玩具,爸爸每次回忆当年都觉得对不起我,为了家里的条件能更好,爸爸尝试进入机械手销售的行业,爸爸跟妈妈商量了很久,妈妈说:"这么多年我都跟你过来了,什么日子没过过,我肯定支持你的。"爸爸在2005年便加入了伟力机械销售有限公司做销售代理。

朴素的面包车载着一对年轻夫妻对家庭的责任,对美好生活的向往,驶向了相濡以沫的他们所憧憬的未来。

第三辆车:桑塔纳3000型

爸爸的转型是成功的。有了几年跑空调销售的经验,进入销售机械手行业的爸爸游刃有余,先后拿下各大订单,崭露头角,成为公司在杭州的总代理。

父母带着幼儿园的我第一次长途驱车，前往千岛湖玩

2006 年，爸爸买了一辆桑塔纳 3000 型。我很喜欢这辆车，因为这是一辆可以放碟片听音乐的车。它载着我上学，载着我出游，我甚至喜欢闻着淡淡的机油燃烧的味道在车的后座睡觉。

家里的日子越来越好，爸爸还资助了大伯伯的儿子读完四年大学。堂哥考上公务员，成为了一名警察。

正当大家觉得幸福生活就要到来时，噩耗传来了。2007 年，外公被查出得了肺癌，昂贵的费用没有保住外公，外公还是在大雪纷飞时永远地离去了。

爸爸很自责，他觉得是自己能力不够，没有给外公最好的医治条件，他暗暗决定，要让家里的所有人都过上好日子。

黑色的小轿车缓缓地行驶在颠簸又绵长的山路上，起起伏伏，沉默中似乎暗藏着即将迸发的拼劲。

第四辆车：皮卡车

两年的辛苦奋斗后，爸爸妈妈决定买一套新房。2009 年端午那天，爸爸妈妈在开车去付首付的路上接到了大姑姑的电话，大姑说奶奶被查出患了很严重的病,爸爸妈妈赶紧掉头前往医院。从富阳转去杭州浙医二院检查后,奶奶被诊断出乳腺癌,因为奶奶对病情的隐瞒,拖了太久,癌细胞已经扩散。妈妈紧紧攥在手里的 12 万元的首付款,全部交到了医院给奶奶做手术,爸爸一边默默流泪,一边对妈妈说:"我已经失去一个爸爸(外公)了,不想再失去一个妈妈。"祸不单行,大伯伯在帮别人造房子的时候从 2 楼坠落,摔断了腿,落下了残疾,窘困的生活压力突然笼罩了这一大家子人。

一年辛苦的工作后,爸爸为了做大企业买了一辆皮卡车用来运货。2010 年正月初四,爸爸拿着一张地契给奶奶看:"妈,我在村里买了一块地,要给你住大别墅了。"奶奶很高兴,气色都红润了不少。可就在正月十四,奶奶走了,爸爸在奶奶的遗像前坐了整整一夜,他最遗憾的事就是没给一辈子辛苦劳作的奶奶住上大房子,爷爷对奶奶的离去有些无法接受,妈妈一直安慰他:"不管出什么事,至少我们这一大家子人都还在。"

忙忙碌碌,至少,我们这一大家子人都还在。

第五辆车:沃尔沃

阴霾之后,浅淡的阳光刺破了乌云。

2011 年之后爸爸生意越来越有起色,就在当年卖机械手赚了 80 万,在妈妈的鼓励下,爸爸决定买下了沃尔沃,又在农村造了毛坯别墅,村里的人都传开了,爸爸一下子成为了村里的杰出人物。

2012 年,妈妈考上了教师编制,成了体制内的人。爸爸也继续转型,从机械手代理成为了机械手制造商,自己开发机械手,设计机器人,成立了浙江省伟立自动化科技有限公司。随后扩大厂房,四处招收人才。一年后爸爸妈妈买了一套新房。

2016 年是有意义的一年。10 月,我见证了新生命的诞生,因为全面二胎政策的开放,我有了一个可爱的妹妹。

就在去年,爸爸的公司被评上了浙江省高新科技企业,妈妈也从偏远的幼儿园调回了富阳,喜事接踵而至。

妈妈最近打算买一辆新车,我们的生活也将开始新的篇章。

应改革之变　顺开放而闯

观察者 28：陈佳炯，浙大宁波理工学院新闻学专业 2018 级学生

程卓一的《也曾打拼到非洲》将其家史分成了三个板块来描述，即祖辈、父辈与"我"，脉络分明，情真意切。这三个板块也恰恰以小见大地折射出不同时代背景下三种人生的可能性。一是传统农业社会里，受农耕本位思想影响的人们。他们多专注于眼前的一耕一犁，面朝黄土，靠天吃饭。长年从事农耕事业，听凭农时节气的爷爷正是大多数人的缩影；二是在现代工业社会形成与发展的过程中，计划经济逐步瓦解，市场经济的尝试性介入让人们看到了更多的自主机会与向上游动的空间。程卓一的父亲由于家境难以支撑而放弃求学，跟着师傅学手艺，凭着技能走街串巷。在改革开放 10 多年后，又试着自己办起企业，做外贸生意。这一整段人生经历都宛若一颗水滴悄然汇入时代洪流，却又在阳光照耀下折射出社会变革之际种种迸发的活力；三是在进入新发展阶段的今天，站在父辈肩膀上的一代人在不断积累与转化着自身的知识技能，实现对社会的高质量驱动，如作者本人。由于作者多将叙事重点倾向于一、二板块，所以我也想在此借这两代人的变化，聊聊改革开放在个体上的具象影响。

对内改革带来的社会阶层变迁与代际流动

代际流动在作者的祖辈与父辈这两代人之间的表现是既明显又典型的。作者的祖辈为农民阶层，父亲便靠劳力与智慧努力提升，成为工人阶

层、雇主阶层,实实在在闯出自己的一片天地。由封闭固化到开放多变,代际流动的增加既离不开小人物自身的奋斗,也反映着体制转轨、社会转型这股时代浪潮对每个人的影响。当我们的社会还是强调农业立国的农业社会时,当计划经济覆盖着生活的方方面面时,与之配套的如户籍管理等制度都会主动地去呼应流动性差这一适应社会发展的特性。因为流动即变动,而在尚未稳固的社会状态与重工业大力发展所带出的集中力量办大事的总体需求面前,一点变动都容易让人产生不安。社会难以分化,阶层上升的空间被压缩,人们发展的可能性也大多受到局限。这虽不可谓不是具有历史合理性与必然性的制度,但当社会不断往里走,一切都需要应时做出调整时,超稳定的社会结构反而容易致使瓦解。

改革则无疑是那股活水。国家的工作重心发生转移,高度集中的中央计划经济体制转变为社会主义市场经济体制,传统的农业社会向现代工业社会逐步过渡。这是一场极其深刻的转变,市场机制的引入带来了竞争,刺激着不同的社会主体,也带来了各式各样的发展机会。你的手艺、技能都能成为你谋生的工具。第三产业兴起,产业结构得到调整与优化。作者的父亲与母亲正是顺着时代潮流,有力抓住了新兴的经济形式,白手起家,共同经营了一家企业,并办得有声有色。买卖形式、雇佣形式与户籍管理制度的松动也促使着人口流动性的增强,甚至出现了"孔雀东南飞"的社会局面,城市化快速发展。整个社会始终处于动态的变化之中,游动空间不断扩大,与之相应,社会阶层的变迁与分化也就更容易发生,如雇佣阶层的兴起,"民工潮"所带来的农民阶层向工人阶层的分化。先赋性因素不再是唯一,后致性因素也是决定社会阶层提升的重要原因。

对外开放背景下的"全球经济参与者"

"产品开始出口美国、欧洲、中东等地区,打开了市场""2008年的经济危机波及了很多国家,很多企业,包括他们也受到了不小的打击""在非洲的尼日利亚,父亲了解了当地的饮食喜好,在当地办起了厂"……这些朴实的字句都是作者家史中的一部分,它们轻易地将读者带到了全球化的背景之中，使得父亲的形象不单单只是国家改革浪潮下的一个前进者，更是经济全球化背景下一个勇敢顽强、聪明不屈的中国企业家，一个闯荡世界的中国人。

由祖辈到父辈的转变，是国人对外开放性与包容性不断增强的过程的见证。长年辛劳于田地时，抬眼可见的天与双足踏实的地之间仿佛就是世界，但当我们的国家不断往外走时，我们对于世界的定义却在一次次地发生改变。技术革新带来的经济全球化与贸易全球化都需要国人适应并融入世界规则之中，更加包容多元化与复杂性，站在世界的舞台中央讲好"中国故事"，发出属于中国人的声音。

然而，这个需求无论是在改革开放初期，还是在今日，都依旧是一个不小的挑战。经济全球化背后附带着的文化效应、政治迷局等等，随时可能引起一场蝴蝶效应，让身在其中的直接参与者受损受害。一波三折的"Tik-tok"事件与华为事件不难让我们看清，很多经济事件并非再只是企业与企业、资本与资本之间的竞赛，而是在政治力量强制介入的情况下成为了国家之间的博弈。我们此时肩负着的也不仅仅只是个体的责任，亦有国家的利害。而如何规避，如何权衡，如何再去闯荡，这是在中国发生"百年未有之大变局"的背景下，我们所应该深思的问题。

家史虽为过去，但站在其延长线上去思考问题，却大有所益。如由祖辈与父辈之间的变化可看出尤为明显的阶层变迁与代际流动，但在今天的社会，父辈与我们这一代人之间的阶层变迁速度是否已在减缓，甚至固化？世界瞬息万变，疫情又是否会阻拦经济全球化的趋势，进而出现"逆全球化"大潮？这些问题与答案都远在家史之外，却也内含于家史之中。

知识分子在小康社会中建功立业

观察者 29：负馨怡，浙大宁波理工学院网络与新媒体专业 2018 级学生

陆宇婷同学在《家东北，家江南，家小康》一文中，刻画了一幅两个出生于上世纪中期的知识分子相识相爱并相互扶持一路的感人画卷。在口述外公外婆走南闯北的历史故事过程中，陆宇婷同学打破了时间，揉碎了空间，将近一个世纪的历史浓缩进 4000 多字的叙述中，将知识分子在小康社会中建功立业的故事娓娓道来，给予我们诸多的启示和思考。

改革开放不仅为建设小康社会吹响了号角，更为知识分子建功立业提供了肥沃的土壤。中国共产党从全面建设小康社会、实现中华民族伟大复兴的高度，充分认识知识分子工作的极端重要性，进一步加强和改善了对知识分子工作的领导。中国的知识分子更是进一步增强了为全面建设小康社会作贡献的历史使命感和时代责任感，继续勇攀科学高峰。看似普通的一个小知识分子，如文中的外婆，坚持把个人事业发展与党和国家的前途命运相联系，在实现党和人民奋斗目标的过程中实现自己的人生价值，恰恰是千百万个"外婆"的坚守，才谱写了当代中国知识分子献身事业、报效祖国、造福人民的壮丽篇章。

改革开放初期：尊重知识，尊重人才

邓小平提出尊重知识、尊重人才，肯定了知识分子是工人阶级的阶级属性。他说："我们要实现现代化，关键是科学技术的现代化。一定要在党内

造成一种空气,尊重知识,尊重人才。"

在1986年通过的《中共中央关于社会主义精神文明建设指导方针的决议》中,普及和提高教育科学文化被看作现代化建设的重要条件。当时,我国人民的文化认识水平还普遍较低,因此党在文化建设领域强调"两条腿走路",即在普及基础上提高,在提高指导下普及。普及是推进文化建设的重要前提,提高是为了促进科学文化的迅速进步。

"尊重知识,尊重人才"成为了现代化建设的必经之路。我国教育事业也藉此获得了极大的发展。改革开放以来中共领导集体都十分强调选拔、培养与使用知识分子队伍,激励广大知识分子自觉为实现中华民族伟大复兴贡献聪明才智。随着解放思想的深入和对外开放的推进,大量的西方文化成果被译介进来,国内也产出了一大批文化成果。

1936年生的外婆上大学的时候,正是新中国建设百废待兴的时候。1956年考上了唐山铁道学院,1961年毕业分配,在那个年代作为为数不多接受高等教育的小知识分子,外婆进入了吉林铁路局通化铁路分局工作,拿着第一年每月45元、第二年定职之后每月59元的薪水,过上了那个时期相对来说十分不错的生活。

中国共产党十一届三中全会以后,我国进入了以社会主义现代化建设为中心的新的历史时期,以邓小平同志为核心的中共领导集体强调打破常规去发现、选拔和培养杰出人才,提出"革命化、年轻化、知识化、专业化"的选拔标准,并要求尽快地培养出一批具有世界一流水平的科学技术专家和"有理想、有道德、有文化、有纪律"的"四有"新人。

外公和外婆,便是这一批赶上了好时代的"四有"新人。

党的十一届三中全会制定了"一个中心、两个基本点"的基本路线,实行改革开放,迎来了教育的大好春天,从此教师和教育科研队伍得到极大的发展。而作为"四有"青年的外公外婆也乘上了"重用知识分子"的快车,日子越过越红火,去到学校当了专业课老师,并且抓住了机会调到嘉兴,回到了自己心心念念的江南烟雨之中。

与小康社会一同成长的一代人

在中国历史上,"小康"有两层含义:一层是普通老百姓的理想生活水平,是指一种介于温饱与富裕之间的生活状态,即温饱有余而富裕不足。另一层是知识分子的理想社会模式,是指一种仅次于大同的理想社会模式,这实际上是对普通老百姓小康理想的进一步发展。

建设小康社会是改革开放战略之一,最初提出小康社会的概念是在1979年。1992年中国改革开放转型后,正式向全面建设小康社会转型。从1979年到今天决胜全面小康,一步一步走出来的小康社会见证了中国社会的发展,也带动了中国一代人的成长。从陆宇婷同学的文章中,我国小康社会逐渐建立的脉络也同样有迹可循,外公外婆便是被建立小康社会所带动发展起来的那一代人。

"后来连酱油汤都供应不上了,只有咸盐水。"

"结婚成家之后外公外婆还住在集体宿舍,1965年有了我大阿姨,因为集体宿舍不能带孩子,外公外婆就把我大阿姨送到了外公的老家福建泉州,那时候大阿姨才五十几天大。"

在上世纪五六十年代的时候,面对自然灾害,人们只能"缴粮投降",饿着肚子努力活下去。住房条件也十分的有限,因为没有合适的房屋不得不让刚出生的孩子成为"留守婴儿"。1980年外公外婆搬到吉林担任教师的时候,恰逢我国改革开放,提出建设小康社会的初期说法,正因当时"尊重知识,尊重人才"的观念才使得外公外婆有机会从铁路局走向讲台,在教育领域里陪着小康社会一同成长。

随着国家改革开放的不断深入,小康社会一步一步地建立起来,外公外婆家的条件也随之不断改善,从最初只能勉强遮风挡雨的"集体宿舍",到1997年时,外公外婆已经"拥有了自己的房子",再后来,就住进了130平方米的大房子。

外公外婆走南闯北的奋斗史,就是小康社会发展史的缩影。而外公外婆,正是与小康社会一同成长起来的那一代人。

知识分子与小康社会

马克思在《剩余价值论》中区分了脑力劳动与体力劳动，并指出脑力劳动者也是雇佣劳动者，是生产工人。邓小平同志以此为理论基础，明确界定了知识分子的阶级属性，提出知识分子是工人阶级的一部分。实践证明，坚持以马克思主义知识分子观作为指导思想并结合中国具体国情的知识分子政策，才能更大地发挥知识分子的作用，更好地推动中国的社会主义现代化建设。

习近平同志强调："伟大的事业，决定了我们更加需要知识和知识分子，更加需要知识分子为国家富强、民族振兴、人民幸福多作贡献。我国广大知识分子要以时不我待的紧迫感、舍我其谁的责任感，主动担当，积极作为，刻苦钻研，勤奋工作，为全面建成小康社会、建设世界科技强国作出更大贡献。"

如今，体力劳动者比例下降、脑力劳动者比例上升已成为世界性的趋势，脑力劳动者的作用得到前所未有的重视和发挥。全面建设小康社会，是中国提高现代化程度、迈向现代化的新阶段，我们要继续坚持在思想上彻底解放人，在制度上有效保障人，在环境上积极服务人，在工作中善于发现人，在实践中大胆使用人，让知识分子在全面建设小康社会的过程中发挥更大的作用。

自改革开放以来，我国不断加强对教育文化的重视程度和投入力度，如今，教师素质在不断提高，目前教师人数已逾千万人；教育科研机构遍布全国，科研队伍蓬勃发展，反映教育科研成果的教育报刊更是不计其数。已经形成了研究工作与实际工作相结合的不同层次的科研队伍。外公外婆，也成功地跻身其中，在教育行业之中成功立稳了脚跟，闯出了自己的一片天地。相信在未来，知识分子将发挥更大的作用，成为推动社会发展、助力决胜全面小康的中坚力量。

知识分子应该是我国先进生产力的重要开拓者和科学文化知识的重要传播者，在全面建设小康社会的新阶段和开创中国特色社会主义事业新局面中奋发有为、建功立业。

也曾打拼到非洲

叙述者 27：程卓一，浙大宁波理工学院新闻学专业 2018 级学生

"再行十余里，两旁就有山起来了，峰岩奇特，老树纵横，在微雨里望去，形状不一，轿夫一一指示说：这里是公婆岩，那里是老虎岩……说了一大串，又数里，就到了岩下街，已经是在方岩的脚下了。"浙江省永康市方岩镇，我的故乡，因为郁达夫的一篇《方岩纪静》闻名天下，如今又以赫灵方岩小镇的姿态亮相，将这一方山水以更好的面貌呈现在众人眼前。

我怀念的

可惜爷爷在方岩勤劳耕种了一辈子，却未能见证越来越好、越来越繁荣的方岩。听妈妈说爷爷在我两岁的时候就去世了，所以关于他的一切，还是我一点一点从奶奶那里听来的。

爷爷是纯农民出身，土生土长在广阔的农村，长年从事农耕事业，一辈子与土地相依相伴，一家人的日子不算富裕，却也过得和和美美。播种的时候，他小心翼翼地将秧苗插进土壤里，并且还要一棵棵列队整齐，等到了秧苗稍微长大了些的时候，他依然放不下心，天天在泥地里徘徊，生怕有牲畜来踩坏了他的宝贝。等啊等，终于等到它们成熟，爷爷一定是家里第一个冲向田野里的人，尽管强烈的阳光照在身上，汗水浸湿了整件衣服，他的脸上却换上了淳朴的笑容，将汗水都藏进皱纹里去。"他呀，真是一个闲不下来的人"，奶奶沉浸在她的回忆里。

听妈妈说爷爷是很疼我的,妈妈临产时的准生证、我的出生证明等等都是爷爷跑前跑后去弄好的,在奶奶重男轻女的现实面前,爷爷的形象在我心里显得格外的光辉伟大,可惜现在的我已经忘记了他的样子。他的一生虽然平凡,但他所付出的却并不平庸。

我敬佩的

如若不是听父亲娓娓道来,我竟然不知道他年轻时所经历的事情有这么多,对父亲缺乏的关心,令我内心实在感到愧疚。父亲是1964年生人。爷爷奶奶共有儿女五人,一家七口人,父亲排行老二。当时家里的经济状况并不是很好,未来预期也并不乐观,供养儿女五人上学已超出爷爷奶奶的能力范围,为了分担父母的压力,也为了弟弟妹妹能够完成自己的学业,父亲在读完初中便离开了学校,外出谋生。

"离开学校以后到现在,我基本已经走遍了祖国的大江南北",这是父亲告诉我的第一句话,我打趣他,"你骗骗我还行",父亲收起了脸上的笑容,认真正经地说,"怎么会是骗你的呢,那你听我说"。

从离开学校以后,父亲去过宁波、江西、云南等地方,跟着师傅学手艺,师傅走到哪儿,这手艺就学到哪儿。因为我在宁波读大学,他便多跟我回忆了一些在宁波学习的日子。"做手艺很辛苦的",父亲说自己在忆苦思甜。那个时候,他跟着师傅学着做锡制品工艺,从大大小小、刻着精美花纹的茶叶罐到摆在桌子上的烛台,他都做得得心应手,很是讨师傅喜欢,也算是师傅的得意弟子。虽然在手艺上有一些小小的成就,但生活环境依旧是不尽如人意。他们一伙人天还没亮便绕着村子走,给自己招揽生意。晚上夜深人静之时,回到村子里的晒谷场,拿出自己随身带着的被子,外头天气冷,风又大,穿着衣服便歇下了。田野旁边,蛇呀,虫呀多得很,总是睡得不安稳。"但好在,都过去了,现在生活条件好了",父亲如是说。

改革开放10多年以后,父亲和母亲想要生活更加安定一点,便试着自己做生意,当老板。当时他们办了自己的厂子,就在方岩的牌坊后不远处。他们趁着改革开放的潮流,做起了外贸生意,生产沙滩车、越野车、摩托车等等。那个时候，厂子办得不大，日子却比以前改善了很多。

趁着生活稳妥了些，他们便结婚了，"当时你爸穿着一条喇叭裤去见外公外婆，整个人看起来可洋气，可精神了"，回忆起当时的场景，母亲笑了，"你看看现在糟老头子的样子，当时就是被骗了，人靠衣装啊"。父亲人不是很高，但是因为自信，他的形象变得高大起来，自然也就得到了岳父岳母大人的首肯。

再过了好多年，我出生了，生意也比以前好了些许，父亲和母亲便办起了企业，上上下下大约100人左右，产品的市场也稍微扩大了些。虽然产品开始出口美国、欧洲、中东等地区，打开了市场，但在这方面，他们也是新手，养着整个企业也不是一件容易的事儿。我的记忆里，小时候他们总是很忙，所以我不是住校，就是由保姆陪伴。经常是我起床前他们就出门了，我睡觉后他们才回到家。母亲说有时候晚上回家，床上找不到我，原来是睡到了地上。在我长大的这十几年，父亲很少陪伴在我身边，甚至有很多年的春节我们都没有一起度过，然而我从未抱怨，这也没有影响到我们之间的感情。母亲在和外婆聊天时说："我们很高兴，她每天都过得开开心心的，也不太会受打击。"这些话是她从未和我说过的。

2008年的经济危机波及很多国家、很多企业，包括他们也受到了不小的打击，甚至严重到关了辛辛苦苦多年经营起来的厂子。但是父亲也不是个轻易说放弃的人，即使语言不通，他也一个人收拾了行李便踏上了非洲的土地。在非洲的尼日利亚，父亲了解了当地的饮食喜好，在当地办起了厂，卖奶糖，试着和小朋友打交道。

刚到尼日利亚的时候，父亲无法说出流利的英语来表达自己的意图，经常闹出小笑话。父亲想在便利店里买个插座，因为不知道英语怎么说，便伸出手指，比划着给店员看，店员竟然也懂了。就是在这样的情况下，父亲在那里度过了几年。到后来，他的英语越来越好，说出的英语带着点当地方言的味道，他时常和我比试来考验我，但因为他的发音不够标准，我通常无法和他用英语交流。然而每次在家听他和外国人打电话却是交流得顺畅自如，令我很是敬佩。

　　在尼日利亚的生活稳定下来以后，他们在新房子里自己洗衣服、烧菜，甚至还养起了流浪猫和流浪狗，猫和狗谁也不侵犯谁，相安无事地享受时光。"家门外的树上还爬满了蜥蜴，那颜色和树干太像了，不仔细看都看不出来，我们有时候出门还能看见一两只刺猬在门口呢。"其实日子就这样过下去就蛮好的了。

爸爸在非洲尼日利亚工作的情景

　　然而，父亲就不是安于一隅的人。日子过得久了，父亲发现了当地新的商机——炼油。不论是最开始的实地考察，又或者是市场的探索，寻找买家，办理通行证，父亲都是亲力亲为。即使他也不知道前方会面临什么难题，他也没有畏惧，他说"我相信我可以"。

　　年过半百的父亲原本并不想就此停下来享受生活，但是在我们的极力要求下，他还是答应了。从非洲回来的他被晒黑了很多，也常常像个小孩子一样缠着母亲给他做面膜，我和他之间也并没有因为缺失的时光产生隔阂。有时候洗完头，他会给我吹头发，放假回家，他也会放弃棋牌局，在家等我，永远担心我没有钱，会给我买早餐、烧午饭，偷偷带我吃冰淇淋不被母亲发现。我们之间越来越像朋友，而他给我打电话的时候，也时不时会问一句："你看我是不是又年轻了？"

我憧憬的

现在的我正值青春年少,正如当时为现实或是理想奋斗的爷爷和父亲一样。回顾过去,我在固执地追求缥缈的未来而虚度了太多的光阴,躲在父母为我创建的避风港内漂泊,不曾经历风雨,也不去接触雨露阳光。现在,我应该走出这个舒适圈了,应该学着去为父母更是为了自己负重前行。

家东北，家江南，家小康

叙述者 28：陆宇婷，浙大宁波理工学院新闻学专业 2019 级学生

当我出生遇见外公外婆的时候，他们已经是年近七旬的老人了。所以在我的记忆里，外公外婆的形象一直都是满头白发，慈祥又可爱。

我知道外公外婆本是南方人，我知道外公外婆年轻时在华北学习，毕业分配到东北工作；我也知道外公外婆从东北调到了江南。但是，我很想知道外公外婆走南闯北的故事，很想知道外公外婆是怎样阅尽千帆，然后安享天伦之乐的。

苦吗？ 不苦

我的外婆是 1936 年生人，1956 年考上了唐山铁道学院。外婆大一的时候，学校食堂的东西是比较丰富的，大米、白面、鸡蛋炒饭、豆浆、馒头、牛奶都有。

反右并遭遇自然灾害以后，条件就开始艰苦起来。每个人的定量都很少，连女同学都吃不饱，更别提男同学了。

"一开始食堂还提供酱油汤，上面还飘点香菜，主食就是发糕，用苞米面，采用增量法蒸出的烂烂的发糕。后来连酱油汤都供应不上了，只有咸盐水。当时也不觉得苦，就这么度过来了。"

1958 年学校开展勤工俭学，到铁路的基层单位参加劳动，外婆去了秦皇岛，工作是"三班倒"的，也就是一天白班、一天夜班、一天休息的工作

制度。

外婆在秦皇岛车站货物处担任零担(区别于整车货物运输的概念)货物运输货运员,承担货物的承运发送和到达交付的业务。

勤工俭学把专业课学到的"货运组织"相关知识运用到了实践里,实践中不光有学校里的理论知识,还有跟现场的师傅学到的东西。虽然那时外婆只是学生,但是到了现场也可以顶起一个岗位来干。车站发给实习的同学每人每月30元的工资全部交给学校,学校再发每人每月10块钱的生活费。

到了秦皇岛,外婆感到生活还是好的,"至少食堂有菜,荤菜也有,素菜也有,粗粮也有,馒头也有。尽管这些也是定量的,但是比学校的伙食好多了。"

1959年回学校,最艰苦的时候把苞米芯子磨成粉,做代食品。

外婆在秦皇岛实习时海边留影留念

奔赴东北,带着对家的牵挂

1961年毕业分配,外婆填了吉林。"因为我是南方人嘛,听说吉林是东北的小江南,那时候就奔着生活好一点去的。"而且在当时,东北是铁路网最发达、运输组织手段最先进、运营组织水平最高的地方。外婆觉得到那去亲身参与实践,可以进一步丰富学识水平和贡献自己的专业知识,更好地为运输工作作贡献。

外婆说到这些的时候,神采奕奕的样子仿佛回到了大学毕业正意气风发的时候。

外婆被学校分配到了吉林铁路局通化铁路分局。外婆现在还对东北的土豆炒青椒、白菜萝卜、死面窝头念念不忘,因为这些东西吃得实在,能吃得饱。

那时候外婆开始挣工资了,第一年的月薪 45 元,第二年定职之后月薪是 59 元。这个收入在当时是一笔不小的数字了。

1962 年元月,外婆的叔叔去世了。外婆的叔叔本来负担着外婆表妹(孤儿)的读书、生活开销,外婆的表妹也就是我的姨婆给外婆来信说三舅舅去世了,她打算休学了。

外婆说:"那哪行啊。"

于是外婆决定自己来负担表妹的生活费。按过去外婆上大学的时候舅爷爷给外婆一个月 15 块钱的标准给姨婆,外婆说这也是为了减轻舅爷爷的负担,舅爷爷要担负一家老小三代 9 口人的生活开销,要是外婆不拿这个钱给姨婆,这个钱还是要舅爷爷出的。外婆想着自己已经工作了,有能力给表妹付生活费了。

除了给姨婆每个月 15 块钱的固定支出,外婆还不定期地给家里汇钱,为了减轻舅爷爷的负担,也是尽赡养父母的义务。

外公从北京铁道学院毕业后也分配来了通化。外公外婆在平常的相处中也有了感情。外公家里条件很苦,在每月的工资收入里给自己留 15 块钱生活费,其余的钱都往家里寄。外婆看外公的日子过得很艰苦,也帮着外公接济家里。

通化的小屋就是家

外公外婆肩上的负担很重,所以外婆说她和外公就是从艰苦的日子里生活过来的。那个时候的生活什么都没有,外婆有一件衣服还是她的好朋友送给外婆结婚穿的,外公外婆结婚的时候什么都没添置,什么都没买。

结婚成家之后外公外婆还住在集体宿舍,1965 年有了我大阿姨,因为集体宿舍不能带孩子,外公外婆就把我大阿姨送到了外公的老家福建泉州,那时候大阿姨才五十几天大。

1966 年车站给了外公外婆一间小屋,是用土坯盖起来的,所谓自建公助的平房。这间平房里外屋加在一起有 15 平方米,进门就是厨房,从厨房进里屋。里屋是火炕房间,为卧室。里屋是 12 平方米不到的小屋,里面什么家当都没有,就外公外婆两个人的铺盖。"后来为了满足生活的需要,添置了锅碗瓢盆,又买了小圆炕桌和一领炕席铺在炕上,这样就可以坐在炕上吃饭做事,不必买桌椅了。"

"你外公到货场去捡来点破木头回来打了一个架子,架子打好,蓝的塑料布铺上,就当桌子用。外屋的厨房也搭了一个碗架柜,方便平常做饭的时候用。屋外自己动手,用买来的柳木条搭成篱笆,围成小院,朝南开了个门,是用捡来的木板钉成的。"

"这个家很不错了,还有个院落,院内外的空地都利用起来了。"外婆在院内种了蔬菜,有茄子、长豇豆。院外种了一大片苞米。

当时生活用煤是车站运来的,运到车站货场内再分配到个人,各自用小推车把煤运回家。外公外婆借了小车运煤,小车能够装 500 公斤的煤,冬天要推七八趟才能运完。在瑟瑟的秋风里,外公外婆推着小车,一趟一趟地合力把煤运到家门口。

在这之后,还要把煤运进去,外婆说:"你外公是白面书生,精瘦精瘦的,舍不得他干活,我会把院外的煤运到门口来。"

1966 年 5 月,泉州的太奶奶和伯公把大姨送回通化,这时候家里三代五口人都挤住在这间小屋,挤在炕上。

1966 年 11 月,有户住在暖气房里的当地人家不习惯住暖气房,看上了这间屋子里的炕,就和外公外婆换。外公外婆就搬到了一个 14 平方米的楼房里。本是一户两房一厨一卫的房型,因为房源紧张,所以这套房子分两家居住,一房一户,厨卫公用。

　　一开始也没有家具,就把原来小屋子里的3个箱子和小炕桌也搬过去了,外公外婆在烧火柴的木头里挑了品相还好的木头,请师傅做了一个大床和一个小床。这就是当时全部的家当了。外公外婆又先后买了一对大木头箱子、一张书桌和两把椅子。

　　1967年11月,外婆的爸爸妈妈从广州到通化住了一冬一春,这时候家里又变成了五口人,在家里面架起两张床,这间小屋子就几乎没有多余下脚的地方了。

　　外公外婆一家在这14平方米的屋子里一直住到了1980年。从一开始的一家三口,再到后来二阿姨和妈妈相继出生,最后这间小屋子见证了一家五口的一段岁月。

　　外公成家之后一开始每月往家里寄40块钱,后来有了大姨、二姨。1969年,因为珍宝岛事件,中苏关系比较紧张,外公外婆就把大姨和二姨送回泉州老家,一个月往家里寄60块钱,还要出孩子们要用的钱。就这样外公外婆手里很紧张,没有多余的钱了。

　　外婆说那时候该要给出去的不能少,可以少的就挤自己的开销。那时候东北一个人一个月供应两斤大米。外公外婆就把大米留给孩子带去幼儿园。外婆还在外屋地养鸡下蛋,就用点葱花炒鸡蛋给孩子吃。但是外婆不觉得苦:"年轻,不苦。能吃饱肚子就行了。"

　　那个时候肉很少、油也很少。外公外婆就去外站买肥肉熬油,熬一锅能补贴一下伙食。冬天熬一锅能过一冬一春。要是去外面买米的话,大米3毛钱1斤,用高粱米去换,2斤高粱米换1斤大米,但是外婆还是舍不得换。就吃粮店供应的苞米面7分钱1斤,1斤大米可以顶3斤多苞米面。还有3分钱1斤的土豆。外婆觉得那个时候"日子已经不错啦,吃得饱就行啦"。

通化到吉林,迈开大步向前走

　　后来就享了邓小平的福了,邓小平提出"重用知识分子"。不管怎么说,外公外婆也算小知识分子了。但是在现场也没有那么多合适的岗位,于是他们就去学校当老师。

外婆原先的一个同学在吉林铁路运输经济学校教书,同学调到新的工作岗位之后觉得学校需要人,就把好多同学介绍到了学校。1980 年 3 月份办完手续,搬家的时候吉林的家里没有家具,就买了一些三合板、木料,从通化运到吉林。

到吉林之后就住在学校新盖的房子里,这间房子比通化的大多了,有两房一厨一卫。用木料打了很多家具,用外婆的话来说:"终于有个家的样子了。"姐妹三个人一个房间,外公外婆一个房间。"人家拆下来的,电线杆上的横担木,没有用扔在那里,我们就废物利用搭了一个高低床。"

到吉林的时候条件就变好了不少,国家的政策也好。外公外婆有相关理论知识,也有铁路现场的经验,就去学校当专业课老师。

大姨二姨在吉林家里的合影

外婆在学校里讲"铁路统计"这门课。学统计课的前提要懂统计原理,说到底外婆不是学经济出身的,她便用业余时间在电视上学了统计原理,拿到了结业证。外公在学校当了一年多的老师,就调到了局里科研所。

经历了这么多,物质条件的朴素不让外婆感觉到苦,外婆觉得最苦的就是刚当老师的那么一段时间。"当老师要写板书,要备好课,一切都要从头开始。以前在现场也不需要这么系统的理论,也不用输出教给别人。在现场从事实际的工作，只要会写阿拉伯数字，会计算就可以了。到了学校就不一样了，还要把原理和方式讲给学生听。"外婆原先是个不爱讲话的性子，到了学校也是克服困难，硬着头皮上，给学生们讲课。把知识和现场经验融合在一起，向学生们传授知识。

回到南方，在江南烟雨中走向小康

外公外婆家都在南方，东北说到底离家还是太远了。外婆从东北回广州家坐火车需要 4 个白天 3 个晚上，所以外公外婆一直想往南方调动。

后来外婆回忆说："如果当时没有调回来的话，退休前肯定是能评上副教授的。因为要调回来，评职称的机会也就放弃了。但是调回来也挺好啊，离家近，离在杭州上学的大姨也近。"

1985 年，外公外婆从吉林调到了浙江嘉兴。到了嘉兴，外公外婆还是从事教学工作，在职工学校当老师，一直做到退休。

来嘉兴之后外公外婆一家子先在招待所住了一年，后来住进了单位三室一厅的福利房，有 50 多平方米。12 平方米的房间外公外婆住，不到 9 平方米的房间给了二姨，6 平方米的小房间给妈妈。

1997 年，外公外婆又改善了住房条件，搬到 73.6 平方米的房改房。他们交了点钱，拥有了自己的房子。妈妈和二姨从这个房子里出嫁，这也是我最爱去的外婆家，去了就不肯走的外婆家。我在这个房子里蹒跚学步，看外婆侍弄花草，看外公在厨房掌勺，在房子里和阿姨们捉迷藏，还看外公外婆接待亲朋好友，接待老同学，这都是我关于这座房子的记忆。

再后来，2011 年，外公外婆住进了大姨夫给买的一套 130 平方米的商品房里，安享晚年。过年的时候，在这套房子里，全家三代 12 口人好不热闹。外婆正是坐在这套大房子的餐桌边，跟我讲过去的岁月，跟我比画过去的小房子长什么样子。

后　记

外公外婆做了假设，如果家庭负担轻一点的话，家里也不至于过得这么寒酸。如果没有负担，在工作都不好找的当时，外公外婆是双职工家庭，论工资收入,外婆的条件是可以的。但是因为要负担老人,外公外婆总想多付出一点,减轻家中的负担。退休后外公觉得戒烟能省下一笔不小的买烟的钱,多寄些钱给在老家的妈妈,于是 2006 年外公戒了烟。对外公老家的帮助一直持续到 2010 年外公的母亲去世后守完孝,自此外公外婆终于卸下了肩上的重担。再随着国家的发展,尤其是 2013 年外公外婆转到了事业单位里,享受了退休教师待遇,退休工资也高了,生活就更加美好了。

外公外婆的奔小康,按照外婆的说法是沾了大家的光和政策的光。

一步一步走过来,从通化市到了吉林市生活好了一点,从吉林到嘉兴生活又好了一点。后来女儿们出嫁,外公外婆的负担又小了一点。工资和退休工资也根据国家的政策一步步在涨上去。

外公外婆的一生走过了很多地方,年少时各自在家乡为了前程奋斗;青年时在校园努力学习;毕业分配共同来到了吉林通化,在平凡的岗位上发光发热,在东北成家立业,尽管刚开始的时候条件艰苦,但还是一同走过了风风雨雨,条件也一点点好起来;人到中年又举家来了浙江。

一步一步走在东北,走在江南,一步一步走在奔小康的路上。

有了改革开放，才有真小康

观察者 30：王元涛，自由撰稿人

尽管《三代人创业撑起一个家》作为信息源还有粗疏的一面，比如作者对于父母在异国他乡奋斗的关键细节，尤其是事业取得突破性进展的过程，略显语焉不详，但是这一文本，因其原创意义上的鲜活，依然会给我们带来丰盈而扎实的启示。

最容易让我们注意到的一个事实是，作为浙江乡民，作者父母当年远赴乌克兰、土耳其和保加利亚，居然事前没有充分的计划。到底落脚何处？将要从事何种行业？生活与工作前景如何？这一切，他们都知道得不详细。他们是义无反顾地抵达实地之后，才做出了是否留驻的权衡决断。从经济学角度讲，由此，我们全然见不到"理性经济人"的踪影。

当然我们可以感叹或赞美他们的勇气，他们也确实很有勇气；但廉价的赞美之外，凭常识，我们也可以揣想，当年会有多少人，采取了和他们差不多一样的大胆行动，结果呢，却是难以承受的失败之痛。因此，在为作者父母的成功而感到庆幸之外，我们真正有价值的发现应该是什么？

在我看来，是改革开放解放了他们追求财富的自由。无需任何人动员他们"脱贫致富奔小康"，他们需要的仅仅是自由。只要有了这种自由，他们追求财富的内在动力就会苏醒；这种动力一经苏醒，克服困难包括克服那些在异国他乡常人难以想象的困难，就成为他们的日常选择。"理性经济人"只不过是纸面的理想状态，现实却总会为有目标的行动者留出穿山越岭的孔隙与通道。

相信作者在采访她的父母时也会有体验，本来，他们克服种种困难的过程，在外人看来，应该是惊心动魄的，可在他们自己的叙述中，却往往会显得轻描淡写。文本对这一部分描述单薄，可能正出于这一原因。作者父母的逻辑可能是，因为创富的动力是他们自发的，那么为此吃的一切苦头，只不过是正常的生活本身，又有什么值得大惊小怪的呢？

由此引申开去，我们可以设想另一种可能性，比如由集体统一组织出国创业。好，大队人马浩浩荡荡开到了乌克兰，却发现大环境小环境都不适合，这时，所有参与者都难免要牢骚满腹，对吧？之后转场土耳其，一盆凉水又兜头浇下来，大环境小环境还是不适合，至此，参与者恐怕就要对组织者大加挞伐甚至拳脚相向了。也就是说，在非自由状态下，一旦遭遇挫折，人的心理动力就会偏向于诿过追责，从而造成严重的内部损耗。

而自由条件下的个人选择，带来的则一定是个人负责。在此过程中，作者的父母一定也有惶恐，有紧张，有焦虑，甚至难免有片刻的失悔，但他们就是没有机会抱怨，只能是咬紧牙关，忘掉乌克兰，忘掉土耳其，继续把目光投向保加利亚。

可以说，自上个世纪 80 年代起，在中国大地上，千千万万个像作者父母一样的普通人，通过改革开放，获得了解放，他们的集体选择，释放出巨大的经济创造力，所谓"小康社会"，正是建基于这一自由的洪流。为什么以个人选择、个人负责为主要特征的市场经济，总会在效率和公平两个维度上完胜所谓的计划经济？其中一个重要原因就在于，参与经济活动的每个人，看起来都好像单个原子一样，总在无目的地游走碰撞，但是，恰恰是这种自由，在"看不见的手"指挥下，真正实现了自然资源与公共资源的合理配置。改革开放取得伟大成功的秘密，其实也就在这里。

当然，注重细节的读者可能针对《三代人创业撑起一个家》指出，作者父母出国闯荡的原始动力，不是规避计划生育吗？和你解读出来的什么经济自由，有点不搭界吧？

这个问题，我们可以这样看，生育自由与生产自由，属于一体两面。也许有人会说，严格严酷的计划生育政策，毕竟使总人口控制在了一个相对合理的水平。现在的我们，事实上是在享受着这种计生政策的红利，却忘恩负义地不断说着计划生育的坏话。

这么说，可能不失一定的道理。只不过，尽管历史不可假设，但我们还是可以拟想一下其他的控制方式，比如说，随着生活水平的提高，随着自我意识的高扬，随着养育子女成本的增加，大部分人一定要养一堆孩子的观念也会自动得到修正，因而，即使不执行那么严格的计生政策，人口也并不会出现马尔萨斯所预言的那种爆炸式灾难性增长。

况且，可以肯定的是，即使人口出现了一定程度的增长，但只要新增人口都拥有经济自由权，也就会像作者的父母和兄弟姐妹一样，成为社会财富的创造者，而不仅仅是消耗者。因此，人再多一些，又有什么好担心的呢？正是从这个意义上，我们说，作者父母所追求的生育自由，同样也是生产性的。

读《三代人创业撑起一个家》，实际上在第一时间勾起了我的私人记忆。那正是上个世纪80年代初，在我老家，东北长白山深处的一个山村里，来过两个浙江人，他们也是农民，为当地的乡镇企业推销农机具。

记得当时在我们整个乡镇上，都没有一家真正的旅馆，他们只好借住在我的家里。遥远的浙江，只在书本上读到过。如今两个活生生的浙江人出现在眼前，让我忍不住长久地偷偷打量他们。

当时我就知道，我们村子里的乡亲们，大都安于一亩三分田地，一年忙上几个月，之后剩余的时间，就是守在村头吸旱烟聊大天了。他们事实上处于半失业状态，却绝少有人像这两位浙江人一样走南闯北。

这种差异，是怎么形成的？当然，是另一个话题了，无关《三代人创业撑起一个家》的主题。但是，《三代人创业撑起一个家》却足以促发我们产生这样的追问，而且这种追问十分重要，一直到今天，都不失现实意义。

"家事"讲述的历史范畴

观察者 31：文娟，浙大宁波理工学院传媒与法学院教讲师、博士

　　阅读 00 后撰写的中国小康之家样本观察，是很有意思的体验。借助与祖辈、父辈的口述交谈，作为新时代大学生的他们，用生命体验和实录笔法讲述着各家既独特又相似的小康追寻故事。需要票券才能购买的自行车、缝纫机，"三响一转"的小康生活标配，国企员工的福利、业余文化生活与下岗再创业，从农民、农民工到个体经营者的辛劳进击，婚恋、拆迁、留守儿童、学区房等鲜活"家事"，不仅将三代人的生命现场擦亮交融，亦形构出了中国迹近 60 年的社会发展简史。此种"家史"与"国史"互现，使得《我的小康之家》超越了最美课堂的作业界域，而跃升为我们观察分析中国现代化进程中经济模式变革、代际观念更替、家国同构内涵扩容等重大时代议题的引桥和材料。

改革开放框架中的位移与奋进

　　在各色"家事"的聆听中，我捕捉到小康之家得以铸就的一个重要国策支撑——改革开放。在计划经济当道的六七十年代，社会物质极度匮乏，乡村城市多的是劳累的身影、饥饿的肚腹、尊严受损的青少年以及狭窄的生活空间，谋生艰难是那时民生的主体调门。而 70 年代末期开启的改革开放政策在很大程度上改变了此种民生困厄。社会生产的规模、方式和速度主要依据市场需求来运转、改进和提升，就业谋生的岗位与空间也丰富多样起

来，尤其是区域流动和个体经济的宣传提倡和政策帮扶，使得曾经挣扎于田间地头、车间厨房，甚或迷惘无所事事的城乡民众变成了流动的核心生产力。温岭、镇江等十里八乡，上海、深圳、厦门、西安等国内都市乃至保加利亚等东欧国家，皆有他们奔波操劳的身影。在不同地理空间自由位移的身体，尽管携带着不尽的辛苦和离愁，但从农民、农民工到个体户和企业家、工人、下岗职工到个体户等角色身份的变动和叠加，民众们的口袋也日渐鼓了起来，过上了温饱不愁、讲究生活品质的小康生活。譬如为居住得舒适和子女教育，二居室置换为三居室，从乡下到城市，从城郊到市中心；为行得便利和财富积聚，火车、飞机等公共交通工具不再神秘，小汽车也成为小康之家的基本配置；为活得充实和精神自由，老人们打太极、念佛经、下棋画画、养花遛鸟，等等不一而足。

可以说，小康"家事"的讲述勾勒的不单是个体家庭的发家致富史，也是中国改革开放政策的实践史。户籍制度的改革，人口自由流动的合法性，私营民营企业的鼓励扶持，对外开放的口径拓宽，先进科学技术和管理经验的推广等都在"小家"追寻小康的路途中发挥着重要功能。事实上，改革开放的春风不仅吹绿了中国大地的角角落落，而且促发了勤劳智慧的中国民众御风而行，多元的个体生意经终于将发家致富的梦想变成了可触可感的殷实日常。

代际流转中的承继与重塑

一切梦想的实现都是漫长的持守，小康之家的达成同样如此。就同学们采写的样本来看，95％以上小康家庭是两代甚至三代人接力共建的结果，譬如《三代人创业撑起一个家》中的爷爷奶奶完成了从农民到商人、从乡村到城市的身份转变和空间位移，爸爸妈妈则进一步将商业版图拓展至海外，过上了有车有房的中产生活。新时代的姐姐，在时代的风口上边上学边海外代购，继续为家业的兴盛添砖加瓦；《他们的生意经》中外婆外公的馒头、发糕和杀猪等个体经营是大姨童年的商业启蒙，成年后的她也依赖着相似的生意经为自己的小家博得了富足和稳定。

　　只是,在类似代际流转的小康故事中,最为动人的传承不是追求财富的生意头脑,而是勇敢自立、开拓进取、善良坚韧、温暖感恩、勤俭节约的精神特质和行世规范。因得他们,代际的接力和累积才能顺利衔接并发扬光大。其实,此样的精神特质和行世规范,也是中华民族的精气神和实现伟大复兴的核心势能。我们当下的全景性小康生活图景就源于此。

　　当然,代际之所以流动又绵延生息,除了传统认知的承继亦在于现代认知的塑造和融入,以祛除重男轻女观念、重视教育以及秉持思想多元理念最具代表性。譬如《从临海到西安》篇中的妈妈没有抱怨自己年少时身为女孩所遭受的教育供养缺失,在养育自己的女儿时给予了她和弟弟一样的不计成本的教育投资;《三代人创业撑起一个家》中的姐姐汲取父母跨国经营的商业运作养分,又与时俱进地拥抱当下的互联网+,以大学生身份做起了海外代购生意。尤为值得提及的是,毕业后的她对自己的定位清晰而又多元,既努力做体制内的优秀教师,又与合伙人继续打理其开创的海外代购铺子,不为自己的未来设限。也许,生命传承的最高价值就在于打破成见,重塑认知,建构自由多元的时代新人吧。

家国同构中的挫折与新生

　　"家事"织就"家史","家史"映照"国史",小家里见大国,家国同构是这批中国小康样本观察的显明特色。阅读中我最为惊喜的收获是:00后的新闻学子们在讴歌家国之时,对于客观真实的尊重,对于不美好的宽容和接纳。譬如《"四海"为家》中关于上海菜市地头蛇的讲述,没有对地头蛇的谴责,也没有对父亲老实隐忍的赞扬,但客观冷静的文字中跳动着彼时境遇与人事的真切现场;《"老底子们"的故事》在勾勒中国城镇化进程中外婆一家日新月异的小康生活中自然地书写着逆城市化进程的美好乡居生活,这于国家大力推行的城镇化进程主旋律有所悖反,00后的学子没有为政治正确而忌讳舍美,反而清醒地反思:"最后又搬回了山清水秀的乡下。这样的搬家如果用社科的眼光来看,那就是经济发展导致的,而其中的逆城市化更是社会发展的趋势。这是一个社会变迁带来的变化。"将小家的变动与时代变迁对接，关于城镇化进程的弊端问题也可牵引而出，如何振兴乡村的重大议题也有了深耕的材料和空间。再如《守得云开见月明》中抛夫弃子的母亲、《风雨中的平凡之路》里曾经嗜赌的父亲等，在学子们的书写中，没有丑化，也没有自伤身世，只是鲜活真实地塑造奋斗者的成长历程。

概而言之，在家国同构的小康之家样本观察中，对小家的人事风光与晦暗、大国政策的有效与弊端都会自然地采写。他们这种新闻专业主义的践行，在某种程度上消弭了我对后真相时代的恐慌和愤懑，未来有他们汇入媒体版图，激浊扬清应该指日可待。更为重要的是，他们直面伤痛和弊端的勇气，于明天的中国变得更美好而言，是极为珍贵的修复变革能量，毕竟正视暗黑是走向光明的先导。

三代人创业撑起一个家

叙述者 29：卢亚娜，浙大宁波理工学院新闻学专业 2019 级学生

我来自浙江丽水，一个因"九山半水半分田"地形常被人们打趣称为山区的城市。在这座城市的角落，有一个叫青田的小县城。我家的故事从这个小县城开始，三代人努力创业，撑起了这个家。

爷爷奶奶

爷爷奶奶来自青田县的一个小村庄——季山村。在那个科学、教育、文化、卫生事业都比较落后，交通也十分不便的年代，求学之路可谓异常艰苦。并且由于家庭条件艰苦以及重男轻女等老思想，我的奶奶从未读过书，爷爷也仅仅是小学六年级毕业。因为贫穷，经媒人介绍后他们便早早结了婚，先后生下了爸爸兄弟姐妹四人。

从农民到商人

1984 年，改革开放的浪潮刚涌入这个落后的小村，正值 35 岁的爷爷便决定摆脱农民身份，在村子里开了一间代销店，成为一个商人。据爷爷回忆，那时刚开店不懂什么经营之道，也不知道该进些什么货，所以上至手表、布匹、烟酒，下至鸡蛋、调味料、瓜子花生、糖果，他都卖。并且只卖质量中上的货物，次等的货物他是绝对不要的。谈及这爷爷自豪地说："想当年我的店，可是整个村子里货物最全、质量最好的呢，最受欢迎了！"就这样，一间小店养活了一大家子人，虽不富裕，但也能满足温饱问题。

从农村到城市

1992年初,爷爷卖掉了村里的自建房,拿着钱到丽水城里买了间房,为迁居城里做准备。

1994年9月,46岁的爷爷带着奶奶搬到了城里,从零开始创业。刚到城里人生地不熟的,普通话又不好,所以他们就没有去找工作,而是选择自己创业。

但是在创业的道路上,爷爷奶奶产生了分歧。奶奶想要自制手工面条用三轮车拉到大街上卖,这样成本低收入快,爷爷却不愿意,认为沿街叫卖丢人。经过多番争执后二人决定分头行动:奶奶晚上就在小小的柴火间里加工面条,第二天大清早骑着三轮车去街上卖面条;爷爷则在自家楼下租了一间铺子,继续干着他的老本行,当一个小店老板。

事实证明,虽然卖面条挣钱来得快,却也是个靠天吃饭的活儿,一旦到了阴雨天就没办法晾晒加工面条,所以卖了两年面条后奶奶就放弃了这个生意。

年轻时的爷爷和他的代销店

1996年,奶奶回归家庭,成为一名家庭主妇,在家帮子女们照顾孩子,偶尔也帮爷爷照看店里的生意。

2003年,爸爸妈妈、叔叔婶婶外出工作将孩子留在了爷爷奶奶身边。于是爷爷奶奶便关掉小店,专心在家照顾孙子孙女。至此,爷爷奶奶20年的开店历程结束了,55岁便退休了。

爸爸妈妈

我的爸爸有四个兄弟姐妹,他是家中长子,16岁初中毕业后留在了家里帮忙砍柴、种地、建房子,成年分家后便自立门户外出做生意。

我的妈妈有六个兄弟姐妹,她排行老二,18 岁初中毕业后去了温州皮鞋厂当女工。

从单身到家庭

1989 年,22 岁的爸爸跟着爷爷来到了北山镇,也就是我妈妈从小生活的地方。爸爸在爷爷的支持下,决定在镇子里开一间杂货铺。因为在村里有过开店的经验,所以父子俩一个看店一个进货,很快就开业了。一年之后,爷爷回到了村子里生活,爸爸一个人继续在镇子里开店。

1992 年 3 月,爸爸妈妈经媒人介绍相识、相恋。

1993 年 2 月,爸爸妈妈二人结为夫妻,婚后共同经营小店,相敬如宾。

1994 年 10 月,姐姐出生。后来由于小店生意太忙,他们就将姐姐送到了外婆家寄养。之后,他们还想要再生一个孩子,奈何国内计划生育政策下抓得紧不让生二胎,所以他们做出了出国的决定。

从中国到海外

1997 年初,爸爸妈妈带着兜兜转转从各处借到的 20 万人民币,踏上了出国的旅途。他们的第一段旅程是坐一天一夜的硬座火车从青田到北京。据爸妈回忆,当时身上带着这么多现金,他们是吃不好也睡不好,整日小心翼翼,生怕一个不小心就弄丢了钱。

他们到北京后的第一件事就是去大使馆办理护照,然后在旅馆里等消息。14 天后护照终于办成,于是他们连夜就买了机票飞往乌克兰。

妈妈回忆道,登上飞机的那一刻她感觉自己像是在做梦,直到飞机起飞后看着窗外的建筑物、车辆越来越小,她才晃过神自己是真的要离开祖国飞往另一个陌生的地方了。

到了乌克兰,他们发现当地社会很乱,并不适合生活,所以短暂停留后就决定离开,前往土耳其。

然而到了土耳其之后,他们又发现当地的政策太过严格,办理务工签证以及长期居住证都比较困难,所以他们又只好乘坐火车前往邻国保加利亚。

可是,在买票的过程中还是出了差错,妈妈的护照遗失了。由于无法证明个人信息，她只好留在土耳其补办护照，让爸爸先去保加利亚探路。

本以为两周就能解决好的护照问题，因为当地的动乱拖了一天又一天，直到4个月后才办理好。妈妈告诉我说在土耳其的4个月是她人生中最害怕的一段日子，那时漂亮的女孩子常会被当地的牵线人骗走，所以她只好每天躲在旅馆里不出去，唯有透过小小的窗户才能看到外面的景色。说到这，我忍不住替妈妈捏一把汗，结果乐观的妈妈竟还安慰我说，幸亏自己长得不好看，所以能安全到保加利亚和爸爸团聚。

从一无所有到有房有车

由于身处异国他乡而且还不通外语，所以刚到保加利亚的生活非常艰辛。爸爸妈妈经常打趣说自己和外国人交流的时候就像是个哑巴，只能通过手语来表达自己的想法。

眼看着从中国带出去的钱在一路打点后所剩无几，租房还要一大笔花销，他们只好鞭策自己抓紧找到谋生的路子。

于是他们一边自学语言，一边寻找谋生的路子，遇到过不少挫折。幸运的是，爸爸在一个朋友的指点下，来到了当地华商比较集中的伊连齐商场。他们在这里迎来了人生的一次转折点，决定开一间小店。

起初，因为店租昂贵，他们只好选择和其他小贩一样，在场门口摆路边摊，卖一些从别的批发商那里批来的小商品。摆地摊的日子很艰难，室外不仅要经受风吹日晒，而且卖货的时候还要担心会被偷被抢，没有一点安全感。

直到后来冬天来临，天气寒冷而且妈妈又查出怀孕，他们才狠下心在商场里租下一间店面，开始真正意义上开门做生意。

1998年7月，我的哥哥出生了，他的出生承载着全家人的希望，意味着爸爸妈妈出国的首要目的达成。

1998年底，妈妈带着4个月大的哥哥回到国内。将哥哥托付给爷爷奶奶照顾后，她就独自一人去了义乌国际商品城进货，批发了一些头饰等小商品，通过集装箱海运到国外。

1999年9月，我出生了。小小的我比较虚弱，妈妈不忍心让我离开她身边，所以就没有把我送回国内。她每天走到哪儿就把我带到哪儿，一刻也不愿意离开我，即使是回国进货，也会带着我一起。直到后来店里生意忙不过来，她才只好将我白天寄养在邻居外国老奶奶家，晚上下班再把我接回家照顾。

2000年至2005年，在生意渐渐安定下来的同时，爸爸妈妈陆续把国内的兄弟姐妹也带到了国外。舅舅、小叔叔、小阿姨在他们的帮忙下来到了保加利亚。经过一段时间的适应后，舅舅留在了保加利亚跟着爸爸妈妈一起做生意，小叔叔、小阿姨则分别去往了意大利和荷兰务工。

2006年，在海外做生意的第10个年头，他们终于买下了属于自己的房子，一套80多平方米的两室一厅，在异国他乡有了一个属于自己的家。有了一个稳定而安心的住所，再也不用受到处处租房搬迁之苦，也不必担心随时会有小偷入室偷窃。

2007年，妈妈将哥哥带出国和我一起读一年级；同年10月，我家最小的妹妹出生了；12月，为了方便上下班以及运货，他们买了一辆小轿车。

2008年夏天，几经考虑后爸妈将我们三个孩子都送回了国内。我和哥哥寄宿在老师家，7个月大的妹妹则被寄养在姑姑家。

2009年，爸妈的生意迎来了一次新的转机。他们将店搬迁到了一个新建成的大厅，有了舒适的空调和完善的安保系统，店里的生意也就变得更好了。于是他们开始从义乌大批量进货，商品款式多达上千种。

随后的两年，店里生意越来越兴旺，他们就把边上的商铺也租了下来，从一间店铺扩展到两间店铺再到三间店铺，成为了伊连齐商场里小饰品款式最全的商家。此后，他们就守着这三间店铺，规规矩矩做生意，平平淡淡过日子。

姐姐

姐姐是家中长女，家里还有一个弟弟和两个妹妹。在她3岁的时候爸爸妈妈出国了，于是她先后跟着外公外婆、爷爷奶奶一起生活。自初中起，

爸妈的海外店铺

便开始了住校生活。

从学生到代购

2013 年,姐姐考上了大学,成为家族中第一个大学生。

2014 年,刚升入大二的她在一次偶然的机会下,承包了校内的快递站工作,负责联络收发员运输快递。在充实了课余生活、锻炼了自身能力的同时,也积攒了许多社会经验。

2015 年,步入大三的姐姐做出了一个影响她未来的决定。她凑上了生活费和所有积蓄,用仅有的 5000 元租下上虞商城一间 15 平方米的小商铺,开启了她的创业之路。

在创业过程中,她懂得从优势中取胜,托爸妈从保加利亚带回特色玫瑰系列护肤品,作为店内的主打产品,将爸妈在国外这一优势变成一块垫脚石,为自己的创业赢得先机。

2016 年,本该去外贸公司实习的姐姐看到了日韩代购行业逐步兴起的趋势,于是果断放弃实习机会,转而开始接触日韩护肤品代销商。在通过对这个行业的逐步了解后,她邀请了妈妈一起去韩国实地考察。最后在充分了解后,她走入了这个行业,只身前往韩国进货,成为一名海淘代购。

从代购到老师

2017 年,大学毕业后的姐姐面临两种选择,一是继续经营她的小店,当一个小老板;二是按照父母的规划,按部就班地去银行或者事业单位应聘,成为一名平凡的职员。

令人意外的是,两者她都没有选,而是最后去了和她的专业毫不相关的教育行业。在考取教师资格证后,她回到了初中母校教书育人,当一名历史与社会老师。

当然,姐姐也没有放弃自己的创业之路。她将商城的小店托付给合伙人看管,自己则转到幕后。她说,教师是她的主业,代购是她的副业。她想要给自己多一种选择,不愿意就这么平平淡淡地过完一生。

三代人的创业故事到这就暂告一段落了。在过去的近40年里,从农村到城市,从温饱到小康,三代人通过努力创业撑起了一个家。

百姓之家的磅礴力量

观察者 32：刘建民，浙大宁波理工学院传媒与法学院教师、高级编辑

　　百姓的生活可以是平淡的，但是百姓在创造美好生活的进程中集合起来的力量是磅礴的。赵一蒙在《从临海到西安》里讲述了父母从浙江到陕西打拼异地创业的故事，洪蕾在《纺出来的幸福》里讲述了福建一家国企双双下岗的父母努力再就业的故事，陈坚蔚在《三代人的小升初》里讲述了四川一个小城里一个普通的三代之家经历的义务教育发展变迁的故事。这是阅读这些故事之后的一个明确清晰感受。

　　改革开放 40 多年来，中国共产党领导中国人民始终坚持在发展中保障和改善民生，全面推进幼有所育、学有所教、劳有所得、病有所医、老有所养、住有所居、弱有所扶，不断改善人民生活、增进人民福祉。全国居民人均可支配收入由 171 元增加到 2.6 万元，中等收入群体持续扩大。我国贫困人口累计减少 7.4 亿人，贫困发生率下降 94.4 个百分点，谱写了人类反贫困史上的辉煌篇章。教育事业全面发展，九年义务教育巩固率达 93.8%。我国建成了包括养老、医疗、低保、住房在内的世界最大的社会保障体系，基本养老保险覆盖超过 9 亿人，医疗保险覆盖超过 13 亿人。常住人口城镇化率达到 58.52%，上升 40.6 个百分点。居民预期寿命由 1981 年的 67.8 岁提高到 2017 年的 76.7 岁。我国社会大局保持长期稳定，成为世界上最有安全感的国家之一。

打破"困扰"

习近平在庆祝改革开放 40 周年大会上说,我国社会大局保持长期稳定,成为世界上最有安全感的国家之一。粮票、布票、肉票、鱼票、油票、豆制品票、副食本、工业券等百姓生活曾经离不开的票证已经进入了历史博物馆,忍饥挨饿、缺吃少穿、生活困顿这些困扰我国人民的问题总体上一去不复返了!

《从临海到西安》讲述的是赵一蒙的父母在西安附近开旅馆的故事。1993 年上半年,她的妈妈在厦门的时候出门坐长途大巴车,通信靠写信;那时候妈妈只有 17 岁,薄薄一纸信,难言思家情。那时候国家的交通、通信等基础设施建设还处在奋力爬坡的阶段。改革开放早期,物质生产还不能十分满足百姓需要,赵一蒙的母亲看到在深圳打工回来的几个朋友戴着金灿灿的戒指、项链、大耳环,十分心动。人民对美好生活的向往和物质贫乏之间的强烈反差当年困扰了多少年轻人,困扰了多少不甘于现状的百姓! 困扰之中,无数的他们站在了向幸福生活进军的出发点上。

赵一蒙在她的叙事作品中描述到:"我到过的省份很少,但西安是个例外,我还到临潼看过三四次兵马俑! 第一次乘飞机;在长途客车上昏睡;父母自驾上高速,两人交换着开车,长达一天一夜的漫长无聊……这些都是我对于去往西安或回台州路上的记忆。"这里看似百无聊赖的描述,其实展现更多的是父母亲打破曾经的困扰走上小康之路的成功。虽然"经营酒店不是一帆风顺的,别人看得羡慕,调侃我爸妈当了老板,但其中的心酸和难处只有我们自己知道。爸妈在经营酒店的时候遇到不少挫折,但是他们都没有消沉,而是积极想办法解决。"所以,"这就是我的小康之家,临海的家,西安的家,都是父母他们勤勤恳恳经营出来的,是一股劲闯出来的"。

创造"可能"

人民大众有力量。习近平说:成就不是天上掉下来的,更不是别人恩赐施舍的,而是全党全国各族人民用勤劳、智慧、勇气干出来的! 我们用几十年时间走完了发达国家几百年走过的工业化历程。在中国人民手中,不可能成为了可能。我们为创造了人间奇迹的中国人民感到无比自豪、无比骄傲！

　　洪蕾在《纺出来的幸福》里有这样一段描写："2001年我出生了。但从我出生开始，化纤厂的运作便开始走向下坡路。主要的原因是当时全国各地开始涌现出更多的化纤纺织原料生产厂，而南方的资源却不及北方丰富，品质也没有北方的工厂做出的那样好。"让人感到这个家庭在新世纪到来之后面临的压力。因为某种意义上讲，企业就是他们的家。洪蕾的讲述中也隐约看到曾经几度席卷国企职业的下岗潮。虽然文中企业没有破产，但是经营的不景气也使企业员工面临失业的巨大压力。"也就是2008年，涤纶分厂停厂。2010年，父母所在的有机分厂也停厂了，于是两人被调去唯一还在运作的维纶分厂工作。'当时也看不到什么未来，孩子也才上小学，其实从刚入厂就一直在身边一起工作的朋友全都在辞职往厂外跑，我一直在盘算着从厂里辞职，到外面来找新的工作，结果也不了了之，害怕全厂都停了我们应该何去何从。'父母同时失业对原生家庭来说是一件非常可怕的事情，母亲的声音听起来很轻松，但在当时是很沉重痛苦的担子。"

　　中国老百姓有多努力，有多拼？他们的自救的信念有多坚韧？再读一遍洪蕾在《纺出来的幸福》里，看看她的父母在企业不景气的时候是如何不等不靠，自己解决自己问题的："在我上初二的时候，母亲申请了厂里的内退，用卖第二个房子的积蓄和亲戚合资开了一个甜品店。甜品店的收入和最后几年在工厂的工资差不多，而且每天都在做她喜欢的工作，所以她也觉得很开心。父亲眼看厂里的工作逐渐停滞，也开始自学新的技术，最后在工厂挂名的同时，在厂外入职了一家电梯公司，工作内容是电梯维护。由于身兼二职，他的工资也能够达到比较高的水平。"

　　信仰、信念、信心，任何时候都至关重要。小到一个人、一个集体，大到一个政党、一个民族、一个国家，只要有信仰、信念、信心，就会愈挫愈奋、愈战愈勇，否则就会不战自败、不打自垮。

积蓄"能量"

　　教育事业的发展关乎中国的千家万户，教育的进步牵动着每一个人的神经,教育迸发出来的能量更是一代又一代积蓄起来的。

陈坚蔚《三代人的小升初》讲的是九年义务教育中的三种"典型",从中不难看出中国教育的巨大进步。文中外婆央求曾外祖母让自己参加完小升初考试,这样"死也能死得明白些"的情景再现,读来令人动容。

"我也还记得小升初考试时,先考数学后考语文。数学最后一道大题怎么算都没有结果,最后我坚定信心,填了一个'此题无解',结果这真的就是正确答案;语文作文题目叫作《记一次劳动场面》,我正好参加过很多次集体劳动,所以我也写得出来。我那天写得很认真,我是全考场最后一个交卷的,我写完试卷,天都已经黑了。"

在讲述了舅舅独特的小升初故事后,写了自己00后这一代的小升初:"事实上,在我小升初的2009年,比起舅舅,甚至是外婆的升学考试,就像一个'过家家'一般波澜不惊的形式。同时,比起外婆和舅舅,我的小升初又有了一个新特点:我是被遂宁中学、遂宁二中和遂宁一中同时录取的。这在外婆她们那个年代,除了少部分特优生,同时被几个学校录取简直就是天方夜谭,但这样的事情却在几十年后的我的身上真实地发生了。"

所以作者最后说:"正是因为国家对教育事业的高度重视与大力投入,才有了21世纪初'教育小康'的繁荣局面,而我也才拥有了一个'平淡无奇'的小升初。但这样的'平淡无奇',却正体现了今日经济、文化的全面发展,是改革开放以来小康社会的一个有力的注脚。"

习近平的话高屋建瓴:在近代以来漫长的历史进程中,中国人民经历了太多太多的磨难,付出了太多太多的牺牲,进行了太多太多的拼搏。现在,中国人民和中华民族在历史进程中积累的强大能量已经充分爆发出来了,为实现中华民族伟大复兴提供了势不可当的磅礴力量。

从临海到西安

叙述者 30：赵一蒙，浙大宁波理工学院新闻学专业 2019 级学生

深圳打工

在我因为一些小打击而脆弱不堪的时候，妈妈都会说："我在你这个年龄都一个人跑到厦门打工去咯，这么不坚强！"

1993 年上半年妈妈在厦门，那时候出门坐长途大巴车，通信靠写信；那时候妈妈只有 17 岁，薄薄一纸信，难言思家情。

当时在深圳打工回来的几个朋友戴着金灿灿的戒指、项链、大耳环，这让妈妈十分心动。妈妈读书挺好的，可是当时家里条件不好，加上她又是女孩，外婆经常叹着气摇头对她说你就是考上高中我也没有钱给你读书啊，这让妈妈心灰意冷，她接受没书读的现实了。1992 年初三下学期她就跑去跟一个比她大 3 岁的本家外甥女学裁缝，学了 3 个月。最终在班主任的劝说下又回到了学校，复习了一个月匆匆参加了中考。

想挣钱的想法在脑海中愈来愈强烈，她跑到一个叫巾山的裁缝学校学了 3 个月的基本功，1993 年上半年便只身前往福建厦门，在一个 2000 多人的工厂讨生活。工友除了 6 个人是浙江的，其余的江西人居多，文化语言、生活习惯的差异让妈妈思量后选择辞工。

一段时间后妈妈又和她的小姑一起南下深圳。当时乘绿皮火车，从金华火车站一直站到广州站，18 个小时的路程啊，绝大部分时间都是金鸡独

立似地站着,车上人多到放不下两只脚!这场面在妈妈心中历历在目。到了深圳,因为身份证上的年龄不够大,无奈之下借用了本家外甥女的身份证在华光厂待了3年。

3年时间里,打工的艰辛可想而知。当时的深圳还在开发中,配套设施不齐全,经常停电停水的,而她们的宿舍和厂房各在不同幢房的8楼,为了抢到用来洗澡和洗衣服的一桶水,就要在下班的第一时间百米冲刺般跑到8楼的宿舍。在停水的情况下,就要约上一大帮工友去宿舍的后面一座小山坡旁边的水源去取水,那个地方有好多老坟,阴森森的,所以不是万不得已的情况下大家基本不去那儿。

妈妈刚去深圳那会儿想家了就写信报下平安,后来有电话了,就去邮局打电话到邻居家,因为自家没电话,一次通电话要花个二三十元。妈妈和外婆打电话基本都是边打边哭的,但她哭过之后马上又投入工作之中。第二年妈妈花了相当于2个月的工资的3000多元给家里装了个电话。1993年春节她没有回家,和厂子里剩下的100多名工友一起过年。妈妈印象很深——老板给每人都发了100元的利是红包。1994年腊月二十五,妈妈花了1380元乘飞机回家,这是她第一次乘坐飞机,感到了坚持与回报的快乐。

组建家庭

1997年11月在朋友的介绍下,妈妈认识了爸爸,两人情投意合,组建了自己的家庭。2001年我出生了,两年后我又有了一个可爱的弟弟。

爸爸是做不锈钢、铝合金门窗的,妈妈负责照顾我和弟弟,也给工人管饭。那段时间入室盗窃猖獗,门窗生意很好。爸爸晚上兼跑沙场,开大车拉沙。他愿意为了这个家吃苦,出工很勤,这些年挣了不少钱,他们开始考虑给我和弟弟更好的教育和更好的生活。

我在乡镇小学时成绩优异,这让爸妈喜出望外,他们决定让我转学到城里读书。2008年我来到临海市区的巾山实验学校读二年级,弟弟也在这里读学前班。刚转来时第一年没有考虑租房,所以每天我们都要早早地起来,开四五十分钟车才能从乡镇的家到达学校。一次班主任碰见了妈妈还问她为什么我每天都到学校那么晚。

于是爸妈在古城街道的江滨路租了房，离学校很近，骑电瓶车只要10分钟便能到校。妈妈依旧照顾我和弟弟，爸爸去水云路的某厂工地干活。在我五年级的时候家里买了小轿车，换掉了之前的面包车。日子就这样平淡静好地过着。

父母结婚照

结缘西安

我到过的省份很少，但西安是个例外，我还到临潼看过三四次兵马俑！第一次乘飞机；在长途客车上昏睡；父母自驾上高速，两人交换着开车，长达一天一夜的漫长无聊……这些都是我对于去往西安或回台州路上的记忆。

2012年爸爸跟着一个浙商团队去西安投资客车，爸爸在西安考察了一个月，萌生了投资酒店的想法。2013年，父母在西安的周至县城的地标地段租下了一幢七层居民小楼房，经过几个月的装修装潢，我们的商务酒店开业了。但是酒店门口没有很大的停车位，车停在酒店门口还经常有警察贴条子。但是一般客人都是开车来的，停车位成了客人选择酒店的刚需。爸妈就租了后院原本是招待所的空地作为停车场。

我们的酒店位于大转盘的西南角，爸妈勤勤恳恳经营四五年后，2018

年,身为浙江丽水人的对面的酒店老板不想干了,要回浙江,欲以低价卖出他的酒店。爸妈就联系到了也有意向的朋友,一起投资了这位于转盘西北角的酒店。于是,我们在西安的周至县城有了第二家宾馆,两家宾馆在对门。但是合资的朋友只负责资金,平时也不怎么管理,这样我的妈妈就更忙了。每天算账核对,每月又发员工工资,交账……我爸不怎么精通算账,但爸爸的动手实践能力很强,更换房间壁纸、走廊地毯清洗、修理灯和中央空调,甚至疏通马桶这样的脏累活他干着也不多说什么。

　　去年暑假我的一位同学到西安找我玩,我们家招待了他几天,他偷偷和我说:"你爸好厉害啊,感觉会很多东西,但是就是有点凶凶的。"听了这话,我笑得很开心——说得对呀。

爸爸在修电路

迎万难,"从头越"

经营酒店不是一帆风顺的,别人看得羡慕,调侃我爸妈当了老板,但其中的心酸和难处只有我们自己知道。爸妈在经营酒店的时候遇到不少挫折，但是他们都没有消沉，而是积极想办法解决。

做酒店生意，就必须要和各行各业、各形各色的人打交道，爸妈在经营酒店这几年遇到过不少找茬客、蛮横不讲理的客人。我们酒店有开棋牌室房型，有一天查房，几个客人赌得比较大，被人举报了。我们棋牌室只提供娱乐，不能赌博的，他们自己在那里赌博我们也不知道，被举报后公安局过来查房，就比较麻烦。还有一次一位客人怕钱被公安局收走，就把现金藏在垃圾桶，结果他的钱被他的朋友拿走了，就冤枉爸妈员工手脚不干净。员工说不可能拿钱，真的没有拿。妈妈就查了监控，发现他的同伴进过他房间，员工是打扫过房间卫生，但她出来是两手空空啊。刚开始他还想敲诈我们一万块钱，妈妈比他还牛，说一分没有！最后他也是心虚了，此事就结束了。

几年前的一个暑假，我照例到西安爸妈的宾馆玩儿。一天晚上员工人手不够爸爸就自己打扫房间，他叫我过来看学着点。在清理卫生间时，爸爸从坐便器的后面摸出了一包塑料袋包裹的东西。我心生好奇，凑近去看，袋子里装着很多很多根细塑料吸管还有其他小包状物，我已经记不太清了，反正让人看了莫名其妙、不太舒服。我问这是什么？只听爸爸说了句这是吸毒的东西，我听了人有点傻掉了，想到以前禁毒教育时看到的没有人样的毒瘾者的图片，只觉得反胃，就快步离开了，把爸爸一人留在那儿。现在想起来还是心有余悸。

云开雾散终有时，守得清心待月明

周至人偏懒散一点，他们喜欢打临工，赚了一点钱，先用了再出来赚钱。他们缺少耐性，妈妈刚给他们培训好，结果他们干了三五个月又不做了。还有他们很喜欢小事请假，给妈妈增添了很多麻烦，有时候突然请假，妈妈就要自己顶班，除了坐前台，楼层服务员的工作也得顶上。

但是开店六七年，也有好员工：有个员工跟了爸妈五年了，她就很好，不欺负新员工，还拾金不昧，上次打扫房间客人在床上掉了100块钱，客人都已经在门口坐上车了她还追上去还给他。

　　虽做酒店行业,爸妈一直坚持着自己的初心。在爸妈刚开业不久,有一个客人(某工地的老总)遗失了一枚戒指,发现遗失后打电话过来。妈妈已经把戒指放入保险柜里小心收着,接到电话说有捡到,请他过来核实。当时客人要给我们2000块钱作为报酬,爸妈没收;他又要给我们买水果,爸妈也没收。据客人讲,这是价值60万的蓝宝石戒指。客人很感动,后来把整个工程部的人带过来住,开了10个房间,住了半个月都不止。

　　酒店生意火爆的时候白天就满了,假期的时候更是。去年生意有点不好起来,流失了很多老顾客,因为必须要登记身份证,他们对这些不是很重视,爸妈严格遵守政府和派出所的要求,不给他们通融,他们就不住了。进行身份登记的设备叫"警易通",单单购买技术使用权就要花费一万。此外爸妈按时会去周至税务局缴税。

　　总之在我心里:父母能干、肯吃苦、遵纪守法、乐观向上,我打心底里敬佩他们。

　　因为父母长期在外,我们原来乡镇上的那房就不住了,以前还在临海求学时我住在学校旁边父母租的房(我一直都有长辈陪读)。除了去西安的酒店,我放假基本住在镇里老家隔壁大姑姑家。

　　我不能和我爸妈见面,微信视频通话成了我们"见面"的方式,但是两位姑姑给予了我无微不至的关怀照顾。我奶奶有四个孩子,我爸居老三,所以我有大姑、小姑和大伯还有兄弟姐妹。我的家庭和睦温馨,我在亲情的呵护下茁壮成长,另一方面有兄弟姐妹的陪伴,童年也不孤单。两位姑姑对我而言十分十分重要,她们无私地照顾着我,把我当自己的女儿对待。

　　我很感谢父母带我来到这世界,看到这世界。他们给了我生命,最感谢他们让我受教育。父母对我的培养是不计成本的,我想快快变得更好,分担他们的压力,承担责任。现在细想爸妈所做的一切,所有的努力都是为了这个家,为了给我和弟弟他们能力范围内最好的条件啊!

　　云开雾散终有时,守得清心待月明。这就是我的小康之家,临海的家,西安的家,都是父母他们勤勤恳恳经营出来的,是一股劲闯出来的。对于我来说,哪里都好,有爸妈有弟弟的地方就是我的家。

纺出来的幸福

叙述者 31:洪蕾,浙大宁波理工学院新闻学专业 2019 级学生

谈起两人的相识,父母对视而笑,继而低下了头。"我和你妈妈当时就是在这个化纤厂认识的。"父亲这样说道。

父亲和母亲两人都没能考上大学,高中毕业之后上了技校,之后被分配到了福建纺织化纤集团工作,父亲 1990 年入厂,母亲 1993 年入厂。"当时我们这个厂生产的化纤材料是全国垄断的,所以刚进厂时候的待遇特别好。"母亲一边回忆着一边接着往下说:"厂里不仅有分配单身公寓,还有澡堂、游泳池、篮球场、足球场等公共设施,娱乐公会有点像现在的社团,开展各种各样的文娱活动,比如乐队、诗社。"母亲特别强调说,厂里还建起了报社,印制《双轮报》供员工阅读,这份报是月刊,文章内容大都是本月厂里发生的事情,以及各种表彰和社团的文化作品展示。厂内在逢年过节也会举办各种各样的活动,比如妇女节活动、元旦汇演等等。

"我第一次知道你爸爸就是在 1994 年底的那次元旦活动上,你猜猜他表演什么?"母亲笑着问我。我的脑海中突然闪过从我出生起就挂在父母床头的大吉他,问父亲:"原来吉他就是用来做这个的呀?"父亲也笑,挠挠头说:"其实弹得也不好,但是年轻的时候就是喜欢展示,还要感谢化纤厂一直都在鼓励年轻人展现自己的爱好和才能,这样才能够让我遇到你的妈妈。"就这样,通过私下的联系,二人渐渐走在了一起,我们家的故事总算拉开了序幕。

　　俩人谈恋爱将近两年,感情升温的同时,化纤厂也进入了建厂以来的黄金期。"1997年开始,那时候一个人每个月纯工资得有个四五百。当时厂里有个制度就是发奖金,说是发奖金,其实就是找一个'先进集体'或是'安全集体'之类的名头来给员工发钱,加上奖金一个月甚至都已经达到四位数了,这在当时已经算是很富有了。"母亲说。也正是在那段日子里,母亲会趁着假期出省旅游,去祖国的五湖四海看看大好河山。母亲每个月都会按时给家里寄钱,也减轻了家里的负担。

　　由于物质方面都达到了不错的程度,父母决定要结婚,拥有一个自己的小家庭。母亲说:"拍婚纱照的时候,你爸爸强烈要求弄一个西式礼服来拍,从小到大哪见过这样夸张的白纱裙,那可能是我有生以来穿过最贵的一条裙子了。"父亲拿出了一本厚重的粉色封皮的相册,里面是当年拍摄的婚纱照。本来是要给我看的,到后来两人却自己看了起来,指着照片和我说着拍照片时候的小故事。

　　既然要结婚,就必须拥有一套属于两个人的房子,我们家的第一个房子是红砖房,一栋楼大概有三层,我们就住在第三层。一层能住4户人家,门口的大阳台和每层一个厕所是通用的,大家在闲暇时就可以走出家门到阳台上聊天。当时他们看上这一套房子,是因为它不仅离上班的车间非常近,而且离厂子弟幼儿园也很近,大概只有几步路的距离,这样以后有了小孩,就可以在上班的时候顺便送孩子上学。

　　结婚后又过去了两三年,其实父母并不想那么早要小孩,想要为了未来的生活多积攒一些钱。2000年的时候,双轮化纤纺织厂的运作依然较为良好,父母减少了旅游外出的花费,开始为了我的降生筹备资金。他们翻出20年前的账本,发黄的纸页写着潦草的数字:"我们每个月发工资的时候都会为你存一笔钱,看,这个月是200。"父亲指给我看。我们家记账的习惯就是从那时候开始的。

　　2001年我出生了。但从我出生开始,化纤厂的运作便开始走下坡路。主要的原因是在当时全国各地开始涌现出更多的化纤纺织原料生产厂,而南方的资源却不及北方丰富,品质也没有北方的工厂做出的那样好。由于

父母的结婚照

我与我们家的第一个房子

越来越多北方的工厂参加竞争,这座身在南方的大工厂不得不面对转折:从黄金时代的竞争中撤出。我的奶奶和外公听说了这件事,都匆忙写信来问父亲的抉择和未来的打算,父亲和母亲虽然也没有很明确的规划,但他们只是觉得应该要先奋斗到让这个家稳定起来，所以一边安慰着老人一边更加努力地认真工作。

在我刚出生的那几年，父母还是有一些积蓄的，"当时的奶粉特别贵，外婆说用自制米糊就可以了，但我们都一直坚持买奶粉喂你。"母亲这样说道。逐渐我到了上幼儿园的年纪，母亲主动申请去长期白天班的班组，这样拿到的工资会更多些，可以补贴家用，而且也方便照料下午三四点就从幼儿园回家的我。

但即使化纤纺织厂在生产上的地位有所下降，每年的文娱活动依然在继续，妇女节的时候母亲会去参加跳绳比赛，元旦的时候父亲依然抱着吉他上台，每年的六一节，我都能收到一大包来自厂里分发的零食，那是我小时候最期待的一天。

我小学的时候，我们又搬了一次家。搬到了离厂子弟小学更近的另一块区域，我们家的第二个房子有好看的白墙，后山养了许多小动物，也有大片的菜地。家里的面积变大了许多，有三间卧室，也开始有了独立的厕所和阳台。父母给我报了一个唱歌的兴趣班，于是我的生活变成了工作日在厂子弟学校上学，周末到外公外婆家住，上兴趣班。父亲的领导能力愈发突出，在他所在的有机分厂得到许多表彰和头衔，母亲在新的班组安定下来之后，也凭着自己的奋斗当上了班组的组长。当时他们的工资水平相对全国工薪阶层来说处于中等水平，可以维持这样简单的生活，只是没办法再像他们年轻的时候那样出省去旅游。母亲打趣说："都是你才害得我们的生活水平下降了。"但语气却很温柔。

搬完家大约两年后，也就是 2008 年，涤纶分厂停厂。2010 年，父母所在的有机分厂也停厂了，于是两人被调去唯一还在运作的维纶分厂工作。"当时也看不到什么未来，孩子也才上小学，其实从刚入厂就一直在身边一起工作的朋友全都在辞职往厂外跑，我一直在盘算着从厂里辞职，到外面来找新的工作，结果也不了了之，害怕全厂都停了我们应该何去何从。"父母同时失业对原生家庭来说是一件非常可怕的事情，母亲的声音听起来很轻松，但在当时是很沉重痛苦的担子。加上当时正在面临内退的抉择，母亲一边忙着在厂外找别的工作，一边兼顾着厂里的工作，肩上的担子很沉。以前的账是由母亲来记，那一阵子却都是父亲在写。当时的我听着父母在饭桌上说着未来，孩子气地说："没事，你们失业了我可以工作养你们。"

在我小学毕业之后，我们搬到了厂外的城区里，也就是我们现在所生活的这个家。为了我能够走读，选择了离中学比较近的一个小区。当时也是父母第一次通过贷款买房。"我们都已经计算好的，你大学毕业工作个几年，我们的贷款就能还完。"

在我上初二的时候，母亲申请了厂里的内退，用卖第二个房子的积蓄和亲戚合资开了一个甜品店。甜品店的收入和最后几年在工厂的工资差不多，而且每天都在做她喜欢的工作，所以她也觉得很开心。父亲眼看厂里的工作逐渐停滞，也开始自学新的技术，最后在工厂挂名的同时，在厂外入职了一家电梯公司，工作内容是电梯维护。由于身兼二职，他的工资也能够达到比较高的水平。

之后的日子就逐渐稳定了起来，我顺利地进考入了市一中，考上了大学。母亲在做着自己喜欢的甜品工作，父亲的电梯维护工作也不需要每天上班，有更多的时间在家里休息。而化纤厂在最近几年重新开始进行一些小规模的生产，父亲由于挂名的原因还经常回厂里工作，带带新人。就在不久前，有机分厂的老员工举行了有机分厂十周年的聚会，见到许多年轻时候的朋友，父亲非常感慨。"当时也没想到，以为最后能退休了还在一起喝茶聊天。"这个厂存在到现在是一件非常不容易的事情，我们家能发展到现在也是一件不容易的事情，父母总是这样和我说。

"其实我们非常感谢化纤纺织厂，这是我们的第一个家，我的青春和我的幸福都由它见证。"合上厚厚的相册，父亲摩挲着相册上烫金的"有机十周年"这样和我说。

三代人的小升初

叙述者 32：陈坚蔚，浙大宁波理工学院新闻学专业 2018 级学生

　　小升初考试，是我们家里所有人都经过了的考试。但从外婆，到舅舅，再到我自己，小升初却有着不同的经历与感受。难易程度的不同，也给了三代人小升初考试不同的意义。

外婆：百里挑一终圆梦

　　1948 年，外婆出生于四川省遂宁县东禅镇一个偏僻的乡村里，而她就读小学是在 1956 年。一直拖到 8 岁才读书，只因为外婆家里实在太穷：父亲在外务工，家庭生活全靠母亲一人维持，生活十分拮据。除了生活困难，那时的人们对于女性教育也有着相当强烈的歧视，认为女子"无才便是德"。在曾外祖母送外婆读书时，村里一些好事妇女甚至公然在村社聚会时说曾外祖母是"败家"。但后来曾外祖母力排众议，还是坚持让外婆读了小学。"我妈对我说，我不能当睁眼瞎，要会写自己的名字，要算得来账。"于是，外婆这才读到了小学。

　　1962 年，外婆小学毕业了。由于家里实在困难，曾外祖母对外婆如实相告不想让外婆继续读书了。外婆还记得毕业那天，曾外祖母等在学校外面的情景，"妹崽，家里也确实困难，你现在读了小学了，能写自己的名字，也算得来账了，就不要再读书了。"外婆心里很难受，但想到母亲持家不易，家里经济又确实困难，大哥二哥都在读书，家里还能有指望，也就含泪同意了。

但外婆央求曾外祖母让自己参加完小升初考试，这样"死也能死得明白些"。

"我当时已经知道自己以后读不了书了，但是考试我还是要认真对待，毕竟这是最后一次考试，也是最后一次去学校，按照今天年轻人说的，就叫作仪式感。"

"我还记得我赶考时的场景，我从家里抓一把豇豆带去学校，快走到学校时碰见了我的班主任袁志安（音）老师，袁老师见到我说，董××，你怎么还在这里啊，跑快点赶快去教室，要考初中了！"

"我也还记得小升初考试时，先考数学后考语文。数学最后一道大题怎么算都没有结果，最后我坚定信心，填了一个'此题无解'，结果这真的就是正确答案；语文作文题目叫作《记一次劳动场面》，我正好参加过很多次集体劳动，所以我也写得出来。我那天写得很认真，是全考场最后一个交卷的。写完试卷，天都已经黑了。"

等到外婆回家，外婆也一如既往地做家务、农活，准备好了接受自己一辈子在乡下务农的命运。但这样的日子没有持续多久。半个月后，外婆所在小学的校长、班主任都亲自登门拜访，恳求曾外祖母让外婆继续读书。原因很简单——外婆考上初中了，而在外婆升学的那几年，初中实在太难考了。

这一切要从1958年说起，除了"大跃进"和大炼钢铁，那一年教育部还发出了"教育要与劳动生产相结合"的号召，受此影响，全国众多学校或改组或停办。遂宁县在1962年时，只剩下遂宁一中、遂宁二中和东禅中学仅开设约在校初中班5个左右，招生人数不足200，而全县却有数千名小学毕业生。僧多粥少的情况下，结果就是筛选条件极为严苛。外婆在小升初前夕因为严重贫血曾一度请假在家休养一个月，但外婆后来却宁愿挑灯夜战、甚至夜里跑到有煤油灯照明的公共茅厕里顶着恶臭看书复习，也不愿意留级，因为一旦留级，就怕自己因年龄偏大而被生产队的人找到借口直接筛掉，拒发准考证。更不要说在当年城乡二元的体制下，城镇学生的录取分数远低于农村学生。那几年，在极高的考取难度下，部分公社甚至还出现了零升学率的情况。可以说，1962年的小升初考试对农村学生而言是实打实的"百里挑一"。

　　而外婆偏偏就考上了。整个东禅小学 62 届毕业生中有两男一女共 3 人考上初中,外婆是这 3 人里的第一名,也是 1962 年东禅公社 14 个大队里唯一考上初中的女学生。

外婆直到考上初中后,才有了自己的第一张照片

　　外婆的成功实在来之不易,曾外祖母看在眼里,于是也同意了让外婆继续读初中。盛夏时节,外婆却把自己一个人关在房间里做家务。外婆坦言说:"我妈连着几天出门去向乡邻亲朋借钱,来凑送我读书的学费。有的人直接对我妈说'你一个女儿考得再好又如何,嫁出去的女,泼出去的水,以后还不是其他家的人,费那么多钱去烧啊?'我妈还要陪着笑脸去跟人谈……我实在是看不下去啊。"在初中开学前,外婆家里却没有升学的庆祝与高兴,有的只是担心学费的愁苦与"人在屋檐下,不得不低头"的无奈。所幸最后一切还算圆满,学费最终凑够了。1962 年 9 月,外婆就读东禅镇上的遂宁三中,开始了自己的初中生活。

舅舅："八年抗战"在一地

1980年，舅舅开始读书了。在舅舅读书的年代，五年制义务教育(当时小学为五年制)已经开始普及，这时整个社会对于知识已经有了初步的重视，加上舅舅对于学习也有天赋，舅舅的读书生涯并未遇到什么外界的阻力。

"那时候你妈，也就是我姐姐比我大一岁，她先到适学年龄所以就让她先读书。我们家里对读书这件事是从早年你外婆他们几姊妹上学时就看得比周围人家都重，那么困难落后的年代里，也要子女坚持把书读了。从两三岁开始你外婆就教育说'你和你姐姐以后要去读书哦，不读书就只有回到乡下去种田哦'，教我们'万般皆下品，唯有读书高'。这样教育的初心是希望我们能通过读书出人头地，但是这样做，对于一个面对世界还很懵懂的孩子而言也是容易被妖魔化的概念。"舅舅讲道。

这种有些"矫枉过正"的教育，带来的一个令人啼笑皆非的后果，就是后来母亲上小学时，舅舅因害怕读不到书而闹出的笑话。

年轻时的外公抱着小时候的舅舅，摄于1975年前后

　　"那时候人还很小,也不能去深入理解父母对自己的期望,就只觉得万一上不了学,就跟今天说的下十八层地狱永世不得翻身一样的概念。后来到了1979年,你妈满7岁读小学,我还差一两岁才适龄,当时就只让你妈去上学,让我待在家里。那时我一听就慌了,哭着求你外婆'我要去读书啊''我不种田啊',你外婆一开始还没反应过来,以为是我装怪就没管我。后来你妈到了安居小学的教室,我偷偷跑出家跑到教室外面大哭,心里怕学校不要自己去读书。那时你外婆就在安居小学教书,很多老师也认识我们一家,看到我哭都来安慰我'张×你怎么在这里哭了啊',最后把你外婆也叫来了。那时候你外婆也没想到平时玩笑式的'恫吓'真的会给我造成这么严重的恐惧,所以最后没有办法,只能也给我个书包,然后求校长让我在你妈班上也一起去跟读。"舅舅讲起这件事,有一些不好意思。"那个时候给我一个书包,就感觉承载了很多的意义。对于一个五六岁的孩子而言,就像一道免死金牌一样宝贵。"

　　1985年,舅舅读完小学,准备升入初中。舅舅和母亲的成绩都是班上数一数二的,而这一次,外婆让舅舅和母亲留在了安居小学。

　　小学初中部算是新中国教育发展历程中的一朵奇葩,其滥觞于文革中"学制缩短,学校合并"的浪潮。在舅舅读书的年代,安居小学在安居中学之外也有自己的初中部。直到90年代,随着安居教育资源向遂宁市区集中,安居小学的初中部才随着安居区初中学校的集体撤销建制而成为历史。当然,这一体制并没有完全消失。直到我开始读小学时,所就读学校还开设有本该属于幼儿园阶段的学前班,在我读到二年级时,这一设置才被撤销。今天,由于小升初出现的诸多问题,"九年一贯制"的模式再次被摆上台面,成为中国教育的另一种选择。

　　"你外婆让我和你妈留在安居小学,是基于对家庭状况的考虑。当时一家人你外公在安居中学教书,你外婆在安居小学教书,而他们的侄儿侄女有五人都在安居中学读书,生活饮食都由外公一人照顾,你外婆不忍心再给外公增加负担,所以就让我和你妈都跟着她。因为她和你外公一周有五六天都是分居的,各自在各自的学校工作,就让我们跟她一起住在教师宿舍,这样把初中读过去。"舅舅说。

于是，1985年，舅舅小学毕业，以优异的成绩升入安居小学初中部，并在这个熟悉了5年的学校又多待了3年。

我：平平常常波澜不惊

我小学毕业是在2009年，这时，国家早已从五年制义务教育跨入了九年制义务教育的时代。比起外婆和舅舅，我光是小学就可以选择很多学校。2003年左右还没有今天这样严格的"片区入学制"，学生可以相对自由地选择学校。外婆读书要走12里山路，我从家出发走个1公里不到就是学校；舅舅的学习素养很高，所以他读了当时周边最好的小学，而我身边三四个学校，却都水平大体相当，教育发展比较均衡。

在2009年小升初考试前夕，我陷入了人生中第一次面对升学的恐慌之中。我惴惴不安地告诉母亲，说害怕自己考不上初中，母亲却只笑了笑，说那是不可能的。

7月初，考试结束。某一天我回到家里，就听到舅舅急匆匆地叫我过去，说我被中学录取了。事实上，在我小升初的2009年，比起舅舅，甚至是外婆的升学考试，我的小升初就像一个"过家家"一般波澜不惊的形式。同时，比起外婆和舅舅，我的小升初又有了一个新特点：我是被遂宁中学、遂宁二中和遂宁一中同时录取的。这在外婆她们那个年代，除了少部分特优生，同时被几个学校录取简直就是天方夜谭，但这样的事情却在几十年后的我的身上真实地发生了。由于舅舅在其中一所学校工作，我去那个学校也就成了顺理成章的事情。毫无意外，我升学了，甚至连我自己都没什么感觉，仿佛就是很平常的一件事而已。

但这种"平淡无奇"背后蕴含的事实却并不平淡：在半殖民地半封建性质的旧中国，普通人很难获得接受文化教育的权利。1949年新中国刚刚成立时，全国5.5亿人中文盲率高达80%，基础教育发展严重不足。新中国成立以来，各级党组织和政府机关迅速投入到基础教育建设中，并取得了举世瞩目的成就。1986年，《中华人民共和国义务教育法》正式颁布，九年义务教育逐渐在全国推广开来。截至 2018 年,中国适龄人群中学前教育毛入学率较 1950 年增长 81.3％,小学净入学率从 1949 年的 20％增长到 99.95％,初中毛入学率更是从 1949 年的 3.1％增长到 100％。可以说,正是因为国家对教育事业的高度重视与大力投入,才有了 21 世纪初"教育小康"的繁荣局面,而我也才拥有了一个"平淡无奇"的小升初。但这样的"平淡无奇",却正体现了今日经济、文化的全面发展,是改革开放以来小康社会的一个有力的注脚。

　　这就是我家三代人各自的小升初经历。从外婆、舅舅再到我自己的经历演变可以看出,这是一个由难到易的演变。正是这样的由难到易,体现出新中国成立 70 多年来教育事业的不断发展。全面小康社会也正是有赖于教育的进步,我们今天得以享受到更好的教育资源,创造更美好的生活。

房子的力量

观察者 33：王军伟，浙大宁波理工学院传媒与法学院副教授、博士

如果问你东经 120°34′北纬 28°50′是什么地方，很多人都难以回答。这是《永不言弃》作者叶霄霞依的家庭所在——台州。

"地方"不是冷冰冰的经度与纬度的定位点，它是有感情意义的区位(a meaningful location)。政治地理学家阿格纽(John Agnew)认为有意义的区位就应该包含三个要点：一个具体的区位(a specific location)，一个场所(a locale)，此外就是"地方感"(a sense of place)，它使得人和地方有了个人和情感上的联系。[①]

家可以说是"地方"最为典型的代表，而房子，则是家最为典型的象征。这也是为什么叶霄霞依就家庭史采访她的妈妈时，尽管尽可能地问了一些细节内容，但在后期整理录音，却发现了一个有趣的现象：在她妈妈的口述中，大多围绕着房子，并且主动地按照房子去分割她所经历的一生，例如："第一间房子是发生在×××，那个时候我们家……"；而妈妈在采访期间，频繁提到的一句话则是："我这一生真的大多都与房子相关。"

虽然现在提到"房子"一词，总会让人想起"炒房"一词。"炒"字从"火"，

---

① 详见 Agnew, J. A. Place and Politics: The Geographical Mediation of State and Society. London: Allen & Unwin Agnew, J. 1987. John Agnew 另外一篇讨论空间与地方的文章 Space and Place, 见 J. Agnew and D. Livingstone (eds.). Handbook of Geographical Knowledge. London: Sage, 2011.

用来炒的房子,难以让人和房子这个地方产生多深情感上的联系。但房子和家联系在一起,马上别具深情。所以我们看到在叶霄霞依有关房子的记述里,字字都浸润着来自情感的力量。他们家的第一套房,是自己一砖一瓦帮忙造出来的,因为要负责建房工人的饮食,早上五六点钟就要早起去买菜。早饭、中饭、下午点心、晚饭,因为碗就那么多,下午三四点钟师傅吃完之后又要洗碗,洗好碗之后又要马上准备晚饭,每天晚上起码要做16道菜。而他们第二套四层楼房子的空间布局,更是将房子和全家人的命运融合在一起:一楼是下帮和裁剪布料的地方,二楼是办公室和厨房,三楼是女工踩缝纫机的地方,四楼则是他们的卧室。

全文有关房子的记述,温情之外,也有沉痛和惊心动魄之处。当外公的房子被人私占不复存在时,妈妈是"六天没有合过眼睛",外婆则是几乎站不稳脚,躲进家里,不敢看一眼。有关房子惊心动魄的记述,则是2018年房子因为违建被拆,一家人"疯狂"地搬东西,她跑到楼上,看到的是一片狼藉的自己的房间。

本文最了不起的地方体现在房子的后面。正如作者所讲,她本来是想以"房子"作为这篇文章的主题,但发现单单的"房子"只是主线,无法展现她这篇文章的价值,也无法对这篇文章的后续写作起统帅作用,"其实全文更多的是讲述这些年来我家的起起落落",所以她决定将文章的主题确定为了"永远与生活对抗"。

"永远与生活对抗",单从字面上看,就有一种强烈的冲击力,这种冲击力,甚至会引起人隐隐的怀疑:至于"永远"吗?无论是从大历史的角度来看,还是我们朴素的感知也好,我们看到改革开放以来,无论是国家还是个人都是向好发展。但在这个过程中具体到每个人每个家庭,则难免有跌宕起伏之处。对于作者的家庭而言,虽然从20世纪90年代起通过自己的辛苦努力,早早成为了小康之家,但是就在2018年,作者的家庭因为违建被拆,损失不小,要重建厂房,要重找居住之所也并非一蹴而就之事。在找到新车间之前,妈妈和姐姐住在外婆家,爸爸就在还没装修好的房子里打地铺,而作者因为在读高中,也只好在学校外租房——"8月22日到9月10

日期间，每天都是爸爸晚上九点半来学校接我，用 30 分钟的车程把我送回外婆家，再自己开 20 分钟的车回到新房子里。公路旁边的小树丛里总是会传出知了的叫声，夏天的风总有一股清香，40 多岁的爸爸驾驶着年龄有 10 岁的四轮汽车哐哐哐地载着我。我坐在后座，低头玩着手机，不敢看他，不敢数他到底白了几根头发。"作者这段沉郁的文字，让房子的意义，让家的意义更显特别。

"永远与生活对抗"，其实也体现了伟大的中国人民最为了不起的一面，即早已沉浸在他们文化基因里的坚韧精神——用更为通俗的话说就是吃苦耐劳、面对困难时的永不放弃。文章里其实也暗含了一条甚至作者未必能知的主线，即个人命运与国家命运深深关联。早期个人家庭的困难，其实也是国家的困难，后来家庭生活的好转，也是国家的蒸蒸日上，在这里，家庭和国家的走向是紧密一致的。外公就是靠着"啃鱼骨头的拼命劲"修建起了一套他一生引以为傲的房子，一家人凭借着吃苦耐劳的品格从原来的矮平房搬到了两层小洋楼。但是在这个过程中，也出现了家庭利益与国家利益冲突的一面，后来外公家的房子因为五水共治被拆除，作者自己家的房子也因为违建被拆，损失巨大。但是作者的"与生活抗争"，没有纠葛于与政府对抗，而是全家齐心协力，去建造新的房子新的家，很快在 2019 年有了他们的第四套房子，家里的生意也大有恢复。

正如作者所说，尽管人生就是起起落落，但是谁说生活不是越过越好呢？谁也无法将我们打倒，谁也无法让我们缴械投降。这是作者想在房子背后展现的思想，这种思想，其实也是中华民族历经几千年，虽面对过无数困难但仍然屹立不倒的最为重要的因素之一。

一碗滚烫人生

叙述者 33：郑欣妍，浙大宁波理工学院新闻学专业 2019 级学生

读书·酸梅汤

"妞妞，来喝酸梅汤呀！天气这么热先喝点解下暑。"父亲为我盛上一碗酸梅汤。于是，一边喝着酸梅汤，一边和父亲聊天，我仿佛回到了父亲儿时的那些夏天，那些酸中带甜的记忆。

父亲生于泉州永春一个普通农村家庭，打小就要帮忙干农活。暑假在天马山半山腰的茶厂一待就是十天半个月，只为赚几块采茶的工钱补贴家用。

高二分科，父亲选了理科。由于数理化不拔尖，第一次高考落榜了，"连泉州师专的分数都没到。"他只好选择复读。

复读的日子无疑是艰苦的。

学校对复读生不甚重视。补习班和应届生是分开的，只有晚上，学校的教室才会腾出来给补习班用。白天父亲就在租的房子里自己温书学习。"学校是不让你吃食堂的，补习班没得吃食堂的"，父亲的话语带着一丝不忿。好在学校外面有人办食堂，父亲就和别人一起搭伙吃。

"补习班规模很大的，好几个班好多人"，父亲回忆道，"但也没办法呀，只能拼命念跳出龙门，要不然只能在家干农活了"。家里五个小孩，父母务农，没有什么经济收入，那些房租伙食费都是硬挤出来的。排行老二的父亲

深知家里的不易，只能硬着头皮读，起早贪黑，挑灯夜战。

"好在最后还不错，考上了福大。"父亲嘴角抹出微笑，"以前的苦没有白吃"。父亲考上了福州大学，由于报考的计算机比较热门，最后他被调剂到机械机制专业学习。

1992 年，大学毕业的父亲来三明工作，与此同时，19 岁的母亲来三明广播电视大学读书。

母亲是家里最小的，有 1 个大哥、6 个姐姐。除了大姨来三明市区闯荡，其他兄弟姐妹都在尤溪县里生活。"没有来过城里嘛，就想读书出去长长见识咯"，母亲说道。母亲文静腼腆，但第一次离开家里去外面读书，也是卯足了勇气。

"那时候冬天很冷，宿舍的被子很薄，"母亲回忆着细节，"我们一个宿舍的阿静是本地人，家里带来了厚厚的棉被。"我从母亲的话语里读出了羡慕和委屈。我抱了抱她，"丽丽现在有厚被子盖了呀"，她淡淡地笑了笑。

独自在外求学固然是酸楚的，多少个盖着薄被的日夜，也催着母亲渐渐成长。

工作·苦抓汤

苦抓汤汤如其名，味道甘苦，父母的工作之路便是这样艰辛苦涩。

经过四年刻苦努力，1992 年父亲拿到大学学位顺利毕业。但是 1992 年起学校不包工作分配了，父亲只好自己找工作。父亲学的是机械机制专业，当时永春老家没有大工厂，泉州几十家国有企业都集体改制成了民营企业。刚好三明三钢校招有两个名额，父亲认为国企更稳定，三钢的效益也不错，就从沿海的泉州来了内陆三明。"当时也是太胆小了，也不敢去闯，就傻愣愣来了。"父亲笑道。

也许父亲没有创业的同学那样勇敢果断，但我认为踏踏实实一步一个脚印的态度同样也值得钦佩。父亲没有抱怨山区的条件落后，一直兢兢业业做事，从基层做起。一开始他在机加工车间的镗床组，跟着老师傅学落地镗床、镗孔、铣面，加工工件。在车间待了快两年，每天白班中班地倒班，很是辛苦。接着他被调到铸造车间维修班组的钳工班当设备员,管理设备。后面由于生产科的老同志被调走,机关缺人,而父亲的专业能力尚可,就被调到了生产科审图。

虽然工作量有所减少,但父亲进修的脚步并没有停止。他认为"活到老,学到老",不断学习充电,工作才能越做越好。2000年,也就是我出生那年,父亲的母校福大和三钢合办了学制一年半的在读研究生班,父亲报了电气工程的硕士。读完硕士后,父亲继续研读工程书籍,2004年评上了"高级工程师"的职称。

1994年母亲参加工作。她以前在三强生化公司生产车间当过包装工,在超市干过营业员,在香米拉酒店做过仓库管理员,现在在一家医用器械私企工作。酒店属于服务性行业,母亲平常工作属于早晚班,晚上八九点才能到家。虽然做的是后勤,但她的三餐基本跟酒店同步:早上10点半吃午饭,下午4点半吃晚饭。

母亲在酒店工作的时候我大概四五岁,也是开始记事的年纪。一说到香米拉酒店,我就记得以前去找母亲的时候,母亲总坐在仓库里的大桌子旁记账,我在一旁吃糖跳绳玩。更让我印象深刻的细节,是以前我们住在一个50多平米的二手房里,母亲由于酒店原因晚饭吃得早,肚子很容易就饿了,她有次晚上9点多回来在厨房煮泡面吃。"我那时候太饿啦,但又怕你这个小机灵鬼闻到香味跑过来,我就躲到厨房吃。"结果我还是寻香而来了。我还记得我抬头眼巴巴地望着母亲,母亲端着泡面一脸无奈苦笑的样子。最后我们一人一半吃完了泡面。现在回想起来那时候我还是挺不懂事的,母亲饿着肚子,我还抢着吃。

育儿·胡辣汤

父母的育儿之路,就似胡辣汤一般麻辣鲜香。

2000年11月,我出生了。"那时候冬天很冷,你才两三个月大,把你裹着褓褓放床上,你一直哇哇叫,"母亲回忆道,"你爸就把你抱起来哄,然后一边抱着你一边看电视。"我顿时脑海中浮现一个抱着娃呜呜叫的父亲的形象。

　　原单位没有保留母亲的岗位，坐完月子后她只能重新找工作。也就是2000—2004年，父亲在考硕士和高工职称，那时候我又很小，照顾我的担子就主要落到了母亲身上。在酒店工作的母亲每天晚上大概八九点才到家，有时候肚子都饿扁了，还要先带我洗澡、哄我睡觉，处理一些家务才能休息。

　　由于父母工作繁忙，所以我幼儿园的时候被寄在一个阿嬷家里。阿嬷接送我上下课，放学了我就待在她家，晚上8点多父母再接我回去。阿嬷家和我家隔了两幢，不算太远。让我印象深刻的是有一次我在阿嬷家阳台玩，看到父亲骑着自行车从楼下经过，我以为父亲是来接我回去的，激动地拍着栏杆大喊，但父亲只是抬头看了我一眼就骑走了，原来他是回来修家里的水管又继续赶去工作。这件事情虽然很小，但是我却记得特别清楚。"那也没办法呀，以前工作那么忙，没空带你呀，"父亲说道，"努力工作挣钱你才有饭吃呀是不是。"虽然童年时期父母陪伴少，但是他们的努力工作为我带来了更好的生活。

　　上了小学以后，他们不仅要照顾我的饮食起居，还要辅导我学习。"如何让我乖乖吃饭"是他们那时候最头疼的问题。我喜欢饭前吃零食，所以每次要吃正餐都吃不下，经常吃了半碗饭就跑到房间。父母每次都无可奈何地把我揪出来，用各种各样的理由劝我吃饭："我们来比赛吃饭，谁最快吃完谁就有小红花。""今天的空心菜特别好吃呀，你看小熊都吃完了。"……他们常常追着我跑，满头大汗折腾了快一个小时我才把饭吃完。辅导我学习也是很难忘的一段时光，那时候做题，我一不会就跑去问父亲。诸如"兔子为什么有四只脚，鸡只有两只脚"这种问题常常把父亲问晕。虽然我的问题总是很无厘头，但是父亲还是努力解答我的困惑。遇到比较难的题目，我们三人就一起想，两个大人为一道小学数学题抓耳挠腮的样子，我现在想起来还觉得别有一番趣味。

　　初中高中学业压力大了，父母对我的管教也多了，我和他们就经常不可避免地发生争吵。我总是抱怨他们管我太多，锁我的手机电脑，周末不让我睡懒觉。虽然以前他们有时候确实不讲道理，但他们对我的严格要求，也潜移默化地影响着我。现在读大学虽然父母没有要求我太多,但是我自己也能做到早睡早起,合理规划时间。

全家福

兴趣·玉米甜汤

兴趣,就像玉米甜汤一样,给予父母无穷的温暖和力量。

父亲喜欢徒步行走,这个爱好已坚持了近 10 年。2010 年,父亲加入了"山鹿户外"组织,和驴友一起行走三明。他爬过罗拔顶、虎头山、普禅山,去过洋溪、陈大、中村。有活动的周末他 5 点就起床,收拾东西准备集合。他一般爬山走路要三四个小时,有时甚至走半天,午饭就用焖烧壶带饭吃。他享受徒步行走的乐趣,沉醉于自然与人文的美景,从不喊苦喊累。

可惜的是 2018 年开始"山鹿户外"逐渐没落,驴友们很少组织活动了。也可能是驴友们年纪渐长的缘故(成员大都是四五十岁的叔叔阿姨),无法再去进行强度太大的远程徒步活动。而父亲年纪也大了,这几年就选择了离家近的绿道行走锻炼,也结识了三两个志同道合的驴友。

徒步行走可以领略自然美景,在家同样也能。母亲的爱好之一就是养花。她种了仙人掌、绿萝等植物,每天都乐此不疲地照料。看到这些生机勃勃的植物,她说很开心。

　　人生如汤,滚滚烫烫。喜怒哀乐,百味尽尝。我爱我的父母,我爱我的家,我和他们风雨同舟,一起成长。

永不言弃

叙述者 34：叶霄霞依，浙大宁波理工学院新闻学专业 2019 级学生

1993—2020 年，从爸爸妈妈结婚到现在，家里从四口人到了三个人再到了四个人，现在已经是七个人的大家庭。最初替别人打工，一脚一脚踏着缝纫机；起家后做起了个体户，曾经拥有着 56 位员工的小工厂；再到后来的推倒重来。随着一套房子的倒塌另一套房子的高起，一家人经历着一次又一次的考验。

相遇相识相爱

妈妈成绩优异，却为了维持生计，中学毕业便辍学外出求生。当时院桥镇比较落后，附近的青年人都会选择去相对条件好的路桥打工。

1989 年，19 岁的妈妈从黄岩区院桥镇到路桥区上倪村的一家鞋厂当车间女工，不到 6 平方米的小小空间里，妈妈就坐在一台缝纫机前踏出了未来。一开始时决定孤身一人穿过一条公路来到一个自己不熟悉的地方，她早就决定做出一些成就来。

就在那时，妈妈认识了同一厂子里的负责下料的爸爸。妈妈是一个好强的女人，内心坚硬的妈妈却爱上了外表柔软的爸爸。不高的个子，穿着一身蓝大褂工作服，说话轻声细语的就是我的爸爸。

妈妈说："当时你爸爸穷得什么也没有，可我就是想要嫁给他。"

我问妈妈："那就是你追的爸爸咯，你图他什么呀？"

"就因为他有颗善良的心，脾气好，我觉得他的踏实是最好的品德。"

虽然当时的爸爸妈妈口袋里并没有多少钱，但是志气却从未被命运磨灭，在艰难的三十年日子里摸爬滚打。

那是最苦的时候

1993年他们正式登记结婚，没有一套婚房，就自己一砖一瓦帮忙造房子。地是自己的，房子就建在爷爷家旁边。

因为要负责建房工人的饮食，五六点钟就要早起去买菜。早饭、中饭、下午点心、晚饭，因为碗就那么多，下午三四点钟师傅吃完之后又要洗碗，洗好碗之后又要马上准备晚饭，每天晚上起码要做16道菜。当时奶奶中风在床，妈妈还怀着姐姐，她忙得累到上楼梯都直不起腰。

1995年，姐姐出生了。在姐姐还没满月的时候，爷爷死了，后来不到一周，外公也走了。

那一年妈妈受的打击很大，她每晚十一二点踩完缝纫机后，躺在床上难过得睡不着。当时爸爸在河南洛阳卖鞋子，妈妈一个人要照顾不到1岁的姐姐和因为中风卧床的奶奶，20多天里只买过1块钱的豆腐，连日常生活用品也没钱买。但是这些苦她都从未向别人说起，哪怕回娘家也要借钱买点东西回去。妈妈的原话是："哪怕这边已经穷到揭不开锅了，在娘家那边也要假装自己过得很好。"

不复存在的辉煌

2001年，我们家里的第二套房子高起，是一个四层楼二间的小洋房，外加一层地下室。一楼是下帮和裁剪布料的地方；二楼是办公室和厨房；三楼是女工踩缝纫机的地方；四楼是我们的卧室，外加楼顶。在我出生的那一年，爸爸妈妈拥有了有二三十员工的小工厂。

当时还是手工制作鞋子的时代，一楼常常灯火通明，下帮的机器发出哐当哐当的声音，爸爸把模具码在布料上，再推进机器里。妈妈就在隔壁的房间踏着缝纫机，他们在干活的时候，有时会谈论别家的近况，有时会考虑新品。我在夜晚不肯一个人睡的时候，就躺在爸爸旁边的布料上。因为家里是做棉鞋的,所以布料总是毛茸茸的,有的长毛还会跑到鼻子里面去。

那个时候的我总有吃不完的零食和每年都会开的生日派对,会邀请亲戚和朋友。有时在家里,有时在酒店。每天有两块的零花钱,可以放学在小卖铺买辣条吃。每个学期我都会收到新的书包,但是爸爸的毛巾却用到破了好几个洞。

2008年,爸爸买了家里第一辆四轮车,妈妈说感觉开摩托车有点危险,在外面套个壳子总有些安全感。爸爸从下帮变成了负责送货。1米7个子的他却可以扛得起重重的箱子,夏天时他总是穿着一件T恤、五分裤和一双布鞋,从背后望过去,汗浸透了整个背部,他那个小小的身影却撑起了我们的家。

2012年,我六年级,小洋房所在地要修一条天桥,火车会从上面经过。我们家的第三套房子就这样被迫盖起来了,它是三层楼的长方体式的住房＋工厂。前面是住房,一楼用来放办公室,二楼是厨房,三楼是卧室。后面是工厂,一楼用来放溶胶鞋垫、打包、下料,二楼有无数台缝纫机,三楼是仓库。

那年实行限电,常常工人干着干着就断电了。爸爸就买了一台发电机,穿着那件蓝大褂,开着四轮小货车去买许多罐的汽油放在厂房后面。妈妈白天在办公室里招待客户,晚上的时候就会在二楼踩缝纫机,一个晚上可以裁出五百双的鞋面。有时候妈妈只开一盏灯,去找她的我怕黑,爸爸就在楼梯口安装了一个声控的灯。

2014年,家里拥有了一辆宝马车,上初中的我每周都会有100块钱的生活费,姐姐上大学一个月有2000块钱。

房子之争,妈妈人生中打赢的一场仗

2015年,外公留下的一套房子被邻居私占了。当时邻居事先把自己的房子拆掉了,想要侵占这套房子所在的土地,没有和妈妈商量就让这套房子孤零零地立着。这就意味着外婆不仅失去了外公留下的房子还失去了这片地,妈妈当时6天没有合过眼睛,躺在床上脑海里就会想起来这件事情。那

年有"五水共治"的政策，建在河边的小矮房需要被拆掉，那套房子就碰巧被推土机推掉了。外公曾经靠着啃鱼骨头的拼命劲修建起了一套他一生引以为傲的房子，一家人凭借着吃苦耐劳的品格从原来的矮平房搬到了两层小洋楼。外公辛苦了一辈子留下的房子，在顷刻之间就这样不复存在了。妈妈说外婆在那时几乎站不稳脚，躲进家里，不敢看一眼。妈妈后来跑了好多个相关部门，努力地试图保住这块地。妈妈说："两姐妹要互相帮助，除了我们之外，你们俩就是世上最亲的人。"

命运开的玩笑

2018年，是我们一家人永远会记得的一年。

那时我刚过完18岁生日没多久，8月21日，当我9点下晚自习，骑着自行车回家时，发现家门口停着一辆大大的卡车，家人在疯狂地搬东西。我跑到楼上看到自己的房间一片狼藉，衣服被翻得到处都是，平时精心打理的书桌上乱成一团，阿姨说大家都很忙，顾不到你，自己收拾一下吧。

家里被拆掉了，因为本身是违章建筑，这些年来一直靠钱和关系来隐瞒这件事情。妈妈说是因为新上任的村长眼红，我们家的房子才会被拆掉。那天上午，一群人来到我们家和爸爸说快把那些大机器搬走，明天就要把房子推倒。妈妈说起来的时候，声音渐渐变小，"那天我都不敢过去看，我就待在你外婆家，想想都觉得害怕。"这一件事情发生后，我们家经济严重缩水，妈妈说起码亏了两三百万。2018年7月，姐姐正好生下了第二个孩子。这一下子，重建厂房、找到住的地方、照顾两个孩子的重担落在了快过半百的爸爸妈妈身上。在找到新车间之前，妈妈和姐姐住在外婆家，爸爸就在还没装修好的房子里打地铺。

我是2018年9月11日在学校外面租了一个房子，那天半夜3点钟，我难过得睡不着，爬起来发了一条微博："想爸爸的第一天。"8月22日到9月10日期间，每天都是爸爸晚上9点半来学校接我，花30分钟的车程把我送回外婆家，再自己开20分钟的车回到新房子里。公路旁边的小树丛里总是会传出知了的叫声，夏天的风总有一股清香，40多岁的爸爸驾驶着年龄有

10 岁的四轮汽车哐哐哐地载着我。我坐在后座,低头玩着手机,不敢看他,不敢数他到底白了几根头发。

永不放弃,永远心怀热血

2018 年 9 月,爸爸在外婆家附近租了一间废弃车间,把之前搬出来的机器放了进去,慢慢地重建了一个小小车间。爸爸负责购买原料、搬运货物,妈妈和姐姐负责鞋子的设计和人员的管理。虽然不如从前,但是一家人却从未被生活击倒。妈妈 2018 年时定期会去美容院,现在已经不再买化妆品;23 岁的姐姐突然间学会持家,开始懂得与人打交道,带两个小孩子也腾得出手处理生意上的事情;我当时面临着高考的重压和亲人的不在身边,似乎一夜之间也长大了许多。

2019 年大年初三的动物园,爸爸妈妈和侄子侄女合影

2019 年 7 月,新房子装修完成。我们一家人搬进了这第四套房子。它有着一个大大的吊灯、一部电梯和每个楼梯口的声控灯。那天晚上,我们一家人吃了一顿家常便饭,我却感慨了好久。2018—2019 那个跨年,我们是分开过的;而 2019—2020 的跨年,我们一家人吃了热滚滚的火锅。

尽管人生就是起起落落，但是谁说生活不是越过越好呢？谁也无法将我们打倒，谁也无法让我们缴械投降。契诃夫说："困难和折磨对于人来说，是一把打向坯料的锤，打掉的应是脆弱的铁屑，锻成的将是锋利的钢刀。"所有苦难与背负的尽头，都是行云流水般的此世光阴。

跋
"行走的新闻"：行、访、叙、写
实践教学与课程思政的创新探索

刘建民

"行走的新闻"2020 规划年度著作《我的小康之家——行走的新闻：00后眼中的中国小康之家样本观察》终于出版了。这是一部活的中国小康社会奋斗史，是青年学子眼中的一部真切的中国当代史，是青年学者研究观察小康中国的一个窗口。这本书是"行走的新闻"从 2007 年坚持到今天正式出版的第 18 部成果集。

"行走的新闻"是浙大宁波理工学院坚持了 14 年的"行、访、叙、写"新闻传播实践教学品牌项目，在知识教育、实践教育和课程思政三位一体的新闻传播育人体系中发挥了重要作用：惠及新闻学专业、网络与新媒体专业及广告学专业等学子 1500 余人；正式出版《我家四十年》《国是千万家》等学生作品集 18 部，成为浙大宁波理工学院知名的教学实践品牌、思政教育品牌和校园文化品牌；所支撑的新闻学专业 2012、2018 年两次入选宁波市重点特色专业，网络与新媒体专业 2018 年入选浙江省"十三五"优势专业。

2020 年度"行走的新闻"是学术升级版，已经跳出原高校大学生新闻实践类作品类别而进入到中国家庭数据库研究层面。通过叙述者和观察者两个视角为小康之家画像，为全面小康构图。个人叙事与家庭纪实影像部分，从青年学生视角口述挖掘。"行走的新闻"2018—2020 三个年度 400 余篇田野调查近 100 万字作为基础案例与数据来源提炼出 40 余篇小康家庭样本。学术观察部分，专业教师、青年学者、资深媒体人及部分青年学生从文化学、传播学、新闻学、社会学、生态学、政治学等学术视角展开样本评述。在他们的学术观察视野中出现的是小康之家的中国图景、变迁中的乡土中国、小康社会的集体记忆、"家事"的历史范畴、作为"讲故事"者的采访对象、自下而上的观察、中国道路的家庭映像、普通人家的中国梦、小康之路上的法治的明灯……

"行走的新闻"这些年来的持续坚持，恰恰基于这样一种核心创新理念：理论，老师在前面领跑；实践，学生在外面奔跑。以学生专业实践能力提升和职业发展空间拓展为中心，以学生时政视野的开阔和国情认知教育为教学主题，致力于通过课堂上学习讨论和课堂外全真实践的全面结合开启学生内在潜力、学习动力和专业能力。"行走的新闻"品牌课程实践项目的价值取向是引领青年学生走出校园、走进社会、走近基层，长才干、增见识、解国情、正三观。坚持立德树人，充分体现以学生人生和职业发展为中心，致力于开启学生内在潜力和学习动力，在"行、访、叙，写"中增进了对伟大新时代、伟大祖国的热爱，在用脚步丈量大地的同时，树立了远大的理想，练就了过硬本领，锤炼了品德修为。

浙江大学党委书记任少波在本项目 2019 年度的教学成果《行走的新闻：国是千万家——纪念新中国 70 年特别田野调查》出版后批示，希望"把这一良好的教学和实践传统继承发扬好，为课程思政提供特色的样板"。

"行走的新闻"行、访、叙、写实践教学与课程思政教育的创新探索，从教学层面取得了比较丰硕的成果。

成果固化：形成专业实践品牌项目的长效运作机制——本成果已经固化到最新版的新闻学专业人才培养方案中，作为第三学期的课程名称，"行走的新闻Ⅰ、Ⅱ、Ⅲ"实践课程设计覆盖从大一到大三的三个步步深入的阶梯式的相关实践项目，从 2016 级开始新闻学专业的学生全员参与。同时，"行走的新闻"也成为网络与新媒体专业学生"创新工作坊"的特别实践课题。在教学设计上则围绕着课程的核心目标来展开：以在课程视频化要点讲解提供在线知识渠道，以情境再现仿真实践发掘新闻现场，以项目化成果考核的形式教会学生新闻内容生产。

思政入口：找准思政教育与专业课程有机融合的契合点——在"课程思政"的概念进入中国特色高等教育视野之际，作为学校人文建设的重心学院、作为学校宣传思想文化建设工作的重要学科和专业依托，在推进"行走的新闻"教学实践从校园文化品牌向课程思政创新转化方面，传媒与法学院充分发挥新闻传播学科优势，与校党委宣传部等合作共建课程项目，找到并找准了思政教育与专业课程有机融合的契合点。纪念改革开放 40 周年的《我家四十年》，纪念新中国成立 70 周年的《国是千万家》，以及记述和观察2020 全面小康之年的《我的小康之家——行走的新闻：00 后眼中的中国小康之家样本观察》就是最精准的专业实践和思政教育的完美桥接。这样的思政入口，是新时代马克思主义新闻观的教学实践、育人实践、青年实践，是中国特色社会主义新时代的现场激发。

行访叙写："四向四做"卓越新闻人才培养落地发芽——习近平总书记"四向四做"对高校新闻人才的培养提出了新的要求，"行走的新闻"的行、访、叙、写可以看作一种落地实践。坚持马克思主义新闻观知识传授与讲好中国故事价值引领相统一，引导学生"课堂上学习、课堂外思考，走出校园提问、走进社会实践"，发挥新闻传播学科和专业优势，落实立德树人的根本任务。在深入基层采访的过程中，同学们用心观察、用心思考、用心采访、用心做文章，通过各种采访形式，记录了祖国日新月异的变化。同学们胸怀信念与责任，参加如此贴近社会、贴近基层、贴近专业的实践活动，增强自信、感到值得、成效显著。

"行走的新闻"行、访、叙、写实践教学与课程思政的创新探索，在解决教学问题的方法上，同样踏出了一条自己的有效的路子。

第一，在实践教育的保障上，强化教师"四向四做"的意识与能力——针对当下新闻传播高等教育中实践教育落伍、实践内容滞后、教师指导投入不足等问题，"行走的新闻"组织教师以习近平"四向四做"为核心要求，撸起袖子加油干，真刀真枪出成果。改变过去新闻实践教育类课程实践环节过于分散、各门课程各自为战、单打独斗的情形，针对实践科目过多、过浅和缺乏整合的现状，强化课程与课程之间、教师与教师之间的协调与合作。依托新闻单位与高校新闻传播院系人员互聘"千人计划"，选派多位骨干教师参与其中，并努力将千人计划行动收获落实到新闻学的学科建设与专业建设中去。

第二，在实践教育的模块布局上，实现教学环节集群化合演——在智能媒体时代的"七大"新闻实务课程即新闻策、采、写、编、评、摄、推的格局下，新闻实务课程已经被碎片化支解，如何形成教学合力？"行走的新闻"以行、访、叙、写为实践核心，围绕其中几门核心课程，集中强化实践能力培养。如围绕"新闻编辑"课程，前置基础课程"新闻采访与写作"，后设选修课程"网络新闻实务"与"新闻评论"，同时强化新媒体推送能力培养，加强与现代社会传播和科技发展的联系，关注学生的专业实践兴趣和经验，精选终身学习必备的智能媒体时代的新闻学基础知识和技能。

第三，在实践教学方法上，实现思政主题情境化贯穿、虚拟化实验——针对专业教育与课程思政弱连接的问题，坚守传统新闻课堂，全情投身实践课堂，全力拓展实验课堂。在三尺讲台强化马克思主义新闻观的知识点传输；在实践中拓展时事性或本地化新闻题材，带领学生深入社会，走基层，长才干；同时在实验课堂上探索智媒时代的"行走"成果呈现。这种课堂知识教学与课外实践提升始终聚焦新闻人"四力"建设指向，将德育和智育融合贯通培养。

第四，在实践教育的平台建设上，实现教学进程的社会化组织和教学内容的社会化生产——社会大课堂，就是实践的活平台；实践大课堂，就是思政的主讲台。社会资源为新闻传播教育提供了广阔的空间。改变传统新闻实践课程仍然过于注重知识传授的倾向，充分利用已经产生广泛影响力的"行走的新闻"平台面向社会开展新闻采编服务，充分融入校内外实践基地的实习实训，实现建立在新闻实践目标基础上的"知识与技能""过程与方法""情感、态度、价值观"三维功能的整合。十几年来，"行走的新闻"开发了以《走进社区大课堂》为样本的社区服务、以《筑梦宁波教育》等为样本的教育服务、以《宁波30个村庄的30年》等为样本的社会公共服务，及以《理工好故事》为样本的校本化服务项目 20 多个,实现了教学进程社会化组织、教学内容的社会化生产。

第五,在实践教育的项目设计上,实现题材选择时政化优选——为了破解很多高校中新闻实践项目的虚拟性问题,"行走的新闻"强调聚焦重大国家发展、地方实践战略,实践内容体系进行时政化、项目化设计与重构,树立用中国话讲好中国事、用身边事体现中国情的鲜明导向,不断实现新闻实践教育课程结构中实践项目的均衡性、综合性、价值性和选择性。"行走的新闻"实践证明,围绕改革开放 30 周年、40 周年以及新中国成立 70 周年等开展的大型田野调查,为"行走的新闻"可持续性建设探索提供了时政化选题的破题思路。

从社会实践到课程实践,从专业实践到课程思政,"行走的新闻"十几年蹚出实践育人新路径,为新闻传播实践教学搭建了一个坚实有效并且持续创新的平台。"行走的新闻"号召学生在新闻专业课堂与理论学习的基础上,以新闻采编的具体行动实践所学的新闻理念,增强新闻采编操作能力;开阔社会视野和新闻视角,见证基层,了解社情。实践教育不仅是学生认识社会和了解国情的有效途径,也是培养学生责任心、让学生熟悉未来发展舞台和社会环境的有效途径。"越接近基层就越接近真理。"学习新闻传播的学生,必须走出去,到农村、到工厂、到街巷当中去,在基层当中去了解我们这个社会的现实状况。"行走的新闻"通过行、访、叙、写,在实践教学进程中找准课程思政教育的入口,进行了有益的创新探索。18 部作品集汇集的是师生的智慧和心血。只要坚持,只要努力,相信"行走的新闻"必将带领浙大宁波理工学院的新闻传播学子走上属于自己的新闻之路,建设属于自己的新闻家园。

十数年的实践经验为一轮轮的课程教学和新闻人才培养积淀了丰富养料与宝贵参照,也成为学校持续推进"行走的新闻"课程思政探索的强劲动力。值得一提的是,师生共同作为主体推动的实践教学成果得到更高层面的关注与更广范围的传播辐射。时任浙江省委副书记、宁波市委书记郑栅洁 2018 年寄语"行走的新闻"学子采写出版的《行走的新闻:我家四十年——纪念改革开放40年特别田野调查》一书:"祝贺你们用朴实的语言、有趣的照片写成了一本有意义的百家四十年。"2019年,再次寄语《行走的新闻:国是千万家——庆祝新中国成立70周年特别田野调查》采访调查写作工作的同学们:"看了你们的书,感同身受。你们响应习总书记的号召,讲好中国故事、浙江故事、宁波故事,用身边故事、生动实例,弘扬正能量,歌颂党、祖国人民,值得肯定,值得传扬。感谢你们!"浙江大学党委书记任少波对"行走的新闻"团队赠书《行走的新闻:国是千万家——庆祝新中国成立70周年特别田野调查》作了批示:感谢同学们赠书。同学们通过在祖国大地上的"行走"实践,了解国情,锻炼能力,弘扬学风,厚植爱国情怀,树立报国之志,十分有意义。希望大家把这一良好的教学和实践传统继承发扬好,为课程思政建设提供有特色的样板。

　　新华社、《光明日报》、《中国教育报》、《浙江日报》、《宁波日报》、《现代金报》、《宁波晚报》、《东南商报》、《鄞州日报》等中央系地方媒体对"行走的新闻"活动给予了充分的报道。《光明日报》2018年12月20日13版发出《我家四十年,好美一堂课——浙大宁波理工学院"行走的新闻"十年蹚出实践育人新路径》。报道说:浙大宁波理工学院联合宁波市教育传播研究与服务基地,从2017年底开始推出了向全校学生开放的一门特殊的课程——"行走的新闻:我家四十年"特别田野调查,发动学校师生从家庭的视角,回顾改革开放四十年的变迁。"'我家四十年',好美一堂课! 我们在调查中感受四十年的风雨彩虹,体验家庭的进步和社会的变迁,在深入的采访和写作中用脚步丈量青春,用奋斗成就梦想。"传媒与设计学院新闻学专业2017级学生叶青在《走出大山的人家》中写道:"虽然生活中有挫折和磨难,但故乡的重重青山和蜿蜒泸溪终究没有阻挡住父母走出大山、摆脱贫困的愿望,我们家越来越好了! 这是我家四十年的故事,是故事的结束,也是故事的开始。"

　　散发着油墨香的《我的小康之家——行走的新闻:00后眼中的中国小康之家样本观察》又一次放在了案头。34位叙述者和33位观察者——这一次"行走的新闻"和它的践行者们,又完成了一次身体和精神的抵达。但这只是一次开始,中国的新闻实践教育没有休息的时刻,"行走的新闻"一直在路上。

图书在版编目（CIP）数据

我的小康之家　行走的新闻:00后眼中的中国小康
之家样本观察 / 刘建民等著. —杭州：浙江大学出版
社，2020.12
　　ISBN 978-7-308-20929-8

　　Ⅰ. ①我… Ⅱ. ①刘… Ⅲ. ①小康建设－中国－文集
Ⅳ. ①F124.7-53

中国版本图书馆 CIP 数据核字（2020）第 251123 号

我的小康之家
　　——行走的新闻:00后眼中的中国小康之家样本观察

刘建民　王军伟　李炜　等著

责任编辑	李海燕
责任校对	董雯兰
封面设计	雷建军
出版发行	浙江大学出版社
	（杭州市天目山路 148 号　邮政编码 310007）
	（网址:http://www.zjupress.com）
排　　版	杭州好友排版工作室
印　　刷	杭州高腾印务有限公司
开　　本	710mm×1000mm　1/16
印　　张	21.5
字　　数	363 千
版 印 次	2020 年 12 月第 1 版　2020 年 12 月第 1 次印刷
书　　号	ISBN 978-7-308-20929-8
定　　价	68.00 元